本书为华北电力大学中央高校基金项目"基于智能手机的英语微学习资源设计应用研究"(项目编号2014MS80)以及北京市青年英才计划资助项目"高校合作办学项目中的雅思课程发展状况研究"(项目编号YETP0731)阶段性研究成果。

多媒体外语教学的历史嬗变

The Historical Development of Multi-media Foreign Language Learning

余青兰 著

·郑州·

图书在版编目(CIP)数据

多媒体外语教学的历史嬗变/余青兰著. —郑州:河南大学出版社,2015.10

ISBN 978-7-5649-2205-4

Ⅰ.①多… Ⅱ.①余… Ⅲ.①多媒体－计算机辅助教学－外语教学－研究 Ⅳ.①H09－39

中国版本图书馆 CIP 数据核字(2015)第 252781 号

责任编辑	林方丽
责任校对	陈　冲
封面设计	郭　灿

出　版	河南大学出版社
	地址:郑州市郑东新区商务外环中华大厦2401号　邮编:450046
	电话:0371-86059750(职业教育出版分社)　网址:www.hupress.com
	0371-86059701(营销部)
排　版	郑州市今日文教印制有限公司
印　刷	郑州瑞光印务有限公司
版　次	2015年12月第1版　　印次　2015年12月第1次印刷
开　本	787mm×1092mm　1/16　印张　15.25
字　数	274千字　　定价　39.00元

(本书如有印装质量问题,请与河南大学出版社营销部联系调换)

前　言

　　我国自 2002 年开始试点基于计算机和课堂的大学英语教学改革,经过十多年的发展,这一改革取得了可喜的成绩。从教育机构来看,多数高校建设了与大学英语教学体系改革相适应的大学英语自主学习中心和自主学习网站,开设了教学资源、教学管理、教学文件、网上读书、在线测试、英语教学论坛和师生交流等多个板块,在外语教学系统化、数字化和网络化上取得了前所未有的进步。同时,社会上也出现了大批的技术含量很高的外语教学类产品和资源,如大批网络化、多媒体化、数字化的大学外语教材(例如外研社的新视野教材),各种类型的语料库(如中国学生英语口笔语语料库),各种层次的语言教学平台(如北京邮电大学大学英语试验教学与评估平台),各种外语(包含公共外语以及外语专业)机考、网考网站(如雅思官网)、写作网络平台(如句酷批改网)、助学网站(如沪江英语),以及近期出现的各种智能化的英语助学 App(如有道词典 App)等,这一切无不充实和丰富着现代外语教学的课堂。

　　2014 年 12 月,教育部高等教育司又推出了《大学英语教学指南》(征求意见稿)①,就大学英语教学的课程性质、教学目标与要求、课程设置、课程评价、教学方法与手段、教学资源、教学管理、教师发展等九个关键方面提出了新的规定,并下发给相关高等学校、相关研究领域专家以及广大一线教师,以期在正式形成文件之前广泛征求意见。在笔者看来,《大学英语教学指南》(征求意见稿)的推出具有划时代意义,除了对所谓"京派"和"海派"的"通用英语"和"学术英语"之争的一锤定音,更重要的意义还在于,它在我国历史上第一次将"现代教育技术"和"基于课堂和在线网上课程的翻转课堂等混合式教学模式"②这两

---

①② 教育部高教司:《大学英语教学指南》(征求意见稿),2014。

个具有明显教育技术学特色的词语写入外语课程的教学指南中。这标志着我国的大学英语教学即将由上而下开始多角度、多层次的结构性调整,而调整的最明显方向,就是要朝着"最新信息技术与课程教学的融合"①的趋势前进。本书第四章对这一历史趋势的来龙去脉进行了梳理。从1980年人民教育出版社出版的我国第一部《大学英语教学大纲(草案)》,到21世纪初期教育部高等教育司先后两次颁布的《大学英语课程教学要求》(试行版和正式版),再到2014年12月刚刚形成的这部《大学英语教学指南》(征求意见稿),我们可以看到,我国大学英语教学在"一种自上而下的国家意志"②的推动下沿着"技术化"的发展轨迹走到了今天,这是我国外语教学领域内所有电教工作者、教育技术专家、外语教育专家们在理论研究和实践检验中不断发生思想碰撞、逐渐形成共识的结果,也是不断变化的社会需求、学习者需求和学科发展需求三者形成主动选择并形成合力的结果。尽管现阶段《大学英语教学指南》只是以征求意见稿的形式出现,但根据历史经验,正式版的《大学英语教学指南》即将出台,我国大学英语教学的现代教育技术化改革必然会以国家意志的形式自上而下大面积铺开。

然而,与这一国家意志相左的是,在现实中推动外语教学现代教育技术改革仍然面临着种种困难。首先,在外语教学研究方面,这一领域一直没有形成完整的理论体系。无论是人们常说的"计算机辅助语言学习",还是"多媒体外语教学",在这一领域里,理论繁杂、定义缺乏、术语随意、概念混杂,严重影响了其学科定位和发展。多年来,这一领域最热闹的景象常常是从一种方法到另一种方法"走马灯"式的炒作和更替,没有形成自己的理论基础,也没有形成具有中国特色的外语教学学科框架。并且,由于教师教育背景、教师发展、学科建设背景等种种历史和现实的原因的限制,相关的外语教学理论研究一直缺乏"技术转向"的勇气。换言之,外语学术界的主流研究在极力强调各种"主义"或"学说"的同时,却有意无意地忽视或冷落了对外语教学"技术化"特点的关注,尤其是忽视了对外语"教育技术"的研究,表现出"强调理论流派的引进、忽视理论的实践应用",或者"强调理论的归纳分析,但忽视理论与技术的具体结合"的特点。这种忽视的直接结果就是使外语教学成为一门漂浮在哲学、社会学、语言学、二语习得、教育学、心理学等多学科理论交织的迷雾之中的表层

---

① 教育部高教司:《大学英语教学指南》(征求意见稿),2014。
② 胡加圣:《外语教育技术——从范式到学科》,外语教学与研究出版社,2015年版,第81页。

学科;大规模计算机化的实践探索始终停留在浅层阶段,完全没有凸显以实践性为主要特征的外语教学本体论研究的内在要求。最终结果就是把富有实践研究成效的外语教育技术学研究边缘化,使其处于"技术工具+手段"的尴尬地位。从实践主体来看,外语教师对外语教育技术学缺乏研究,导致知识断层,并对技术因素存在深层次的恐惧和隐形的自卑。

  在这样的背景之下,笔者认为有必要从教育技术学和外语教学研究的双重视角去审视我国外语教学的历史和现实,对外语教学理论研究和实践发展中存在的"技术缺席"问题进行深刻的剖析。对于媒体、多媒体和多媒体学习等相关概念,教育技术学和外语教学研究会各自给出带有自己学科特色的定义。例如,教育技术学范畴里的"多媒体教学"和外语教学研究里常常提到的"多媒体外语教学"有不同的内涵和所指,也有许多重合的地方。本书引入教育技术学的视角,是希望在一个更加广阔的背景下来审视外语教学研究中的问题,并希望能够为问题的解决提供一个全新的视角。教育技术学和外语教学的融合是何其宽泛的研究课题,任何作者都不可能在一本书中穷尽所有相关研究命题。因此,笔者抽取出教育技术学内涵的两大核心元素——"学习"与"媒体",并将它们作为本书开展论述的逻辑主线。对"学习"和"媒体"关系的关注和探讨一直是教育技术学研究的重要命题,从某种意义上讲,在近百年的历史时空中,正是"学习"与"媒体"这一对基本范畴的历史互动,成就了媒体与技术促进教育与学习这一历史变革的宏大画卷,也勾勒了教育技术理论建设与实践发展的基本轮廓。因此,笔者立足于外语教学和教育技术学的双层视角,聚焦外语教学中"媒体"与"学习"二者辩证发展的过程,从而也自然而然选择了"多媒体外语教学"作为本书展开讨论的核心。本书将秉承"实用""求新""融合"三大原则,以多媒体外语教学的历史发展进程为主线,系统地呈现笔者近年来在计算机辅助外语教学、网络多媒体外语教学、外语教育技术学等相关领域的思考和探索。

  本书第一章是对"学习"的总体概述,主要论述学习的内涵、外延、学习研究的重要性,以及行为主义、认知主义、人本主义和建构主义四大心理学流派的学习理论和各派学习理论对外语教学研究的影响。第二章是对"媒体"的全方位概述,包括学习媒体的内涵、分类、研究概况以及两大主流学派(行为主义与认知主义)的媒体教学思想和在这一领域产生深刻影响的梅耶的多媒体教学思想。第三章立足美国教育技术学发展的历史进程,从"学习"与"媒体"的历史互动的视角来探讨这两大教学技术学范畴的深刻内涵、教育技术学学媒之争的缘起、发展以及对外语教学的启示。在第四章,笔者重新回到外语教学研究者的视角,结合教育技术学同步发展的历史大背景,对多媒体外语教学的生成和发展状况做详细的论述,包括多媒体外语教学的基本概念、相关术语、基本原则以及我国多媒体外语教学发展的三大历史阶段、我国外语教学的"技术化"发展轨迹。第五章主要介绍了多媒体外语教学在网络时代的延伸和发展,即网络外语教学的基本情况,主要包括网络外语教学环境的特征和功能,网络外语学习资源的内涵、分类以及主要形式,Moodle 和 Blackboard 网络学习平台的特点和功能,语言实验室在我国的发展历程以及北京邮电大学大学英语实验教学与评估平台的设计和应用情况。第六章主要介绍了多媒体外语教学的前沿和发展情况,包括 MOOC、微课、翻转课堂的概念、特征、设计流程和在多媒体外语教学中的应用,以及国外最新的学习分析技术和 BYOD 发展趋势在我国多媒体外语教学中的发展前景。第七章是对前面六章所高度倡导的多媒体外语教学"技术化"发展成果的理论总结,同时也是对"或是技术恐惧、或是技术泛滥"这两种极端做法的深层次反思,主要内容包括对外语教育技术学构想的介绍、对 E-Learning 发展历程的梳理以及 G-Learning 构想的内涵、主要观点及其在外语教学中的应用。

  本书是一本由一线外语教师来撰写的著作,由于笔者自身对这一跨学科领域的研究资历尚浅,本书的论述和观点呈现之中难免有粗陋错误之处,恳请广大专家、学者批评指正。

余青兰

2015 年 8 月

目 录

前言 …………………………………………………………（1）
第一章　学习概论 …………………………………………（1）
　第一节　学习研究的重要性 ……………………………（1）
　第二节　各派学习理论对学习的界定 …………………（4）
　　一、行为主义的学习理论 ………………………………（5）
　　二、认知主义的学习理论 ………………………………（7）
　　三、建构主义的学习观 …………………………………（11）
　　四、人本主义的学习观 …………………………………（14）
　　五、各派学习理论对外语教学研究的影响 ……………（17）
第二章　媒体研究 …………………………………………（20）
　第一节　学习媒体概述 …………………………………（20）
　　一、媒体的一般共性 ……………………………………（20）
　　二、学习媒体的分类 ……………………………………（23）
　　三、学习媒体研究概况 …………………………………（24）
　第二节　两大主流心理学理论对媒体教学的影响 ……（26）
　　一、行为主义媒体教学思想 ……………………………（26）
　　二、认知主义媒体教学思想 ……………………………（30）
第三章　"学习"与"媒体"的历史互动 …………………（36）
　第一节　媒体派理论体系的形成和深化发展 …………（37）
　　一、媒体派产生的时代背景 ……………………………（37）
　　二、传播学的引入与媒体派的历史性变革 ……………（38）
　　三、媒体派理论体系的深化发展 ………………………（41）

第二节　学习派理论体系的兴起和发展……………………（44）
　　　一、程序教学的兴起对视听教学的巨大冲击………………（44）
　　　二、教学设计逐步成为教育技术学的主流导向………………（47）
　　　三、系统科学对教育技术研究的基础支撑………………（51）
　　第三节　教学技术学的学媒之争…………………………（53）
　　　一、科拉克的学媒无关论……………………………（54）
　　　二、考兹玛的学媒相关论……………………………（55）
　　　三、科拉克与考兹玛观点透析………………………（58）
　　　四、学媒之争的意义和启示…………………………（59）
第四章　多媒体外语教学之生成与发展………………………（62）
　　第一节　多媒体外语教学的基本概念……………………（62）
　　　一、多媒体的定义……………………………………（62）
　　　二、多媒体外语教学的相关术语……………………（64）
　　第二节　多媒体外语教学的基本原则……………………（67）
　　　一、多媒体外语教学原则……………………………（68）
　　　二、梅耶的多媒体学习原则在外语教学中的应用……（70）
　　第三节　多媒体外语教学的历史发展过程………………（74）
　　　一、外语视听教学……………………………………（75）
　　　二、计算机辅助外语教学……………………………（77）
　　　三、网络外语教学……………………………………（81）
　　第四节　我国外语教学"技术化"发展轨迹………………（86）
　　　一、20世纪80年代的《大学英语教学大纲》…………（86）
　　　二、21世纪初基于计算机与课堂的大学英语教学模式改革
　　　　……………………………………………………（87）
　　　三、现阶段基于课堂和在线网上课程的混合式大学英语教学
　　　　模式改革……………………………………………（89）
第五章　媒体教学的进一步延伸——基于网络的外语教学……（93）
　　第一节　网络外语学习环境………………………………（94）
　　　一、网络学习环境和网络外语学习环境……………（94）
　　　二、网络外语学习环境的特征和功能………………（96）
　　第二节　网络外语学习资源………………………………（100）
　　　一、网络学习资源的内涵与分类……………………（100）
　　　二、网络学习资源的优势……………………………（101）

三、网络外语学习资源……………………………………（103）
　第三节　网络外语学习平台…………………………………（107）
　　一、Moodle 学习管理平台…………………………………（108）
　　二、Blackboard 学习管理平台……………………………（109）
　　三、语言实验室……………………………………………（111）
　　四、校本开发多媒体网络外语学习平台案例……………（114）
　　五、网络多媒体在外语教学中的应用历程………………（119）
第六章　多媒体外语教学之前沿与发展……………………（122）
　第一节　MOOC 与外语教学…………………………………（122）
　　一、MOOC 概述……………………………………………（122）
　　二、MOOC 的基本特征……………………………………（123）
　　三、MOOC 的一般设计流程………………………………（126）
　　四、MOOC 与外语教学……………………………………（129）
　第二节　微课与外语教学……………………………………（137）
　　一、微课概述………………………………………………（137）
　　二、微课的制作……………………………………………（139）
　　三、微课的优势……………………………………………（142）
　　四、外语类微课程制作案例………………………………（143）
　第三节　翻转课堂与外语教学………………………………（146）
　　一、翻转课堂产生的背景…………………………………（146）
　　二、翻转课堂的基本流程…………………………………（147）
　　三、翻转课堂教学流程设计原则…………………………（148）
　　四、翻转课堂教学流程设计步骤…………………………（149）
　　五、翻转课堂教学平台设计案例…………………………（150）
　　六、我国的大学英语翻转课堂建设………………………（152）
　第四节　BYOD 情境下的外语教学…………………………（158）
　　一、BYOD 概述……………………………………………（158）
　　二、BYOD 在教育中应用的依据…………………………（159）
　　三、BYOD 在美国的发展历程……………………………（161）
　　四、BYOD 在我国外语教学中的应用前景………………（163）
　　五、基于 BYOD 的外语学习模式探索——关于大学生使用
　　　　智能手机 App 进行英语学习的情况调查………………（167）
　第五节　学习分析在外语教学中的应用趋势………………（172）

一、学习分析概述 …………………………………………（172）
　　二、学习分析在高等教育中的应用和研究 …………………（176）
　　三、学习分析在外语教学中的应用前景 ……………………（179）
第七章　对我国现代教育技术支持下的外语教学的反思 ………（183）
　第一节　外语教育技术学的形成 …………………………（183）
　　一、概念提出的背景 …………………………………………（184）
　　二、外语教学技术学的主要构想 ……………………………（185）
　第二节　E-learning 与 G-learning 的共存 ………………（189）
　　一、E-learning 的内涵、发展与演变 …………………………（190）
　　二、G-learning 的概念形成和主要构想 ……………………（195）
　　三、G-learning 与多媒体外语教学 …………………………（198）
参考文献 ……………………………………………………（205）
附录1：对8所高等院校语音室以及大学英语改革情况的调查 ………（216）
附录2：关于大学生使用智能手机 App 进行英语学习的调查 ………（220）
附录3：EDUCAUSE 主席戴安娜·亚伯林格博士2014年年会采访
　　　录音文字稿 …………………………………………（223）
后　记 ………………………………………………………（234）

第一章 学习概论

学习是当代多学科共同探索的前沿和热门话题,但在当今公众的头脑中,谈到学习,人们首先想到的就是在教室里上课,或是看书识字学文化。其实,学习是一个非常复杂的社会现象,其涉及的范围广泛,形式多样,而又层次不一。人类的学习活动和学习能力经历了一个由简单到复杂、由低级到高级的漫长发展过程,人们对学习的认识同样经历了一个由片面到全面、由现象到本质逐步深化的过程。各领域、各派别的学者对学习历来众说纷纭,莫衷一是。因此,如何理解和界定"学习"这一概念,是任何学科和学习研究的基础,也是本书展开论述的基础。

第一节 学习研究的重要性

外语教学从过程上看是教师教、学生学的过程,从内在机理来看是学生的语言习得与内化的过程。对学习的性质和规律的看法必然会影响到教学设计的各个环节,影响到学习效果。在外语教学的理论研究和实践中,相关人员早已形成了"以教师为主导、以学生为主体、以学习为中心"的共识。任何针对外语教学所进行的研究必然起始于对外语学习主体和客体的了解。要研究多媒体外语教学,首先必须要了解多媒体环境下的外语学习一般遵循什么样的客观规律,学习对象有什么样的特点,学习要借助哪些方式和手段,多媒体环境和学生学习之间到底有怎样的关系,等等。简而言之,只有了解了学生怎样学,才能去设计教师怎样教。因此,从外语教学研究的角度来看,本书需要在第一章首先对学习做一个总体概述。

同时，本书尝试从教育技术学和外语教学研究的双重视角去审视我国多媒体外语教学的历史和现实，并对我国当前多媒体外语教学，乃至整个外语教学研究中存在的问题进行深刻剖析。关于媒体、多媒体和多媒体学习的原则，笔者在后续的章节里会一一展开论述。需要指出的是，关于这些概念，教育技术学和外语教学研究会给出带有自己学科特色的定义。例如，教育技术学范畴里的"多媒体教学"和外语教学研究里常常提到的"多媒体外语教学"有不同的内涵和所指，也有许多重合的地方。本书引入教育技术学的视角，是希望在一个更加广阔的背景下来审视外语教学研究中的问题，并希望能为问题的解决提供一个全新的视角。

既然涉及了教育技术学，首先要了解什么是教育技术。1994年，美国教育传播与技术协会（Association for Educational Communications and Technology，简称AECT）发表了由巴巴拉·西尔斯和丽塔·里奇合写的专著《教学技术：领域的定义和范畴》[①]，她们将教育技术定义为"对学习过程和学习资源进行设计、开发、使用、管理和评价的理论与实践"，这就是著名的AECT'94定义。AECT'94定义具有高度的抽象性和概括性，在国际技术领域一直有着非常重要的影响。它高度强调了对学习主体、学习过程和学习资源研究的重要性，其主要观点如下：

1. 教育技术实践和研究的主要对象是"学习过程"和"学习资源"

在传统的教育形式中，教师的任务被确定为"传道、授业、解惑"，因此，教师往往只注重书本知识的传授，以教学工作的完成与否作为衡量教学工作质量的标准。实际上，关系教学质量的因素是多方面的，它不仅需要考虑教师的"教"，而且需要考虑学生的"学"。教学工作的完成主要落实在教师身上，换句话说，教师是教学过程的主体，他通过对教学资源的合理安排与组织来完成对教学信息的传递，其工作过程应当充分考虑学生的心理特点及其认知规律，帮助学生完成对知识的构建过程。学习过程则主要落实在学生身上，也就是说，学生是学习过程的主体，他们在教师的指导下，对学习资源加以运用，主动接受刺激，积极参与并积极思考，不断地将新的知识同化到自己原有的认知结构中，从而完成对新知识的建构。教师如果不考虑学生的接受特点，轻视对学习

[①] Seels, Barbara B. and Richey, Rita C. *Instructional Technology: The Definition and Domains of the Field*. Washington DC: Association for Educational Communications and Technology, 1994.

者的特征分析,就很难选择合适的教学资源,学生也不能得到有效的学习资源,整个教与学的有效性就难以得到保证。

2. 优化学习资源是优化学习过程的必要条件

AECT'94 定义突出强调了教育技术实践与研究的主要对象是学习资源与学习过程,在这两者当中,学习过程更为重要,而要优化学习过程,其必要条件是优化学习资源。在教与学的活动中,学生与能够与之发生有意义联系的相关信息、人员、教材、设备、技术与环境等共同构成学习资源,其中,由教师控制的、用来帮助和促进学生学习的相关信息、人员、教材、设备、技术和环境等一般被称为教学资源。

从这一定义中,我们不难看出,就资源的基本内涵来看,学习资源与教学资源是一致的,但两者又不完全相同。首先,两种资源的使用主体不一样,学习资源的使用主体是学习者,而教学资源的使用主体是教师;其次,两种资源的范围也不完全一样,学习资源的范围比教学资源更加广泛,换言之,凡是可以作为教学资源的,都可以被用作学习资源供学生使用,而并不是所有的学习资源都能够当作教学资源使用。

按照 AECT'94 定义,教育技术的研究对象是有关学习过程和学习资源。但是,AECT'94 定义所说的学习过程,根据西尔斯和里奇原著中的本意,是指广义的学习过程,既包括无教师参与的学习过程,也包括有教师参与的学习过程,而有教师参与的学习过程通常又称作"教学过程"。所以,更确切地说,AECT'94 定义中的广义学习过程,实际上是"学与教的过程,或者说是包括学习过程和教学过程两个方面"[①]。事实上,本书中所使用的"学习"一词,除非上下文做特殊的规定和描述,一般既包含学生的学习过程,也包括教师的教学过程,但是重点聚焦在学生的学习过程上。因此,多媒体外语教学的提法,重点不在教法和教学设计,而是在于对学习者、学习资源、学习过程、学习环境和学习方法的关注。

此外,AECT'94 定义中没有直接描述媒体,但这并不排斥媒体在现代教育技术中的作用,媒体实际上是学习资源与学习过程的支撑技术。关注教育技术就要关注媒体;关注硬技术就要关注软技术。学习过程是学习者通过与信息、环境的相互作用获取知识和技能的认知过程,学习资源是学习过程中所要利用的各种信息和环境条件的总和。学生由外部刺激的被动接受者转变为

---

① 何克抗,李文光:《教育技术学》,北京师范大学出版社,2002年版,第5页。

能积极处理信息的主动学习者,而教师需要提供能帮助和促进学生学习的信息资源和学习环境。

2004年,美国教育传播与技术协会又推出了新的教育技术定义,即AECT'04定义:"教育技术是一门学问,也是一种遵守道德规范和职业规范的实践;它通过对恰当的技术过程和恰当的技术资源进行创建、应用和管理来达到促进学习、改善绩效的目的。"① 时隔十年,AECT'04定义首先指出教育技术是一门"学问",其次它还指出做技术一定要关注人文和道德问题,这一点也写入了《美国国家教育技术标准》中。与AECT'94定义相比,AECT'04定义增加了关于绩效的内容,但是,我们可以看到,AECT'04定义的核心仍然是学习,所有的技术资源的运用和技术资源的创建都是为了"促进学习"。

因此,综合94定义和04定义,可以将教育技术的内涵理解为运用现代教育技术对学习资源和学习过程进行设计、开发、利用、管理和评价的理论与实践。它包括教育技术学的理论基础、媒体与教学、教学资源的开发与应用、教学过程的理论与实践、教学设计与开发、远程教学技术、教学评价技术等内容。从对这个概念的理解中,本书抽取出了两个元素来作为研究的出发点:一是"学习",二是"媒体",并且以"学习"和"媒体"为两大主线,分别介绍多媒体教学中最重要的原则、关系以及我国多媒体外语教学的生成与发展过程。如前文所述,在本书中,学习的过程涵盖了教学过程,并更加突出学习主体、学习资源、学习环境和学习方法。教育技术学对"学习"这一概念主体地位的强调和外语教学研究对"学习"地位的高度认可是本书选择在第一章对学习进行总体概述的内在原因。

第二节　各派学习理论对学习的界定

显然,日常生活中的学习概念是狭义的学习概念,主要指文化科学知识的学习,这是在印刷时代学校教育中最普遍、最广泛的学习活动,但这种借助语言文字等符号体系获取间接经验的学习方式并不等于学习的全部,而且很容易掩盖学习活动的本质特征,甚至导致学习的异化。要认识学习的本质,必须穿透历史,从教育学、心理学、哲学和人类学的广阔视野对人类的学习活动进

---

①　高利明,朱本军:《技术支持下的有效学习——从AECT04定义谈起》,载《电化教育研究》,2005年第5期。

行理论探究,把握人类学习活动的本质和学习概念的演变发展。

学习理论起源于对心理学的研究,它是一门研究人类学习过程内在规律的科学,而任何教育理论与技术的研究和发展,其目的都是促进学习者的学习。在教育技术的发展过程中,学习理论起着关键性的指导作用。学习理论经过不断的发展,形成了主要的四大流派——行为主义、认知主义、建构主义以及人本主义。它们的学习理论在不同时期对教育学、教育技术学、外语的教学和研究都产生了深刻的影响。

一、行为主义的学习理论

1. 行为主义理论发展体系

1913~1930年是行为主义产生的初期,美国心理学家华生(John B. Watson)在巴甫洛夫(Ivan P. Pavlov)条件反射学说的基础上创立了最早的行为主义理论。他主张心理学应该摈弃意识、意象等主观的东西,只研究所观察到的并能客观加以测量的刺激和反应,而无须理会其中间环节(华生称之为"黑箱作业")。并且,他认为人类的行为都是后天习得的,环境决定了一个人的行为模式,无论是正常的行为还是病态的行为都是经过学习而获得的,并且也可以通过学习而更改、增加或消除。因此,如果弄清楚了环境刺激与行为反应之间的规律性关系,在理论上就能根据刺激预知反应,或根据反应推断刺激,达到预测并控制动物和人的行为的目的。

1930年以后,新行为主义理论出现,以托尔曼(Edward C. Tolman)为代表的新行为主义者修正了华生的极端观点,并将华生的认识进一步演化和发展。他们指出,在个体所受刺激与行为反应之间存在着中间变量,这个中间变量就是个体当时的生理和心理状态,它们是行为的实际决定因子,包括需求变量和认知变量。需求变量本质上就是动机,包括性、饥饿以及面临危险时对安全的要求;认知变量就是能力,包括知觉对象、运动技能等等。

2. 行为主义的主要代表人物

行为主义心理学的主要代表人物为桑代克和斯金纳,他们在研究方法上都是从动物与人的行为类比的客观实际出发,着重于客观的观察和实验。

桑代克(Edward L. Thorndike)是美国心理学家和教育家。他早年从事动物学习的研究,后来将动物研究技术应用于儿童心理研究,并把大部分时间花在对人类学习、教育及心理测验等领域的研究中。"联结"是桑代克教育心理学的核心概念。桑代克根据自己对学习的实验研究,总结了以往相关教育心理学探索的结果。在他的努力下,教育心理学有了自己独立的名称及单独的体系,并成为一门独立学科。

斯金纳(Burrhus F. Skinner)1904年出生在美国宾夕法尼亚州。他最初并未打算成为一名心理学家,而是在大学毕业后从事写作工作,后又攻读生物学。在求学过程中,他研读了华生和巴甫洛夫的著作,开始对人类和动物的行为产生了浓厚兴趣并开始转读心理学,其后便与心理学研究结下不解之缘。1945年,斯金纳任印第安纳大学心理系教授和系主任,1948年返回哈佛大学任心理学教授,直到1974年退休。在这期间,他于1958年获美国心理学会授予的杰出科学奖;1968年获美国政府颁发的最高科学奖——国家科学奖;1971年获美国心理学会基金会颁发的金质奖章,对心理学研究领域作出了卓越的贡献。

3. 行为主义的主要理论观点

行为主义理论学派认为,学习就是刺激与反应之间的联合(简称联结学说),常用 S-R 加以表示。该派主要理论观点如下。

(1) 联结理论

学习是刺激与反应(S-R)的联结,有什么样的刺激就有什么样的反应。学习是一种渐进的尝试与错误反应相互作用的过程。随着错误反应逐渐减少、正确反应逐渐增加,最终形成稳固的刺激—反应联结,即 S-R 之间的联结。

(2) 刺激—反应理论

华生在巴甫洛夫条件反射实验的影响下,提出了刺激—反应学说。华生认为,有机体的行为完全依靠刺激与反应的模式来解释。他不考虑有机体的内部状态,认为这一部分是"黑箱",因此,该学说的公式也是 S-R。华生认为学习的实质是形成习惯,而习惯是通过长期的学习建立起来的。习惯就是把对刺激做出的散乱、无组织、无条件的反应变成有组织、确定的条件反应。他提出了两条关于学习的基本规律——频因律和近因律。

(3) 强化理论

强化是成功的关键,强化所增加的不是刺激—反应的联结,而是使反应发生的一般倾向性,即发生的概率。人的行动多半是各种各样的操作,因此实际操作行为更能代表现实生活中人的学习情境。直接控制强化就是对行为以及强化程序进行严格控制,采取连续接近的方法去塑造行为,即把动作分成许多小步子,有机体每往所需的动作接近一步,就给该步骤以强化,直到最后达到所需要的所有动作。强化理论在斯金纳的程序教学和教学机器中得到了广泛的应用,直到今天仍然对实际教学有着很强的指导意义。

4. 对行为主义学习理论的评价、应用及案例

行为主义学习理论在实际的教学和教育工作中有着非常广泛的应用,这些应用中影响最大的就是程序教学运动。程序教学运动是20世纪第一个具有全球化影响的教学改革运动,深刻地影响了当时美国及世界其他国家的教学改革。简单地说,程序教学是通过教学机器呈现程序化教材而进行自学的一种方法。它把一门课程的总目标分为几个单元,再把每个单元分成许多小步子。学生在完成每一个小步子后,就能知道自己的学习结果。在实际的学习中,学生也可以自行设定步调,自主测试反应,逐步达到总目标。

当前,有许多研究者都认为行为主义是一种过时的、落后的理论,认为只要是受行为主义理论指导的教学就一定是不好的、落后的。但是,我们需要认识到,即使在现在,行为主义学习理论也并不是完全过时的。行为主义的方法在某些教学中非常有效,例如记忆英语单词、短语等等,只有通过反复练习、反复记忆才能达到最佳效果。

当然,由于行为主义理论的研究和发展是基于对外部行为的操作来进行的,因此必然存在很大的局限性,例如:行为主义影响下的教学设计大部分是以"知识"或以"教学"为中心的;行为主义影响下的客观主义理论也不利于提高学生独立思考和解决问题的能力。行为主义在解决深层次问题上也存在着局限性,如:学生学习外语时的交际能力、解决问题的能力、作出推测的能力以及批判性思维能力都无法得到有效的培养。

二、认知主义的学习理论

1. 认知主义学习理论的产生背景

一般认为,认知学习理论发端于早期认知理论的代表学派——格式塔心理学的顿悟说。但是,认知学习理论的真正形成却是20世纪六七十年代的事情。

从认知学习理论兴起的社会背景来看,它是现代社会发展的产物。第二次世界大战前,几乎所有的心理学研究都局限在实验室中,行为主义的研究范式占领了整个学习领域。在行为主义的影响下,人们对于学习的研究仅仅涉及动物和人的外部行为,很少涉及人的内部心理。然而,第二次世界大战中涌现出的大量实际问题对行为主义的研究范式提出了挑战。战争对人的认知与决策提出了越来越高的要求,需要人们将学习理论迅速运用到实际教学中,并能够为战争服务。第二次世界大战之后,信息时代和知识经济时代的来临,进一步显示了人们对信息选择、接受以及信息编码、贮存、提取与使用过程进行研究的重要性,并直接刺激了认知学习理论的产生与兴起。

认知学习理论是心理学与邻近学科交叉渗透的产物。控制论、信息论以及计算机科学与语言学的发展都对认知学习理论的产生与取向产生了直接影响,很多认知学习理论的重要观点都与这些学科有不解之缘。例如,加涅的累积学习一般理论模式就直接借鉴了控制论与计算机科学的某些重要思想。又如,语言学家乔姆斯基(Noam Chomsky)对新行为主义的代表人物斯金纳的《言语学习》(Verbal Learning)一书提出了尖锐的批评,并强调了研究人的认知过程以及人的语言的先天性与生成性的重要性。① 在他的影响下,许多学习研究者都开始从行为主义转向认知主义。

当然,认知学习理论的形成也是心理学自身发展的结果。在20世纪后半期,学习理论经历了重大的变革。前半个世纪,占主导地位的学习理论是以行为主义原则为基础的,学习被看作是明显的实际行为改变的结果,是由选择性强化形成的。在行为主义者看来,环境和条件,如刺激和影响行为的强化,是学习的两个重要因素,学习的环境和条件直接决定着行为的结果。然而,这与许多客观事实是不相符的。例如,布鲁纳(Jerome S. Bruner)指出,在学习过程中,我们必须考虑到以往的认知结构对于现有的学习过程的影响。比如,穷人家的小孩与富人家的小孩对财富的直觉感受往往会很不相同,这是因为他们会受到以前的生活经历和思想意识的影响。行为主义学习理论在研究中不考虑人们的意识问题,只是单纯地强调行为,把人的所有行为都看作是"刺激一反应"间的联结的结果。越来越多的心理学家开始摒弃行为主义的研究立场,转而研究人的内部心理过程,从而导致了认知主义学习理论的产生。

2. 认知主义学习理论的主要代表人物

奥苏贝尔(David P. Ausubel)1939年在宾夕法尼亚大学获学士学位,

---

① Chomsky, N. "A Review of B. F. Skinner's Verbal Behavior", *Language*, 1959, 35(1).

1940年在哥伦比亚大学获心理学硕士学位。自1950年起,他先后在美国伊里诺斯大学教育研究部、加拿大多伦多大学教育学院和安大略教育研究院应用心理学系任教。

奥苏贝尔主要从事学校学习理论的研究,同时在理论医学、临床医学、精神病理学和发展心理学等领域也有一定造诣。他曾在美国心理学会、美国教育协会、美国医学协会、全国科学院农业教育部、白宫吸毒问题研究小组、生物学课程研究委员会等组织中工作,并于1976年荣获美国心理学会颁发的桑代克教育心理学奖。

奥苏贝尔的主要理论是认知同化说,或称"有意义的学习理论",他认为新知识的学习必须以已有的认知结构为基础,学习新知识的过程就是学习者积极主动地从自己已有的认知结构中提取与新知识最有联系的旧知识,并且加以"固定"或者"归属"的动态过程。过程的结果导致原有的认知结构不断地分化、整合,从而使学习者能够获得新知识或清晰稳定的意识经验,原有的知识也在这个同化过程中发生意义上的变化。

布鲁纳1915年出生在美国纽约,1937年在杜克大学获文学学士学位,随即在杜克大学注册成为心理学研究生,第二年转学到哈佛大学心理学系,在著名实验心理学家拉什利(K. S. Lashley)指导下,于1941年获心理学博士学位。当时,布鲁纳的主要研究兴趣是动物和人类的知觉过程。第二次世界大战期间,布鲁纳应召服兵役,先后在美国战争情报署和同盟远征军最高统帅部工作,主要研究公众的态度和纳粹德国的宣传手段。1960年,他与米勒(G. Miller)一起创办了"哈佛认知研究中心",并自1961年起担任该中心主任。

布鲁纳在众多领域里都有着卓有成效的研究成果,在西方心理学界和教育界享有非常高的声誉。他在1959年任美国科学院科学教育委员会主席,主持了著名的伍兹霍尔中小学课程改革会议;1960年任总统教育顾问;1962年获美国心理学会颁发的杰出科学贡献奖;1965年当选为美国心理学会主席。他的基本观点和理论对现代教育技术学和外语教学有着深远的影响。

布鲁纳认为,人类是系统地对环境信息加以选择和抽象概括的,这种观点在形成知觉研究的"新看法"的过程中起了重要作用。在布鲁纳看来,人们不仅通过归类来加工所有信息,而且所有决策都涉及分类。他认为,所谓探究,实际上并不是"发现"对世界上的各种事件进行分类的方式,而是"创建"分类的方式。同时,布鲁纳对概念形成与概念获得也作了区分。概念形成是指学生知道某些东西属于这一类别,其他东西不属于这一类别;概念获得则是指学生能够发现可用来区别某一类别的成员与非同一类别的事物的各种属性。布鲁纳在解释思维过程时,除了探讨概念形成和概念获得过程外,还对编码系统作了深入的研究。他的智慧生长论和表征系统论也对教育学的很多方面产生了重要的影响。

罗伯特·加涅(Robert M. Gagne)1916年出生在美国的北安多弗,1933年进入耶鲁大学主修心理学,受到了新行为主义的严格训练,并于1937年获心理学学士学位。毕业后他进入布朗大学攻读实验心理学,1939年和1940年分别获理科硕士学位和哲学博士学位,随后在康涅狄克学院任教。第二次世界大战期间,加涅应征入伍,并作为航空心理学家从事测量、选拔和训练飞行员的工作。战后,他曾在宾夕法尼亚州立大学和康涅狄克学院短期任教,1959年在普林斯顿大学任心理学教授,1962年至1965年出任美国科研工作协会研究主任,1966年在加利福尼亚大学贝克莱分校任教,1969年以后一直在佛罗里达州立大学任教。

加涅在教育心理学方面作出了很大贡献。他所关注的重点是怎样把学习理论研究的成果运用于教学设计之中。他的基本观点是累积学习理论,即学习过程是信息的接受和使用的过程,学习是主体和环境相互作用的结果。他在教学上主张给学生最充分的指导,使学生能够沿着仔细规定的学习程序一步一步、循序渐进地进行学习。因此,加涅的认知学习观又可以称为认知指导学习理论。加涅将知识学习看作一个相互联系的系统过程:动机阶段(预期)—了解阶段(注意选择性和知觉)—获得阶段(编码储存通道)—保持阶段(记忆储备)—回忆阶段(检索)—概括阶段(迁移)—作业阶段(反应)—反馈阶段(强化)。

加涅被公认为是将行为主义学习论与认知主义学习论相结合的代表人物。他从两大理论中汲取合理的营养成分,并且在20世纪70年代之后引进现代信息论的观点和方法,对原有的理论进行改造,从而成为认知学习理论流派和信息加工模型研究的集大成者。

3. 认知主义的学习观

认知学习理论要研究的是个体处理环境刺激时的内部过程,而不是外显的刺激与反应。在认知主义学习理论看来,学习是个体本身作用于环境,而不是环境引起人的行为。环境只是提供潜在的刺激,至于这些刺激是否受到注意或者受到进一步的加工,则取决于学习者内部的心理结构,并不是所有的刺激都会经过感觉登记进入长时记忆系统。学习者对外部信息进行加工的时候,会依据以往的认知结构对外部刺激进行主动选择。与此同时,在与外界信息进行交换的过程中,个体也会不断地根据反馈来调整自己的认知。

此外，认知主义认为，学习的基础是学习者内部心理结构的形成与改组，而不是外在简单的刺激—反应联结的形成或者行为习惯的加强或改变。所谓心理结构，是指学习者概括自然社会和人类社会的方式。认知结构则是以符号表征的形式存在的。在认知学习理论派看来，学习的基础并非像行为主义者认为的那样，是通过训练来促使刺激与反应之间的联结形成与巩固，而是更应该注意探讨学习者内部心理结构的性质以及它们的变化过程。当新的经验改变了学习者现有的心理结构时，学习也就随之发生。

无论是以格式塔心理学为代表的早期认知学习理论还是当今以加涅等人为代表的现代认知理论，都认可两条基本原则：第一，不平衡原则，即个体现有的认知结构在进行学习的时候，会试图加工所选择的刺激，如果不成功，则会导致结构的失衡，个体在力图重新得到平衡的时候，认知结构的变化也就伴随着寻找平衡而发生了；第二，迁移原则，几乎每一位认知学习论者都非常重视学习的迁移，他们强调，新的认知结构始终都会受到以往的认知结构的影响。在课堂教学中，认知学习理论强调要根据学生已有的认知发展水平，设定合适的问题情境。学生个体要主动地学会学习，而老师也应该教会学生这一点，注意培养学生的认知策略以及认知能力。

三、建构主义的学习观

1. 建构主义学习理论体系

建构主义是起源于当代欧美国家的一种庞杂的社会科学理论，其思想来源复杂，流派纷呈。零散的、不系统的建构主义思想和实践自古以来就一直存在。在古代，苏格拉底著名的"产婆术"无疑是建构主义教学的成功典范。①在近代，意大利著名哲学家乔瓦尼·巴蒂斯塔·维柯(Giovanni B. Vico)被人们尊奉为建构主义的先驱，德国著名哲学家康德(Immanuel Kant)也具有非常明显的建构主义思想。一般认为现代建构主义观点是由瑞士心理学家皮亚杰(Jean Piaget)于1966年提出，并在其和维果茨基(Lev Vygotsky)的智力发展理论的基础上逐渐发展形成的。皮亚杰在1970年发表了《发生认识论原理》。在这本书中，他从认识的发生与发展这一角度对儿童心理进行了系统、深入的研究，提出认识是一种以主体已有的知识和经验为基础的主动建构，这

---

① 陈越:《建构主义与建构主义学习理论综述》，载《惟存教育》，2002年第1期。

正是建构主义观点的核心所在。

基于皮亚杰的理论,许多学者从各种不同角度对建构主义进行了深化发展。维果茨基强调学习者的社会文化历史背景的作用,提出了最近发展区的重要概念;科尔伯格(Lawrence Kohlberg)在认知结构的性质与认知结构的发展条件等方面作了进一步的研究;斯腾伯格(Robert J. Sternberg)等研究者则强调个体的主动性在建构认知结构过程中的关键作用,并对认知过程中如何发挥个体的主动性作了认真的探索;维特洛克(Max Whitlock)提出了学习的生成过程模式。现代建构主义中的极端建构主义、个人建构主义也是建构主义新发展的体现。所有这些研究都使建构主义理论得到进一步的丰富和完善,也为建构主义理论应用于教学实践奠定了基础。

2. 建构主义学习理论代表人物

瑞士心理学家皮亚杰是发生认识论的创始人。他自1918年获得博士学位后,于1921年任日内瓦大学卢梭学院实验室主任,1924年起任日内瓦大学教授。他先后担任瑞士心理学会、法语国家心理科学联合会主席、第14届国际心理科学联合会主席等职务。此外,皮亚杰还长期担任联合国教科文组织领导下的国际教育局局长和联合国教科文组织总干事之职,他还是多个国家知名大学的名誉博士和名誉教授。

皮亚杰发生认识论的基本假设是:认识既不起因于主体(成熟论者所强调的),也不起因于客体(行为主义者所强调的),而是主体与客体之间的相互作用。但相比之下,学习从属于发展。皮亚杰不认为认识的生长仅仅是经验的结果,而是强调个体在认知生长过程中的积极作用。皮亚杰坚持认为,学习者只有在仔细思考时才会产生有意义的学习。学习的结果不只是对某种特定刺激作出某种特定反应,而是头脑中认知图式的重建。决定学习的因素不是外部因素(如个体生理成熟),而是个体与环境的交互作用。他认为儿童的思维运演变化过程其实是对学习的最好解释。

前苏联心理学家维果茨基是社会文化历史学派的创始人,主要研究儿童心理和教育心理,着重探讨思维与言语、教学与发展的关系问题。

维果茨基认为,工具的使用引起人类以新的方式,即物质生产的间接方式,而不是像动物那样以身体的直接方式来适应自然。工具生产中凝结着人类的间接经验,即社会文化知识经验,这就使人类的心理发展规律不再受生物进化规律的制约,而是受社会历史发展的规律制约。维果茨基还对发展的实质进行了探讨,提出了文化—历史的发展观。他认为人的发展是指心理的发展,一个人的心理(从出生到成年)是在环境与教育影响下,在低级心理机能的基础上,逐渐向高级心理机能转化的过程。维果茨基既提出了许多独到的见解,又创造性地进行了许多实验研究进行例证,因此,他提出的观点和应用方法在国内外产生了重大影响。

3. 建构主义的主要学习观

建构主义源自儿童认知发展理论。由于个体的认知发展与学习过程密切相关,因此利用建构主义可以较好地说明人类学习过程的认知规律,即能较好地说明学习如何发生、意义如何建构、概念如何形成,以及理想的学习环境应包含哪些主要因素等等。总之,建构主义思想可以形成一套新的比较有效的认知学习理论,并在此基础上实现较理想的建构主义学习环境。

建构主义学习理论的基本内容可从学习的含义(即什么是学习)与学习的方法(即如何进行学习)这两个方面进行说明。

(1) 学习的含义

建构主义认为,知识不是通过教师传授得到,而是学习者在一定的情境(即社会文化背景)下,借助一定的时间和学习过程以及他人(包括教师和学习伙伴)的帮助,利用必要的学习资料,通过意义建构的方式而获得的。建构主义把研究范式从教师教学转移到学生学习中来。由于学习是在一定的情境(即社会文化背景)下,借助他人的帮助(即通过人际间的协作活动)而实现的意义建构过程,因此建构主义学习理论认为,情境、协作、会话和意义建构是学习环境中的四大基本要素。

这四大基本要素紧密联系,不可分割。首先,学习环境中的情境必须有利于学生对所学内容进行意义建构,也就是说,在建构主义学习环境下,教学设计不仅要考虑教学目标分析,还要充分考虑有利于学生建构意义的情境的创设问题,并把情境创设看作是教学设计最重要的内容,方便学生学习。其次,协作发生在学习过程的始终,对学习资料的搜集与分析、假设的提出与验证、学习成果的评价乃至意义的最终建构都有重要作用。第三,会话是协作过程中不可缺少的环节,学习小组成员之间必须通过会话商讨如何完成规定的学习任务和计划;在会话过程中,每个学习者的思维成果(智慧)为整个学习群体所共享,因此会话也是达到意义建构的重要手段之一。最后,意义建构是整个学习过程的最终目标,所要建构的意义是指事物的性质、规律以及事物之间的内在联系;在学习过程中帮助学生建构意义就是要帮助学生对当前学习内容所反映的事物的性质、规律以及该事物与其他事物之间的内在联系形成比较深刻的理解。

建构主义认为,学习质量是学习者建构意义能力的函数,而不是学习者重现教师思维能力的函数。换句话说,获得知识的多少取决于学习者根据自身经验去建构有关知识的意义的能力,而不仅仅是学生对教师所传授的知识的简单背诵与记忆。

(2) 学习的方法

建构主义提倡在教师指导下的、以学习者为中心的学习,也就是说,既强调学习者的认知主体作用,又不忽视教师的指导作用。教师是意义建构的帮助者、促进者,而不是知识的传授者与灌输者。学生是信息加工的主体,是意义的主动建构者,而不是外部刺激的被动接受者和被灌输的对象。要成为意义的主动建构者,就要求学生在学习过程中从以下几个方面发挥主体作用:

- 要用探索法、发现法去建构知识的意义,获取知识并进行内化;
- 在建构意义的过程中要求学生主动搜集并分析有关的信息和资料,对所学习的问题要提出各种假设并努力加以验证,且互动探寻;
- 要把当前学习内容所反映的事物尽量和自己已经知道的事物相联系,并对这种联系进行认真思考;"联系"与"思考"是意义建构的关键,如果能把联系与思考的过程与协作学习中的协商过程(即交流、讨论的过程)结合起来,学生建构意义的效率会更高,质量会更好。

教师要成为学生建构意义的帮助者,就应该在教学过程中从以下几个方面发挥指导作用:

- 激发学习者的学习兴趣,帮助学习者形成良好的学习动机;
- 通过创设符合教学内容要求的情境和提示新旧知识之间联系的线索,帮助学习者建构当前所学知识的意义;
- 为了使意义建构更有效,教师应在可能的条件下组织协作学习(开展讨论与交流),并对协作学习过程进行引导,使之朝有利于意义建构的方向发展。

四、人本主义的学习观

1. 人本主义学习理论产生背景

人本主义心理学崛起于上世纪 50 年代,它的主要理论思想起源于马斯洛(Abraham H. Maslow)与罗杰斯(Carl R. Rogers)等人的心理学研究。人本主义心理学被称为心理学的第三思潮,其基本理论广泛应用于教学理论领域,是当前西方教学理论中的一个重要派别。

2. 人本主义学习理论代表人物

马斯洛是美国著名的社会心理学家、人格理论家和比较心理学家,是人本主义心理学的主要发起者。马斯洛1933年在威斯康星大学获博士学位,第二次世界大战后转到布兰代斯大学任心理学系教授兼主任,开始对健康人格或自我实现者的心理特征进行研究,后曾任美国人格与社会心理学会主席和美国心理学会主任。

马斯洛的著名论文《人类动机论》最早发表于1943年的《心理学评论》期刊。他的动机理论又称需要层次论。马斯洛认为,人类动机的发展和需要的满足有着密切的关系,需要的层次有高有低,低层次的需要是基本的生理需要,向上依次是安全、爱与归属、尊重和自我实现的需要。自我实现是指创造潜能的充分发挥,追求自我实现是人的最高动机,它的特征是对某一事业的忘我献身。高层次的自我实现具有超越自我的特征,具有很高的社会价值。因此,健全社会的职能在于促进普遍的自我实现。他相信,生物进化所赋予人的本性基本上是好的,邪恶和神经症是环境所造成的;越是成熟的人,越富有创造能力。

马斯洛认为人类行为的心理驱动力不是性本能,而是人的需要。人在满足高一层次的需要之前,至少必须先部分满足低一层次的需要。第一类需要属于缺失需要,为人与动物所共有。一旦满足这类需要,个体便消除紧张,降低兴奋度,失去动机。第二类需要属于生长需要,可产生成长性动机,为人类所特有,是一种超越了生存满足之后,发自内心的渴求发展、实现自身潜能的需要。满足了这种需要,个体才能进入心理的自由状态,体现人的本质和价值,产生深刻的幸福感(马斯洛称之为"顶峰体验")。马斯洛认为,人类共有真、善、美、正义、欢乐等内在本性,具有共同的价值观和道德标准;达到人的自我实现关键在于改善人的"自知"或"自我意识",使人认识到自我的内在潜能或价值。

罗杰斯是另外一位著名的美国人本主义心理学家和教育学家。马斯洛去世之后,罗杰斯就成为人本主义心理学的代表人物。罗杰斯对心理学的贡献主要表现在他的人格自我理论的提出、以患者为中心的疗法的创立以及以学生为中心的教育思想等三个方面,他对心理学的最大贡献在于他的心理治疗观。

在长期心理治疗的实践中,罗杰斯逐渐形成了自己的人格理论,而关于自我的理论则构成了他的人格理论的核心。罗杰斯关于人格的基本假设是:每个人都具有一种固有的、先天的维护自我、提高自我、实现自我的动机,这是人类最基本的,也是唯一的动机和目的,它指引人朝着满意的个人理想成长。马斯洛提出的所有需要层次都可归入这一动机。

罗杰斯认为,每个人都生活在一个以自我为中心而又不时地变动着的经验世界里。这种个人的经验和内心世界,罗杰斯把其称为"现象场"。罗杰斯认为自我是在与环境和他人的相互作用中形成的,是现象场的产物。

罗杰斯把学习分成两类:一类学习只涉及心智,是一种"在颈部以上"发生的学习,它不涉及感情或个人意义,与完整的人无关;另一类是意义学习,不是指那种仅仅涉及事实累积的学习,而是指一种使个体在行为、态度、个性以及在未来选择行动方针时发生重大变化的学习,这不仅仅是一种增长知识的学习,而且是一种与每个人的各部分经验都融合在一起的学习。

3. 人本主义的主要理论观点

人本主义心理学家认为,心理学所探讨的是具有完整人格的人,而不是把人的各个方面如行为表现、认知过程、情绪障碍等割裂开来加以分析。人本主义心理学家试图从行为者,而不是从观察者的角度来解释和理解行为。他们更为关注的是个人的感情、知觉、信念和意图,他们感兴趣的是自我概念的发展,即人的自我实现。

(1) 人本主义的教育观

人本主义学习理论的内涵体现在教学理论上就是以学生为中心,鼓励学生积极主动地学习,其教育目标是从"学生学会"到"学生会学",从而达到自我实现。人本主义心理学认为,人本来就有发展潜能,而教育的作用在于激发学生的学习潜能,促进学生学习,给学生提供一个安全、自由、和谐的学习环境,使学生固有的潜能得到充分发挥,从而得以自我实现。他们认为教育不是单纯的知识传授,而是教会学生如何学习,使学习经验富有个人意义,促进学生全面发展。

(2) 教师角色的转换

传统的教育理论认为教师是知识的传播者、班集体的组织者和管理者,是规定和发号施令的权威者。而在人本主义看来,教师在教学中是学生的引导者和合作伙伴,是学生学习和成长的促进者、合作者、帮助者、鼓励者和倾听者。所以,教师应该充分尊重学生个性,使学生个性能够充分自由地发展,并且信任和鼓励每个学生,使学生增强学习的信心,做学生健康成长的鼓励者和好帮手。

(3) 教学过程与学习过程

人本主义教育思想认为教育是培养健全的人格,而不是分数。它追求的教育目标,不是培养知识渊博的人,而是培养知情合一的人;它认为教学过程应将传授知识与人性的培养相互结合起来。罗杰斯反对把教学过程简单地理解为学生获得某一知识的过程,他强调教学过程除了要使学生获得知识之外,更应使学生获得相应的学习方法,促进其健全人格的形成。在学习过程中人本主义心理学家重视意义学习,他们认为意义学习是一种自我主动的学习。罗杰斯强调,当学生察觉到学习内容与他自己的目的有关时,意义学习便发生了,学生的学习速度和效果也会明显改善。为了使学生主动活泼地进行意义学习,教师的任务应是创设问题情境,创造学习条件,提供学习资源,鼓励学生积极探索,最大限度地挖掘学生的学习潜能,使学生的学习尽量富有个人意义,从而提高其学习效果。

五、各派学习理论对外语教学研究的影响

如前所述,学习理论的四大流派——行为主义、认知主义、建构主义以及人本主义各自依照不同的哲学基础和物质现实对学习的内涵、外延、发展规律提出了自己的理论,并对外语教学和研究产生了深刻影响。

1. 行为主义与听说法

在 20 世纪五六十年代,语言的教授和学习深受行为主义学习观的影响,听说法就是很好的例证。听说法的语言学基础是结构主义,心理学依据是行为主义。行为主义心理学认为语言是一种习惯,而习惯需要反复的"刺激—反应"才能形成,所以听说法的核心内容是刺激、反应、强化和形成习惯等概念。行为主义指导下的听说法外语教学强调通过反复练习目标词汇、句型来帮助学习者建立使用目标语言的习惯。听说法外语教学强调模仿目标语言的发音和习惯,因此在学习过程中不提倡使用母语和翻译。同时,行为主义心理学认为,习惯一旦形成就很难改掉,所以在语言学习中,教师要及时给予学习者反馈,对于错误及时纠正,以免错误的语言习惯导致语言僵化现象的产生。听说法的经典教材包括《英语 900 句》(*English 900*)、《成功学英语》(*Success with English*)等。在中国,人民教学出版社 1978 年出版的《英语》系列中学教材、

北京外国语大学出版社出版的系列英语专业教材都是非常典型的听说法外语教材,对中国20世纪八九十年代的英语教学产生了重要影响。

当然,听说法只注重语言的形式和结构,重视句型的机械操练,忽视语法规则的指导作用和语言的内容及意义。并且,行为主义学习理论无法解释人类习得语言的潜能和语言发展,无法解释语言抽象问题和语义,受到了以美国语言学家乔姆斯基为代表的认知学派的质疑。

2. 认知主义学习法

20世纪60年代以后,布鲁纳、奥苏贝尔等认知信息专家的理论也对外语教学理论和实践产生了重要影响。人们逐渐从行为主义的窠臼中摆脱出来,在语言教学的理论研究上形成了认知语言学派和认知主义学习法。

在语言研究领域,结构主义逐渐让位于认知主义。认知主义不再将语言当作语音和语义的随机组合,或是能够通过刺激和强化形成的一套习惯,而是将其视作语言能力和言语行为的结合。认知主义学习法的代表人物是乔姆斯基,他提出了语言习得机制(language acquisition device)和转换生成语法(transformative-generative grammar)的概念。认知主义学习法将学习者看作学习过程的主体,认为学习者在学习过程中是自主使用认知策略。并且,认知主义学习法还认为,语言学习是一个认知过程,在第二语言习得的过程中,人们运用复杂的认知技巧和能力去指导言语行为。

认知主义语言学习法强调老师应该去了解学生的心理,语言学习的关键因素是肯定的态度、自信、强烈的学习动机和正确的学习方法。在认知主义语言学习法中,有意义的学习和有意义的练习起着非常关键的作用。认知主义将听、说、读、写四项能力分成了两类:产出性技能(说和写)和接受性技能(听和读),并且认为接受性技能是产出性技能发展的先决条件。认知主义学习法对待错误的态度不同于听说法。认知语言教学专家认为错误是学习者对语言使用进行试探和假设的结果,因此对错误有一种更加宽容的态度。

3. 建构主义与计算机辅助外语教学

皮亚杰等人提出的建构主义学习观对语言学习领域的贡献突出地表现为促进了计算机辅助外语教学的发展。建构主义学习理论提倡的学习方法是教师指导下的、以学生为中心的学习,建构主义视角下的学习环境必须体现情境、协作、会话和意义建构等四大要求。多媒体计算机的出现恰好能够满足这些要求。首先,多媒体计算机的引入为学习者的语言学习创造了丰富多彩的真实环境。现代化的网络、各种语言学习平台,包括当前广泛流行的 MOOC,让学习者和计算机、学习者和教师以及学习者之间的交互变得无比便捷。并且,在现代化网络环境下,个别化学习、协作学习、网络协同教学、虚拟仿真学习、远程教学等新兴的数字化学习方式得到了快速发展。以外语教学为例,多媒体语言实验室的出现给外语教学带来了勃勃生机:多媒体外语教学软件的设计遵循学生的认知规律,以超媒体非线性方式组织教学信息,学生可以根据自身的特点和需要主动地、个性化地学习,从而克服了"以教师为中心"的传统教育的弊病。并且,在建构主义的影响下,交际法的语言教学在后期逐渐演变成为"任务型"教学法,这一时期的计算机辅助外语教学的设计也更多地融入了人本主义的色彩,让语言学习不仅真实、具有意义,并且在很大程度上体现了语言学习的交互性本质。

总之,现代外语教学研究是现代科技、教育学、语言学、认知科学发展到一定阶段的必然产物,也是在传统的教育科学、语言学理论、思想、观念、方法论基础之上的继承与发扬。研究外语教学的发展和规律,首先要研究传统教育教学理论中的相关传播理论、媒体理论以及系统科学理论。除此之外,还应充分了解建构主义理论、认知学习理论、语言学与社会语言学理论,探究其相互关系及各自的独特内容与发展规律,指导多媒体外语教学的理论和实践。

第二章 媒体研究

在第一章中,综合 AECT'94 定义和 AECT'04 教育技术定义,本书抽取出教育技术内涵的两大核心元素"学习"与"媒体",并在第一章对"学习"进行了全方位的概述。按照既定的逻辑路线,本书的第二章将对"媒体"进行全方位概述,包括媒体的内涵、分类、两大主流学派的媒体教学思想和在这一领域产生深刻影响的梅耶的多媒体教学思想。

第一节 学习媒体概述

媒体是英文 Media 的译名,一般指信息的载体和加工以及传递信息的工具。一般来说,媒体包括两层含义:一是指承载信息所使用的符号系统,如文字、语言、声音、图形、图像等,它们决定着媒体的信息表达功能;二是指存储和加工实体,如书本、挂图、投影片、录像带、计算机、智能手机、iPad、PDA 等。

一、媒体的一般共性

媒体的形式多种多样,尤其在科技和网络高度发达的今天,媒体的形式和使用范围都得到了前所未有的拓展。但是,大部分媒体都具有以下共同特征。

1. 固定性

媒体可以记录和储存信息,以供需要时再现。如印刷媒体直接将文字符号固定在书本上;电子媒体将语言、文字、图像转换成声、光、磁信号,固定在胶片、磁带、磁盘或光盘上。媒体的这一特性使人们能够将丰富的实践经验逐渐积累起来，把宝贵的知识、技能传授给后代。

2. 扩散性

媒体可以将各种符号形态信息传送到一定的距离，使信息在扩大的范围内再现。古代的"秀才不出门，全知天下事"依靠的就是媒体的这一特性。在电子信息技术长足进步的 20 世纪后半叶，"地球村"逐步形成，全世界的人们都能够以极快的速度共享信息。

3. 重复性

媒体可以重复使用。如果保存得好，这些媒体可以根据需要，一次次地被使用，并且保持所呈现信息的质和量稳定不变。另外，它还可以生成许多复制品，在不同的地点同时被使用。

4. 组合性

若干种媒体能够组合使用。这种组合可以是在某一活动中，几种媒体适当编排、轮流使用或同时呈现各自的信息；也可以是把各种媒体的功能结合起来，组成多媒体系统，如声画同步、幻灯、交互视频系统等。组合性还指一种媒体包含的信息可以借助另一种媒体来传递，如图片、模型等可以通过电影、录像等媒体呈现在屏幕上。多媒体计算机更是集中地反映了这一特点，媒体的组合性也是多媒体外语教学的重要物理基础。

5. 工具性

媒体是人们用来认识世界和改造世界的工具，但即使功能先进的现代化媒体，也还是由人创造、受人管理。媒体只能扩展或代替人的部分作用，而且适用的学习媒体还需要教师和设计人员去精心编制。

6. 能动性

媒体在特定的时空条件下可以离开人的活动独立起作用。比如，制作精美的计算机辅助教学课件、精心录制的微课视频、提前录制的 MOOC 等的确可以代替教师来完成部分教学内容。

一般来说，当某一媒体被应用于传递教学信息时，该媒体就成为了教学媒体；应用于学习时，就成为了学习媒体。因为教学媒体应用的目的也是服务于学生的学习,而不是单纯为教而教,因此,教学媒体和学习媒体并没有本质区别,本书也不对它们做严格的区分。同时,为了体现"教"与"学"二元关系中"学"的主体地位,本书采取"学习媒体"这一概念。

学习媒体除了具备上述媒体的共同特性以外,还有自己独有的特性,主要如下。

1. 表现力

表现力是指学习媒体具有表现事物的空间、时间和运动特征的能力。空间特征是指事物的形状、大小、距离、方位等特征;时间特征是指事物出现的先后顺序、持续时间、出现频率、节奏快慢等特征;运动特征是指事物的运动形式、空间位移、形状变换等特征。

2. 重现力

重现力是指学习媒体不受时间、空间限制,能够把储存的信息内容重新再现的能力。

3. 接触面广

接触面广是指学习媒体能够将信息传递到相当大的范围的能力。

4. 参与性

参与性是指学生在学习媒体发挥作用时能够广泛参与活动的特性。模型、录音、录像、计算机等媒体为学生提供了动手操作的可能,使学生可以随时中断使用而进行提问、思考、讨论等学习活动;电影、电视、无线电广播、多媒体计算机等媒体有较强的感染力,容易引导学生感情上的参与。

5. 受控性

受控性指学习媒体接受使用者操纵的特性。板书、教科书由教师随心所欲地使用;录音机、幻灯机、录像机、VCD机也较容易操作和控制;操作电影放映机需接受一定的训练;电视的播出则由专门的机构来管理和操作;网络教学平台的使用、管理和维护一般需要专门的教育技术管理专业人士来协助教师进行;现代化的移动设备,如 iPad、PDA、智能手机等的维护和使用则取决于各个用户。

二、学习媒体的分类

随着科技的进步,学习媒体的形式日益丰富,分类方法也多种多样。

按照媒体的表达手段,学习媒体可以分为口语媒体、文字媒体、印刷媒体、电子媒体四类。

(1) 口语媒体

口语媒体一般指口头语言,例如教师和学生的课堂对话。口语媒体是人类最早使用的用来交流思想的传播媒体,具备简单、快捷、通俗和反馈快的特点。

(2) 文字媒体

文字媒体引发了教育方式的第二次重大变革,自此,文字书写与口头语言成为同等重要的教育工具。

(3) 印刷媒体

印刷媒体一般是指各种印刷出版材料,如教科书、挂图、报纸、杂志等。印刷媒体促进了信息的大量复制、储存和广泛流传,对人类社会保存文化、传播思想和发展教育起了重大作用,并引发了教学方式和教学规模的第三次重大变革。

(4) 电子媒体

电子媒体一般是指用电子信号来记载和传递信息的媒体,有模拟和数字之分,如广播、电影、电视、计算机、智能手机等。电子媒体大大促进了人类传播信息的能力和效率,使教育方式与规模产生了根本性的变革,并引发了教育史上的第四次革命。

按照媒体作用的感官和信息的流向,学习媒体可以分为视觉媒体、听觉媒体、视听媒体、交互多媒体四类。

(1) 视觉媒体

一般指发出的信息主要作用于人的视觉器官的媒体,如教科书、黑板、挂图、印刷材料、模型、实物、幻灯、投影等。

(2) 听觉媒体

一般指发出的信息主要作用于人的听觉器官的媒体,如广播、录音等。

(3) 视听媒体

一般指发出的信息同时作用于人的视觉器官和听觉器官的媒体,如电影、电视、录像等。

（4）交互多媒体

指借助多种感官且具有人机交互作用的媒体，如多媒体计算机、网络教学平台、智能手机、PDA、iPad等。

也有的研究者将媒体划分为传统媒体与现代媒体。但是，无论按照哪种标准进行分类，都有可能存在交叉和重叠的地方。例如，在外语教学中应用非常广泛的多媒体语音实验室，功能涵盖听音、听说、视听、听说对比等功能，充分体现了学习媒体具备的"组合性"特点。近年来，许多外语类院校和综合院校的外语学院启动了MTI（Master of Translation and Interpreting）项目，建设了语音同传实验室，即在原有的多媒体实验室的基础上，增加了口译和同声传译训练功能，将语言实验室的功能进一步拓宽，充分体现出学习媒体在科技高度发展的今天，具备无限发展的潜能。

三、学习媒体研究概况

不同的学习媒体有不同的特点与功能，分析学习媒体的本质一定要与学习媒体的特点和功能以及使用学习媒体的个人、当时介入的学习媒体所组成的媒体环境联系起来，进行综合考察和研究。一般来说，学习媒体研究可以从以下几方面来进行。

1. 学习媒体的功能

一般来说，学习媒体应该具有两种功能："潜在功能"和"实际功能"。

潜在功能是指这种学习媒体在理想的、最好的状态下所表现出来的功能。我们平常所"说"的媒体功能即是指潜在功能，它是这种媒体所能达到的最强功能。要使某一学习媒体表现出最强功能，就必须选择合适的呈现内容，在恰当的时机合理地使用，使其功能达到最优化。

实际功能是指这种学习媒体在实际教学中，在某一教师使用时所表现出来的功能。我们平常所"见"到的某种学习媒体的功能，往往是这种学习媒体在某种状态下，在某个教师设计、使用的情况下所表现出来的功能，即媒体的实际功能。实际功能总是小于潜在功能，我们要对这二者进行清晰的区分。学习媒体的潜在功能，只有通过在教学中科学而熟练地使用，才能充分发挥出来。

2. 学习媒体的优势与局限性研究

随着科学技术的发展，各种各样的学习媒体不断出现，不同时期出现的学习媒体带给人们的期望与影响也不同。任何一种学习媒体既有自己的特点与优势，同时也有自身无法克服的弊端与缺陷。幻灯机能给人们呈现放大的、细腻的事物图片，它比用教科书、语言呈现事物更具体、形象，可以使人们慢慢地观察和研究这些图片，但它不能有效地表达事物的运动状态及过程，因为它呈现的只是事物以前静止状态下某一瞬间的信息，并不能说明当前的状态；电视录像善于表现事物运动和变化的过程与状态，但它对于事物细节的表达又不及幻灯投影；现在很常用的多媒体确实比它之前的任何一种学习媒体的功能都强大，既可以呈现静态信息，也可以呈现动态过程，还可以呈现动画信息，但在师生情感的交流、对学生心灵反应的捕捉和回应上，还存在许多不足。网络新媒体以其海量的信息、快速的响应速度以及无可比拟的交互性席卷全球，可是，由此产生的信息碎片化、可靠性和真实性甄别等问题，仍然是当前许多研究者面临的一大挑战。智能手机等移动设备具有携带方便、反馈及时等优点，但是对使用环境和硬件本身存在较高要求。同时，对学生的自带设备该如何管理、监控，保证学习任务的顺利完成也是对教师的一大挑战。只有正确地认识到某一学习媒体在教学中的优势与局限性，才能恰当地运用它来为教学服务。

3. 不同的媒体在具体学科中的应用

不同种类的学科，学习内容具备不同的特征和属性。比如文科性的教学内容多属陈述性知识，知识点与知识点之间的联系相对比较松散，学习时不一定要按某个顺序来进行，可以根据具体情况灵活安排；理工科的教学内容多属于程序性知识，前后知识点之间有比较严密的逻辑关系，学习时要按一定的顺序或程序（知识内容自身固有的）来进行，一般不可跳跃进行。所以，当我们面对不同的学习内容时，要根据学习内容的特点和学习媒体的特长，选择最能有效表达这些知识内容的学习媒体来进行教学，做到学习媒体和教学内容相协调，这样才可能取得更好的教学效果。

4. 多种学习媒体的深度融合

一门学科的教学内容，甚至一节课的教学内容，往往是由众多不同类型的学习内容所构成，而不同的学习内容又需要用不同的、恰当的学习媒体来呈现。因此，客观上就要求教师在教学过程中用多种不同类型的媒体来进行组合教学，从而达到让每一个知识点都能在现有条件下用最合适的、最经济的学习媒体来有效呈现的目的。随着科学技术的发展，总是有更新的、更高级的学习媒体进入到教学领域，这时人们可能会抛弃还未能熟练使用的旧媒体，转而去追逐更新式的学习媒体；或者是无论媒体技术发展到什么程度,有的教师从始至终只会使用最简单的幻灯片。在外语教学中,第二种情况尤为明显：无论学术界对 MOOC、微课、翻转课堂等新媒体、新教学模式的研究和讨论如何热烈,许多外语教师只是将传统的"书本＋黑板"转换成今天的"幻灯片＋白板",授课方式还是和以前如出一辙。因此,进入 21 世纪以后,我国大学英语教学遭受到了前所未有的压力和挑战。在现代教育技术高度发展的驱动下,我国大学英语教学先后经历了两次大规模的教学改革。2014 年,新的《大学英语教学指南》(征求意见稿)出台,标志着第三次教学改革提上日程。本书将在第四章重点介绍相关内容。

第二节　两大主流心理学理论对媒体教学的影响

以美国教育技术学的发展历史为例,人们可以清楚地看到两大主流学术流派的影子：一派是成长于心理学领域的学习理论和教学设计专家,一派是成长于课程与教学领域的学习媒体专家,他们对于媒体在教学中的应用理念、原则、功能和影响都有各自不同的理解和论述。远程教育是教育技术学研究的重要领域,也是学习媒体,尤其是网络多媒体发挥作用的最好场所。因此,本章将以远程教育为例,来阐述行为主义和认知主义两大主流心理学理论对媒体教学的影响。

一、行为主义媒体教学思想

行为主义是 20 世纪初起源于美国的一个心理学流派,也是心理学的一个重要学派。行为主义理论认为："只要能了解环境刺激与个体的关系,就可以设计并控制刺激,经由条件作用的方法,建立起所要建立的反应,从而组成预期的复杂行为；而且,也可根据条件作用法则,消除个体已有的行为。"[1]按照这种观点,教学目的的实现,关键在于教师和学习者的反应,这也就是说,它有赖于教师和学习者个体在适应环境时,媒体知识符号信息刺激与自己的接受器官所建立的有机联系。对于远程教育研究者而言,只有了解并掌握了教师

---

[1] 张春兴：《教育心理学——三化取向的理论与实践》,浙江教育出版社,1998 年版,第 72 页。

和学习者个体与媒体信息刺激之间的能动与受动关系,才能真正理清学习媒体的发生机理和作用规律,才能指导媒体教学环境、媒体教学资源、媒体教学组织、媒体教学过程的设计和运行。

从行为主义的视角下看,媒体的应用能够在教学的许多方面引发实质性的进步和变革,具体如下。

1. 媒体教学联结:从"媒体刺激"到"媒体反应"

在远程教育"教学分离"的教育环境里,教师的教学和学生的学习基本上是以媒体信息刺激代替师生的直接课堂交流,并通过建立教师的"媒体教学刺激"和学习者的"媒体教学反应"二者之间的有效联结,来克服"时空分离"条件下,二者因为失去传统意义上的课堂教学环境而产生的焦躁和恐惧心理,减少因为没有知识信息刺激而产生的过激情绪,进而引导师生尽快适应媒体教学环境。通过熟练的媒体技术操作行为,利用媒体教学模式,成功地实现知识的远距离迁移,从而达到同传统学校课堂教育一样,甚至更好的教学效果。

依据华生的观点,可以将远程教育教学环境里教师和学习者的反应分为"外现的习惯反应""内隐的习惯反应""外现的遗传反应"和"内隐的遗传反应"四种类型。①在远程教育条件下,"外现的习惯反应"是指教师和学习者在远程教育媒体信息刺激下所产生的身体定向反应,诸如表情、手势和动作等;"内隐的习惯反应"体现在从外部难以观察到的师生的教、学思维活动中,一般来说,它会外化为人的语言交流习惯和精神条件反射;而"外现的遗传反应"则是指那些能够被人们观察到的媒体信息接收本能和情绪的激烈反应;"内隐的遗传反应"包括教师和学习者在远程教育媒体信息刺激下的内分泌生理反应,必须借助仪器和实验才能观察到。然而,不管是哪种反应形式,对于行为主义研究者而言,无须理会其中的奥妙,只要将媒体看作是一个"黑箱",研究它的"终端"信息输出就行,即将师生的"大脑"看成是一个"黑箱",只研究他们在信息刺激后所产生的"行动"表现就行。也就是说,环境决定行为,行为成就模式,我们只要查明远程教育教学环境的"媒体刺激物"与"教学行为人"之间的规律性外部关系,就能根据刺激强弱预知反应程度,根据反应行为推断刺激模式,进而达到预测并控制媒体教学效果和师生教学行为的目的。

---

① 张亚斌:《媒体学习情境结构:从行为主义到认知主义——远程教育的媒体教学思想比较研究》,载《中国远程教育》,2007年10月/上。

2. 媒体教学机制：从"媒体强化现象"到"媒体强化原则"

根据行为主义的代表人物斯金纳的有关理论，我们可以看到，远程教育的学习媒体刺激与教学主体接受存在着一种引人注目的"媒体强化现象"。具体来说，就是凡能使教师和学习者的个体教学操作反应频率增加的媒体教学信息刺激，都称为强化；能够产生强化作用的众多的学习媒体，称为强化物。一般来说，强化物可分为正强化物和负强化物，正强化物是指那些有助于增加师生主体刺激反应频率的学习媒体，负强化物是指那些造成师生个体在具体媒体教学情境中刺激消失的学习媒体。正负两种强化物对于师生的个体反应行为能够具有奖励和惩罚两种强化预设功能：如果师生们能够以高度的热情和责任感自觉接受学习媒体的高频率刺激，就有可能产生正强化作用，得到知识的奖励；如果师生们接受度低，对刺激反应麻木，拒绝接受媒体教学的强化，那么，他们的媒体教学活动则有可能受到负强化作用的惩罚。

这充分说明，利用媒体进行远程教育教学本身就具有接受正强化奖励和负强化惩罚的业务风险。究竟最终会接受媒体教学的正强化奖励还是负强化惩罚，这均取决于教师和学习者的媒体操作行为。如果他们愿意接受奖励，就会不断地通过自己的媒体操作行动获得更多的正强化奖励，进而形成实现远程教育媒体教学的心理动力，导致后续媒体强化行为的发生；如果他们愿意接受惩罚的风险，那么，就会通过试误教学或试误学习，逐渐消除负强化作用对自己媒体学习的不良影响，最终将其转化为正强化作用。然而，值得注意的是，不管是面对正强化奖励，还是面对负强化惩罚，对于师生们而言，这一切最终都会导致或引发他们的后继媒体操作行为，也就是说，强化自身需要师生们持续不断地开展操作行动，以求获得更多的"后效强化"。①

3. 媒体教学诱因：从"媒体知识讯息"到"媒体学习模仿"

不过，与斯金纳的观点有所不同，社会学习论的倡导者班杜拉②以为，强化是构成师生远程教育媒体教学的首要条件，但是，媒体强化物绝不是加强媒体教学刺激—学习反应联结的必要因素，相反，只有媒体强化物所发出的知识讯息，才是媒体认知环境里真正产生强化作用的主要诱因。因此，他指出："很少有事实证明单靠强化可自动构成学习……倒是有很多事例，足可证明强化

---

① 杨清：《现代西方心理学主要派别》，辽宁人民出版社，1980年版，第102页。
② 班杜拉(1925~)，美国心理学家，社会学习理论的创始人。

物的呈现对个体来说只是一种讯息,从而引发个体学习的动机;强化物本身并不能对个体的反应产生强化作用。"①相反,只有媒体强化物所生发出的讯息,才能引起正强化奖励,使师生再接再厉,共创佳绩,或者导致负强化惩罚,使得师生知错就改。师生们在这样的媒体教学环境中有过的体验会教会他们在身处同样的学习情境时采取同样的做法,强化教学。正因为如此,班杜拉非常看重在媒体强化讯息环境里师生们所表现出的重复性强化教学行为及其自主性的个体教学行为。他认为,正是"媒体强化讯息"导致了教师的媒体教学行为,导致了学习者的"媒体学习行为"。②

关于教师和学习者在媒体教学环境中的强化教学行为,行为主义的观点是,教师必须利用媒体讯息来刺激和激发学习者的观察学习行为,鼓励他们以观察员的身份,仔细观察媒体教学情境中的各种教师角色的示范教学行动。通过这样间接观察的方式,他们可以不用通过实践的直接经验,就能完成知识的替代学习。行为主义将学习者完成替代学习的过程称为模仿,而将学习者在个体观察学习时所模仿的媒体教师角色对象称为楷模。这样,媒体学习的过程就转化为学习者通过媒体模仿教师角色楷模的过程,也就是我们平常所说的"媒体学习模仿"。在这个理论基础上,行为主义将学习者的学习行为分为四种类型,即通过效法媒体中的教师角色教学行为,从而获得知识的"直接模仿";全面吸纳媒体教学信息,从而完成知识迁移的"综合模仿";不安于仅仅捕捉媒体教学对象的具体教学行动,更加注重行动背后的知识意义描述的"象征模仿";通过媒体教学活动,能够分析、归纳、总结出知识体系的"抽象模仿"。然而,不管是哪种类型的媒体教学模仿,对于学习者来说,都必须经历注意阶段、保持阶段、再生阶段和动机阶段的观察体验。在注意阶段,仔细观察楷模所表现出的知识行为特征,解读其中所蕴含的意义和价值;在保持阶段,将观察到的知识结构转化成自己大脑中的表征性现象或语言符号图式;在再生阶段,将经过模仿楷模行为所得到的有关知识进行记忆沉淀处理,并以自己的行动表现还原出来;在动机阶段,只要实践中出现与之相似或相同的境遇,就自觉将学到的知识运用到改造自然、改造社会、改造生活的劳动中去。

4. 媒体教学过程:从"媒体学习变量"到"媒体学习可能"

通过考察远程教育媒体教学的观察模仿过程,我们不难发现,从教师利用远程教育媒体发出教学讯息,到学习者个体接受媒体知识讯息刺激并出现强

---

①② 蒋晓:《略述班杜拉的观察学习理论》,载《比较教育研究》,1987年第2期。

化行为反应,这之间存在着广阔的中间变量,亦即"媒体学习变量"。这个中间变量其实正是学习者个体在模仿观察阶段所出现的丰富的生理和心理状态变化。它们是远程教育媒体教学行为的实际决定因子,决定着远程学习者的实际学习模仿行为类型,决定着处在不同阶段的学习者所做出的相关学习反应和学习对策。很明显,这其中包含着学习者的学习需求变量和讯息认知变量两种形式。学习需求变量的本质是远程学习者的媒体学习动机,包括他们的媒体学习目的、媒体学习目标、媒体学习对象等内容,而讯息认知变量就是学习者的媒体学习能力,包括学习者的媒体刺激反应能力、媒体知识知觉能力、媒体楷模模仿能力等。

这些观点也正是以托尔曼[1]和赫尔[2]为代表的新行为主义者所极力推崇的理论观点:在媒体知识讯息的刺激与学习者的个体反应之间,存在着能够引起多种模仿观察反应的时空可能性,即存在着无限的"媒体学习可能"。在媒体教学情境当中,媒体刺激与学习者的反应在远程教育媒体教学中不可或缺。并且,强化同样是远程教育媒体教学的必要条件,没有强化,便没有远程教育的媒体教学和学习。如果说,刺激和反应行为是远程教育媒体教学的"原始内驱力",那么,强化与模仿行为则是远程教育媒体教学持续开展的"后续内驱力"。正是二者的存在及相互作用,才共同构成了一条完整的远程教育媒体教学的"刺激—反应—强化—模仿"行为链。而这一点,恰恰是研究行为主义的远程教育媒体教学思想的焦点。

二、认知主义媒体教学思想

认知主义的思想萌芽在人类历史上源远流长。作为一种研究人们如何获取知识的方法,它最早起源于西方古典哲学中的经验主义和唯理主义思想流派,之后经过冯特(Wilhelm Wundt)的内省法构造主义理论、詹姆斯(William James)的机能主义原理、格式塔学派的知觉组织及其思维问题等心理学说的不断激荡,逐步形成了稳定成熟的理论体系。然而,认知主义作为一种真正意义上的教育学理论,则是在 20 世纪 50 年代由美国临床心理学家凯利(George

---

[1] 爱德华·托尔曼(Edward Chace Tolman,1886~1959),美国心理学家,以研究行为心理学著称。

[2] 赫尔:(Clark L. Hull,1884~1952),美国心理学家,新行为主义代表人物之一;1936 年当选为国家科学院院士,同年当选为美国心理学会主席。

A. Kelly)提出的。

1. 媒体知识学习:从"人格知识动机"到"知识刺激预感"

依据凯利的看法,在远程教育媒体的教学当中,改进教师和学习者的认知态度和认知方式是非常重要的。教师操作远程教育媒体实施教学,学习者利用远程教育媒体完成学习任务,在这个过程中,最重要的是"教"与"学"的动机,亦即知识需求意义上的"人格认知动机",而非生物本能意义上的认知动机。凯利否认行为主义的强化概念,认为人的教学行为不应受媒体等外物控制,而是由认知主体的认知预测内力控制。所谓的强化和认知主体的认知期望有关,换句话说,如果媒体刺激强化的知识信息模式和教师以及学习者预测期望的媒体知识讯息刺激强化模式相吻合,那么,他们得到的就是积极强化和奖励,反之,则会得到消极强化和惩罚。因为这些原因,凯利从来不看重媒体及其环境对于教学效果的影响,也不看重人作为动物的无意识生物认知机制,相反,他强调人作为主体的人格需要和创造性接受能力,认为人类对于自己的知识接受模式是由自己自主选择的。

显然,在凯利的视域里,在远程教育的媒体教学过程中,师生们对于媒体所提供的知识刺激模式的预测、设想、期望是特别重要的。师生们在教学、学习过程中,所做的唯一事情就是测试、验证媒体的知识讯号刺激强化是否应验了自己的事先预报。他用了一个词去界定远程教育媒体教学中师生们的这种独特的认知现象,那就是"预感",亦即"知识刺激预感"。他说:"预感(anticipation)不仅仅是为了它本身而不断预感的,它是为了使未来的现实能够更好地实现。是未来吸引着人们,而不是'过去'有这样的力量。人总是从现时的窗户,展望于未来。"① 由此可见,与其说远程教育的媒体教学活动是媒体知识讯号不断刺激强化人的意识的结果,毋宁说它是师生们的大脑主动建构的结果。正是在预言知识讯号刺激强化模式的过程中,师生们接受、还原、再现了知识的结构图式,并且将知识的意义全面准确地解读出来。而这,也恰恰说明了师生们乐于接受和看好远程教育媒体教学的预言前景。

2. 媒体知识期望:从"媒体教学构念"到"主体认知定理"

凯利强调,"一个人的学习过程都是以其期望(预期、期待、预料)事物的方

---

① 张亚斌:《媒体学习情境结构:从行为主义到认知主义——远程教育的媒体教学思想比较研究》,载《中国远程教育》,2007年10月/上。

式在心理上开辟途径的"。① 具体到教育教学活动中,就是每个人在教与学的过程中,都将不可避免地通过"媒体教学构念"来主动完成自己的教学或学习任务。所谓"构念",就是师生们"期望"知识刺激强化理想模式所形成的个人思想、观点和看法。也正是在此基础上,他提出了教育主体能动认知的十一条定理,即"**主体认知定理**"②,主要包括:师生反复期望来预料知识事件及其刺激强化模式的"建构式定理";凸显师生在知识建构中教学特色差异的"个性化定理";师生个体从自身情况出发编织自己预见知识系统构念的"组织型定理";师生个体构念是由一定数目的两极性结构组成的"两分法定理";师生个体在两分性构念中做出符合自己需要决断的"选择性定理";一种构念只适合于预料一定时间、一定环境、一定对象的教学接受事件的"范围度定理";随着教学环境的不断变化而引起师生构念连续发生变化的"经验差定理";师生个人构念系统变化接受适合范围内新的构念渗透度的"调制量定理";师生们在教学过程中能够连续应用彼此间并不一致的亚构念系统的"片断面定理";师生们在教学过程中必须时刻关注相同性知识经验建构的"共同性定理";师生们建构自己的个人构念时学会扮演相关人士职业角色的"社会性定理"。这十一条定理,同样适合处于多媒体外语教学情境里的师生借鉴参考。

3. 媒体知识发现:从"媒体认知主体"到"媒体认知表征"

在远程教育媒体教学理论的研究当中,于 20 世纪 60 年代兴起的、由美国学者布鲁纳所积极倡导的发现式教学理论(即认知教学理论)产生了非常重要的影响。布鲁纳认为,"教学生学习任何科目,绝不是对学生灌输些固定的知识,而是启发学生主动去求取知识与组织知识。教师不能把学生教成一个活动的书橱,而是应教学生学习如何思维,教他学习如何像历史学家研究分析史料那样,从求知过程中去组织属于自己的知识。因此,求知是自主性的活动历程,而非只是被动地承受前人研究的成果"。③ 也就是说,在他的教育思想体系中,已经有了以学生为中心、以学生为本的现代远程教育媒体教学思想理念。按照他的观点,在远程教育媒体教学中,学习者绝不是知识的被动接受者,而是对媒体知识情境的主动探索者,是名副其实的"媒体认知主体"。并且,学习者通过主动的、探究式的学习模式,形成自己的媒体知识认知结构。

---

①② 张亚斌:《媒体学习情境结构:从行为主义到认知主义——远程教育的媒体教学思想比较研究》,载《中国远程教育》,2007 年 10 月/上。

③ 何克抗,等:《教学系统设计》,高等教育出版社,2006 年版,第 12 页。

他把教师和学习者在这种教学环境中,借助知觉将外在的物体或事件转化为内在的心理物质和事件(如媒体和知识)的过程称为"认知表征",或"媒体认知表征"。

布鲁纳以为,认知表征包含三个阶段。第一个阶段是动作表征阶段,学习者可以像婴儿那样,观察媒体中那些富有刺激意味的教师学习媒体动作,并通过它来获取知识,或者说应当像婴儿用手抓取周围的物体那样,在自己力所能及的范围内,操作媒体,感知知识。由此看来,在远程教育媒体教学环境中,具体的媒体动作反应是学习者求知的基础,也是学习者认知表征的第一个阶段。第二个阶段是形象表征阶段,即学习者应该像儿童那样善于从那些具有鲜明形体特征的事物形象中体会知识,并将知识转化为自己大脑中的记忆形象。一般来说,形象表征可以是图片形象表征,也可以是活动形象表征,这些形象表征因其所具有的知识寓意性、象征性、比喻性、隐喻性、暗示性而受到人们的关注,从而被人们视作学生的学习由具体进入抽象的过渡阶段。第三个阶段是符号表征阶段,学习者能够通过媒体所呈现的各种文字语言符号、公式推导符号、会意符号,直接感知到课程知识符号的意义内涵,甚至能够借助和这些知识符号相关的逻辑思维去解决自己在学习、生活、工作实践中遇到的各种难题。按照布鲁纳的观点,教师在利用媒体进行教学的过程当中,尤其要注意运用学习者所敏感的行为动作、形象图式、声画符号等再现表象,去刺激学习者尽快形成知识的"媒体认知结构"。

4. 媒体认知结构:从"媒体认知要素"到"媒体螺旋课程"

布鲁纳认为,媒体认知结构的形成有三个重要因素。一是学习者要有良好的媒体学习直觉思维。在媒体学习情境中,教师应当注意引导学习者通过自己多年学习养成的直觉思维,探索知识获得的渠道,领悟知识演化的逻辑线索,判断习题答案的正确与否。这种对媒体知识的直觉思维能力的应用是学习者发现学习的前奏。二是学习者的媒体学习要有严密的情境结构。所谓情境结构,就是媒体知识构成的基本框架。在这个框架中,我们能够看到彼此相连的媒体知识概念图谱。简单地说,只有那些具有科学合理的知识结构的媒体教材,才能成功地引导学习者实现知识迁移。三是学习者的媒体学习必须具有回馈价值。当学习者的学习反应完结之后,需要关注的是学习者是否获得了知识强化的回馈补偿。一般来说,远程教育的媒体自测系统具有这样的功能,如果学习者获得了正确的答案,那么,他就会受到肯定、表扬和鼓励,如果学习者选择了错误的答案,就会收到系统提示,随后按照媒体的引导,从错误的认知方向中走出,逐步回归到正确的认知轨道,直到他收到正确答案的反馈为止。在布鲁纳看来,对于学习者的媒体学习,发现自己的学习错误有时比发现自己的正确答案更为重要,因为正是在多次的媒体试误学习中,学习者才逐步完成自己的媒体认知结构构建。

与此同时,为了方便学习者的媒体认知结构构建,布鲁纳提出了媒体螺旋课程的构想,即让课程内容在媒体上循环呈现。这种媒体螺旋课程的知识结构有利于维持学习者的学习热情和学习动机。基于此,他还提出了以人为本的媒体课程计划,力图在类似远程教育媒体教学的教学模式中,建立更加人性化的教学模式。他鼓励教师引导学习者利用媒体,自觉积极参与社会文化活动,全面了解社会关系,深刻把握社会组织架构,实际体验各种社会角色,从而通过比较学习研究获得更多的科学知识。远程教育媒体教学的重要意义就在于启发学习者养成独立的发现式媒体学习习惯,掌握个人化的探究式的媒体学习要略。

5. 媒体认知革命:从"媒体意义学习"到"媒体认知科学"

布鲁纳所倡导的这种针对学习者学习能力、学习心理而进行的媒体教学方法被奥苏贝尔提升为"有意义学习理论"。奥苏贝尔认为,只有适应学习者学习经验、学习水平的媒体教学活动才是真正有意义的教学活动,只有获得适合自己认知结构的媒体知识才算是真正有意义的学习。按照他的观点,远程教育的媒体教学涉及教学、课程、学习三个要素,媒体认知情境应当沿着这三个方向展开建构。教师们要考虑如何设计、编制、组织媒体教材,学习者们要考虑如何发挥自己的潜在能力去实现有意义的学习,课程教学计划的实施应当以能够实现教师有意义的媒体教学和学习者有意义的媒体学习为目的。教师和学习者要贮存足够的、能够支撑有意义教和学的先期知识,因为先期知识是个人吸纳新知识的文化基础。同时,奥苏贝尔提出了"先导组织"概念,即一切有利于教师"教"和学习者"学"的步骤都是"先导组织"。在远程教育的媒体教学过程中,从表面上看,是学习者被动地接受教学,其实,在这个过程中,教师和学习者求知的心理活动仍然是主动的,他们能主动运用自己的先期知识,进行有意义的媒体教学或学习。

认知主义理论给远程教育的媒体教学理论研究开辟了广阔的科学通道。可以说,人们正在利用各种学科,发起一场关于教育媒体研究的"认知革命"。唯有如此,认知科学所引发的一切媒体教学问题,才会成为当今社会具有共性的世界性话题。同时,认知科学由于其所具有的不同的学科背景和理论渊源,还为不同学派形成不同的媒体教学观,建构各种不同的媒体教学理论范式提供了肥沃的土壤。

两大主流心理学流派的媒体教学观为媒体在学习中的应用提供了坚实的理论依据。然而,在实际应用过程中,为了更好地完成预期的学习目标,人们必须要对丰富多彩、功能各异的学习媒体进行甄别和选择。首先,媒体的选择要符合学习者的特点。不同的学习者具备不同的学习需求、学习动机、认知风格和认知技能。例如,在我国,外语教学是一项从幼儿园到博士的全民化工程,学习对象的年龄、学历层次、学习动机类型复杂多样,因此,教学媒体的选择更应该兼容并包,并应根据不同的学习者特征,进行个性化、多样化的媒体选择和教学设计。其次,媒体的选择要符合学习任务的特点。如果是学习语法规则,教师可以选择讲解、板书、投影实例等形式进行;如果是完成某项口语交际任务,例如天气预报,学生可以使用自己的智能手机在课后录音,提交到网络教学平台,接受教师和同伴的评估和反馈。当然,媒体的选择还要符合各个地区、各个学校的客观情况,要充分考虑到经济能力、师生的多媒体技能、使用的环境和管理的水平。我国多媒体外语教学发展中的无数教训告诉我们:仅仅拥有先进的硬件,师生的多媒体素养没有得到同步提高,结果只能是浪费资源,停滞不前。总而言之,在利用媒体进行学习的过程中,既要考虑到媒体自身的特点,还要根据学习者、学习内容和学习环境的具体情况来进行选择。客观地说,不存在对任何信息、任何学习都适用的"超级"媒体。媒体的使用效果不仅仅取决于媒体本身,更多是取决于媒体的使用时间、使用地点和使用对象。

第三章 "学习"与"媒体"的历史互动①

在本书的第一章和第二章,作者分别对"学习"和"媒体"的基本内涵、分类、特征以及理论基础作了非常详尽的论述,在本章,作者主要立足美国教育技术学发展的历史进程,从"学习"与"媒体"历史互动的视角来探讨这两大教学技术学范畴的深刻内涵。

"学习"和"媒体"究竟是一种什么关系?从教育技术诞生以来,这个问题就成为学者们萦绕于心、挥之不去的一个重要问题。从某种意义上讲,在近百年的历史时空中,正是"学习"与"媒体"这一对基本范畴的互动,成就了媒体与技术促进教育与学习这一历史变革波澜壮阔的宏大画卷,也勾勒了教育技术理论建设与实践发展的基本轮廓。教育技术学专家赛特勒(Paul Saettler)先后在《教育技术的历史》②和《美国教育技术的演变》③两本著作中浓墨重彩地描写了"学习"与"媒体"。在阐述教育技术发生和发展的历史脉络时,赛特勒概括了教育技术历史上三种主流的研究取向,它们分别是"自然科学与媒体取

---

① 本章的主要内容和观点是立足美国教学技术学发展的历史过程来展开的,这是因为美国在其教育技术学发展的短暂历史进程中,在理论和实践上都作出了重要的贡献。首先,美国在媒体和信息技术的发展上走在世界前列;其次,美国20世纪的教育改革成果丰硕,出现了一大批既精通当代媒体信息技术、传播技术,又精通当代教育学、心理学发展规律的教育技术专家,为美国以及世界上其他国家教育技术学的发展和研究作出了突出的贡献。

② Saettler, P. *A History of Instructional Technology*. New York: McGraw-Hill, 1968.

③ Saettler, P. *The Evolution of American Educational Technology*. Englewood, CO: Libraries Unlimited, 1990.

向""传播学与系统观取向""行为科学取向"。这三种研究取向在历史上的更迭与互动无疑代表着"媒体"与"学习"二者之间的角力。事实上,"学习"与"媒体"的关系是与整个教育技术领域的历史相依相伴的。一部教育技术的历史,尤其是美国教育技术学发展的历史,实质上就是"学习"与"媒体"二者不断互动和展开的历史。

第一节 媒体派理论体系的形成和深化发展

美国教育哲学家杜威(John Dewey)为美国教学技术学这一新兴学科的顺利诞生奠定了理论基石。杜威的贡献主要体现在两个方面:首先,杜威推动的进步主义教育运动为美国教育技术学的诞生提供了一个宏观的时代背景;其次,杜威的现代教育理论强调直接经验的作用,这和反对"言语主义"(verbalism)的试听教学运动不谋而合。与此同时,联结主义心理学家桑代克在以动物为实验对象的研究中取得了重大发现,他对人类学习的各种干预恰恰是人类运用媒体技术促进学习的早期尝试。[1]

桑代克和杜威为美国视听教学的诞生奠定了理论基础,而20世纪初各种如雨后春笋般迅速发展的现代媒体技术在教育领域的广泛应用,则直接催生了后来盛极一时的视听教学,进而推动了媒体派的诞生。

一、媒体派产生的时代背景

被公认为美国教育技术学研究的先驱者之一的伊利(Donald Ely)将媒体派的传承谱系总结为:查特斯-戴尔-霍本-芬恩。正如他在《教育技术领域最常见的十二个问题》一书中指明的那样,教育技术作为一个专门的领域,"本质上属于一场发生于20世纪的运动,并在二战期间及二战后不长的一段时间内得到了迅速发展"。这场运动就是源自美国的视听教学运动。因此,综合考虑美国教育技术研究对全世界的引领作用和巨大影响,本章将沿着美国视听教学发展的轨迹,按照伊利所勾勒的谱系剖析图,去探索美国教学技术媒体派的发展脉络。

---

[1] 桑新民,等:《媒体与学习的双重变奏——教育技术学的生成发展与国际比较研究》,南京大学出版社,2014年版,第35页。

20世纪初期,在美国的学校中,照相机、幻灯机和电影放映机作为新鲜事物很快得到了应用,并提供了大量的学习图片、图标、幻灯片以及其他的视觉教学材料。自1905年美国第一家学校博物馆在圣路易斯州登上教育的历史舞台时起,宾夕法尼亚州等地区纷纷效仿,该校后来成为了学区媒体的前身。自此,许多人认识到了视觉媒体在提升教育质量中的巨大潜力。这些人中有教师、社会工作者,还有许多是影视资料制作商。1906年,宾夕法尼亚州的一家公司出版了《视觉教育》一书,用以推销该公司的幻灯片和照片。这一商业活动很快取得了成功,许多公司纷纷效仿,推出了大量的幻灯片、照片等影视资料。由于这些资料制作质量良莠不齐,曾一度给教师和教学管理人员带来了认识和管理上的混乱。

　　从1918年到1928年,视觉教学开始深入到学科建设、师资培训、学术研究、专业交流和组织管理等各个环节。各大高校开设视觉教学课程,培训教师使用幻灯片、电影、挂图等视觉媒体的操作技能。一批重要的视觉教科书陆续出版,全国性的视觉教学团体相继建立,公立学校里还出现了首批专门管理视觉教学活动的行政机构,围绕视觉教学的系统研究也逐渐开展起来。

　　20世纪20年代末,随着有声电影和广播录音技术的发展,人们认识到原有的视觉教学概念既不科学,也无法涵盖教学实践的全部内容。因此,1947年,全美教育学会视觉教学部正式更名为视听教学部。自此,"视觉教学"这一概念退出历史舞台,由"视听教学"代替。

二、传播学的引入与媒体派的历史性变革

　　美国教育技术学是一个典型的具备交叉学科性质的领域,在该领域逐步走向成熟的关键时刻,传播学、心理学和系统科学都发挥了不可忽视的重大作用。在众多影响因素当中,尤为值得一提的是20世纪初期传播学和视听教学之间相辅相成的紧密关系,而它们的迥然不同之处又明显带有二战之后的时代印迹。

　　首先,借助媒体技术,视听教学和传播学都得到了快速的发展壮大,它们迅速登上了社会发展的历史舞台。但是,二者的关注焦点、学科背景和发展态势则表现出很大的差异。

　　从关注范围来看,视听教学关注的范围相对较小,一般是在学校和教育范围内;传播学更加关注媒体对于社会和公众的影响,其活动范围则置身于学校之外。从学科背景来看,视听教学领域是媒体技术专家同教学专家的组合,而

早期传播学领域则是社会心理学家和政治学专家的组合。从二者的关系来看,视听教学比较关注和注意吸取传播学的进展和成果,而传播学却很少关注视听教学和教育技术学。

20世纪三四十年代,传播学研究领域已逐渐成形,其代表人物拉斯维尔(Harold Lasswell)、拉扎斯菲尔德(Paul F. Lazarsfield)、霍夫兰(C. I. Hovland)和勒温(Kurt Lewin)分别从政治学、宣传学、社会学和社会心理学等方面研究大众传播的作用和影响。他们不仅奠定了大众传播学的基本理论,而且让当时各国的政治家、军事家、商战中的冒险家们都感到耳目一新,使他们重新认识到新媒体和信息传播在公共生活中的作用。新生的传播学很快成为了时代的宠儿,得到了迅猛发展。

面对传播学的迅猛发展,刚刚萌芽的视听教学不得不从中汲取营养,并紧随其后。本节随后将要提到的在早期教育技术学发展中居主导地位的四位媒体派代表人物查特斯、戴尔、霍本和芬恩都或多或少地受到传播学的影响,并与之结下了不解之缘。

查特斯(Werrett Charters)在主持由佩恩基金会资助的关于戏剧和电影对儿童认知学习和情感学习之影响的系列研究中,就直接跨越了视听教育和传播学的界限,并因此项研究而被列入现代传播研究先行者的行列。戴尔(Edgar Dale)提出的"经验之塔"理论显然也带有浓重的传播学色彩。戴尔在20世纪30年代所从事的有关阅读材料的研究以及对电影所做的内容分析,为教育技术与传播学两个领域所共享,并成为教育技术学家和传播学家共同的思想财富。小霍本曾供职于宾夕法尼亚州立大学的新闻与传播学院,本身就具备浓厚的传播学教育背景。戴尔、小霍本等人后来成为了推动视听教学向视听传播转向的核心人物。

传播学对视听教学发展的影响突出表现在二战期间。当时,美国学校中的视听教学几乎处于停顿状态,而军队中的视听教学却异军突起,其原因是政府和军队迫切需要在短时期内迅速动员民众、训练职业军人。在当时的情况下,视听教学专家较之于传播学专家更能有效地担当起这一特殊使命。当然,他们采用的理论和方式显然不能局限于学校中的视听教学,而是必须吸纳传播学的成功经验,这样才能更好地完成动员和训练任务。

回顾历史,人们可以看到二战为视听教学创造了机遇,而传播学则为视听教学的进一步发展拓宽了视野,使视听教学的迅猛发展成为可能。小霍本和芬恩都亲身经历并承担了二战期间军队和政府培训的任务,其中小霍本还是美国陆军培训援助处(U. S. Army Training Aids)的负责人,芬恩也曾和小霍本合作开发过强化训练计划。

　　20世纪50年代初,在试听教学论的代表人物戴尔的支持下,小霍本和芬恩开始倡导和推动传统视听教学向视听传播方向改革。1953年,他们创办了《视听传播评论》,其主要办刊宗旨有两个方面:一是要为所有传播学研究者,特别是研究视听方法和教材在传播和教学中的作用的研究者,传递专业信息和最高水平的学术观点;二是要为研究传播的专家、学者提供发表研究成果、理论构架和对本领域的问题进行批判性分析文章的园地。正如戴尔在《视听传播评论》创刊号上说的那样,创办这样一本期刊"说明我们对视听研究和传播是有兴趣的"①。芬恩则进一步强调视听教学的起源就是传播:"视听运动的领导采用传播的术语,这已经并将继续对这一领域的思想和发展方向产生深刻的影响。这种影响比大多数实践者所认识到的要大得多,因为根据具体情况看,传播的概念是一个在所有社会科学中都能导致大发展、起组织作用的概念,在范围和影响上和物理学、生物学向心理学及哲学领域贯穿的场论概念相似。在评估将来视听研究的方向时,有必要经常记住这一点。"②传播学对教育技术领域的影响还突出地体现在专业协会与组织的命名上。20世纪60年代末到70年代初,视听教学部从全美教育协会中独立出来时,组织的新名称定为"教育传播与技术协会",由此可见当时的传播学对教育技术领域影响之广泛与深刻。

　　引进传播学来改造视听教学,不仅需要观念的变革、体制的更新,还需要进行一系列复杂而艰难的理论创建工作。在这个方面,芬恩作出了卓越的贡献。1961年,他提出了"教学系统－黑箱概念"的视听传播理论模型,把完整的教学过程分为五个环节:教材呈示、学生个别化自学或小组学习、讨论、个别学习和创造。每一个环节都作为一个独立的"黑箱",即一个要解决的问题。芬恩理论模型的创建其实是一次大胆的利用传播学去改造视听教学的理论探索,同时也是运用系统理论和方法论来解决视听教学问题的重要尝试,由此引发了教学技术领域研究者们对视听传播模型的热烈探讨。

　　1963年2月,美国教育协会视听教学部名词与术语委员会建议把传播学作为本领域的理论基础,同时正式将"视听教学"的名称改为"视听传播",这标

---

　　① Dale, E. "What Does It Mean to Communicate?" *Audio Visual Communication Review*, 1953, 1(1):3～5.

　　② Finn, James D. *Extending Education Through Technology*. Washington DC: Association for Educational Communications and Technology, 1972:78.

志着美国教育技术研究领域的一次历史性变革。正如戴尔在1969年再版的《教学中的视听方法》中提到的那样:"当教师认真考虑传播的理论与实践时,中小学和大学出现惊人的革命性变革。能否在教学过程中明智而有效地使用所有教材,取决于对传播的重要原理和实践的掌握。"①正如伊利所说:"传播概念帮助20世纪50年代的视听领域转向了新的方向。"②

总而言之,自20世纪50年代开始,美国视听教学领域对传播学的理论和方法的接受,已经突破了早期媒体教学专家只关注媒体教学功能的狭窄眼光和静态思维,开始将教学活动作为信息传播的复杂动态过程来看待和研究。并且,越来越多的学习媒体专家认识到,成功的教学不仅需要开发和使用各种"硬"技术,还需要开发和使用各种"软"技术,"软""硬"结合才是教学技术的整体和全貌,才能真正发挥教学技术的功能,实现运用媒体技术改造教育系统的理想。这是技术观和教育技术观相互结合而引发的深刻变革。这场变革提高了该领域抽象思维的层次和水平,促进了经验思维向理论思维的提升和转变,是这一具有较强应用色彩的交叉学科从幼稚走向成熟的必经之路。

三、媒体派理论体系的深化发展

正式的视听教学登上历史舞台始于第一次世界大战以后,早期的视听教学主要得益于四个方面的推动力量。

首先,一些大公司、大企业,例如美国电报电话公司、柯达公司等,出于商业目的开发了一些教育电影和视听材料。

其次,某些政府部门,例如美国政府农业部在1908年至1912年制作了大量的教育电影,并投入教学。

第三股力量是各类基金和公益组织,例如卡耐基基金会、洛克菲勒基金会等,这些基金会资助了许多视听教学项目的开发。例如,视听教学运动的先驱者之一、堪称20世纪第一个教育工程师的查特斯(Werrett Charters)主持了一系列有关电影对儿童影响的研究课题,在近十年的时间里一共出版了9本著作,就电影对儿童的影响进行了全方位的考察。他的课题组对儿童花在电

---

① 张祖忻:《美国教育技术的理论及其演变》,上海外语教育出版社,1994年版,第78页。

② Ely, D. P. "Toward a Philosophy of Instructional Technology", *Journal of Educational Technology*, 1970,(1):81~94.

影上的时间进行了大规模的调查,并首次对视听材料进行了大规模的内容分析。此外,课题组还从思想、态度、情绪、行为举止等多个方面就电影对儿童的影响进行了研究。更为重要的是,查特斯组织的这个课题研究小组汇聚了一批出色的心理学家、社会学家以及统计学家,他们把心理学、社会学以及统计学的方法引入了课题研究,实现了研究方法上的创新。赛特勒认为,查特斯主持的这个"佩恩基金会研究"是历史上第一个对电影媒体作用于儿童学习与发展的问题进行综合性、大规模研究的组织。据他考证,查特斯还是第一位使用"Educational Technology"这一术语的研究者。[①] 这是视听教学的先驱对"媒体"与"学习"关系进行的一次可贵探索,而查特斯本人也可以被看作是第一位媒体派代表人物。

第四股力量来自于一批知名的大学,例如哈佛大学、芝加哥大学、约翰·霍普金斯大学等。他们不仅从事视听教学材料的开发,还启动了一大批影响深远的科研项目,其中包括著名的"芝加哥大学实验",该实验对比研究了各种媒体的教学效用,堪称媒体研究的典范。

1946年,埃德加·戴尔出版了一本名为《教学中的视听方法》(*Audio-Visual Methods in Teaching*)的教材,对视听教学的研究与实践进行了系统化的总结,从而正式继承了他的老师查特斯的衣钵,成为了第二位媒体派代表人物。戴尔提出了著名的"经验之塔"(*Cone of Experience*)理论,将人们获得的经验从底端到顶端依次分为三大类:做的经验、观察的经验和抽象的经验。视听媒体提供的经验位于塔的中部,包括广播、录音、照片、幻灯、电影、电视等,它们介于做的经验与抽象经验之间,既能够为学生学习提供必要的感性材料,容易理解和记忆,又便于借助解说或教师的概括总结,从具体的画面上升到抽象的概念、定理。因此,"经验之塔"理论其实是在直接经验和间接经验之间建立中介和桥梁,充分凸显中间部分,即视听媒体的价值。

1955年和1956年,戴尔的学生查尔斯·霍本[②]先后两次在第一届和第二届欧克博奇会议上作了主题为"视听传播的系统方法"(A System Approach to Audiovisual Communication)的演讲。通过这两次演讲,小霍本首次将系统方法带入到视听教学的视野,并逐渐将系统方法引入到视听教学基本分析框架中,改变了视听教育工作者看待问题的方式。小霍本借助经典

---

① Saettler, P. *The Evolution of American Educational Technology*. Englewood, Co: Libraries Unlimited,1990:17.

② Charles F. Hoban, Jr.,一般称为小霍本。

传播模式,结合视听教学自身的特点,开创了教育技术学独有的视听传播系统模型,并对其功能和前景进行了分析和探索。[①]

1975年,小霍本在斯坦福大学召开的一次研讨会上号召教育技术专业人士打破传统的窠臼,进行角色的历史性转换,将系统方法纳入到视听教学中来。事实上,小霍本看到了存在于部分媒体专家和业内人士头脑中狂热而又过于狭隘的技术观。他试图推动视听教育乃至整个教育技术学从二战以后迅猛发展的"媒体热"向"过程"与"系统"转变。毫不夸张地说,小霍本推动了整个教育技术学领域从单纯的"媒体"到"过程"与"系统"的历史性跨越,促进了教育技术学媒体派的深化发展,可以被看作是美国教育技术学媒体派的第三位代表人物。

提到小霍本,就不得不提到戴尔的另一位学生——芬恩(James Finn)。他不仅和小霍本一起推动了"媒体"向"过程"与"系统"的转变,更重要的是,他的努力还让美国教育界给予教育技术学科前所未有的关注。他和小霍本一起,倡导和推动了一场关于技术观念的大讨论。芬恩的另一重要贡献是其在20世纪50年代就旗帜鲜明地提出视听传播领域专业人员的角色与功能定位不应该只是教学过程的辅助支持者,而应该成为领导者与创新者。当许多学者还在为"视听教学""视听传播"或"学习资源"这样的专业名称争论不休时,芬恩坚定地提出应该使用"教学技术"这一学术名称,将教育技术学科的建设问题首次提上日程,并提出了一个成熟的学科应该满足的六项标准。芬恩对照他提出的六条标准,客观分析了当时的美国视听教学。他认为当时的视听教学已经开始向专业化方向过渡,在学科建设上也出现了有意识的努力,但是总体上还不具备一个成熟学科的特征,仍然不是一个独立的专业。芬恩有关学科建设标准的思想得到了后来的研究者们广泛的关注和认可,之后成为了教学技术学科建设的指导思想。他本人也和小霍本一样,被认为是媒体派的代表人物之一。

---

① Cochran, Lee W. *OKOBOJI: A Twenty Year Review of Leadership 1955—1974*. Greenwich, CT: Information Age Publishing, Inc., 2004:255.

第二节　学习派理论体系的兴起和发展

以斯金纳为代表，美国学习心理学家在教育技术学领域创立了和媒体派并重的另一流派——学习派。学习派的起点为学习科学，研究的主要内容是基于学习科学的教学设计，追求的目标是提高学习绩效。自20世纪70年代开始，学习派越来越引起人们的重视，并逐渐打破了二战以后媒体派独领风骚的局面，成为了教育技术学大舞台上的另外一支主旋律。在学习派兴起和发展的历史过程中，同样出现了一大批举足轻重的学者，其中影响最大的有斯金纳、加涅和梅瑞尔(David Merrill)。他们不仅仅是教育技术学领域里耳熟能详的人物，而且也在心理学、系统科学、教育学等其他领域产生了重大影响。以斯金纳为例，在第二语言习得领域，在他所倡导的"刺激反应"行为主义理论下建立起来的听说语言学习法(Audio-lingual Approach)，对20世纪后半期的语言学习产生了深刻的影响。在中国，20世纪80到90年代初的几乎所有英语教材都是按照听说法的理念设计的。在听说法的理念下，学生们在教师的指导下反复操练同一个或者类似的句型(这种练习一般称为"Drills")，以期待通过大量的练习来强化对某一知识点的记忆。在斯金纳行为主义的影响下，借助媒体技术迅猛发展的东风，外语教学领域还出现了一大批注重反复操练的教学课件，语言实验室也是在那个时期萌芽的。因此，对纷繁厚重的学习派理论谱系的剖析同样需要借助多样化的视觉。本节将详细阐述学习派理论在和媒体派的二元对立中逐步生成、发展到与其对抗和融合的过程。

一、程序教学的兴起对视听教学的巨大冲击

塞特勒曾将心理学家桑代克称为"20世纪的第一位教育技术学家"，正是因为桑代克早在1912年就天才地设想了机器在教学中的应用，预言了程序教学的出现。20世纪20年代初，俄亥俄州立大学心理学家普莱西(Sidney Pressey)设计了一种装置，使学生能进行自我测试，发现学习中的弱点并进行更正，从而减轻教师批阅试卷的负担。1925年，普莱西还在美国心理学协会上演示了由他设计的教学机器，但几乎没有引起研究者的兴趣。后来，他又设计了好几种机械装置，并对自动化教学进行了大量试验，但却未能对当时的教学技术产生任何影响。尽管普莱西还是查特斯和戴尔的同事和朋友，但他的

研究并未引起这两位大师级人物的关注。随着二战的爆发,普莱西的研究很快被人们遗忘。直到50年代中期,斯金纳发起程序教学运动,人们才重新认识了普莱西早期教学机器研究的意义。

20世纪30年代,新行为主义的代表人物斯金纳在《科学》杂志上发表了名作《学习的科学与教学的艺术》,这标志着学习心理学家第一次主动对视听教学领域发起强有力的冲击。并且,在新行为主义的推动下,程序教学运动(Programmed Instruction Movement)正式登上了历史舞台。

受实证主义哲学的影响,斯金纳建立了他的新行为主义理论。1931年,他在博士论文中提出:心理学应当把反射定义为刺激与反应间的一种可以观察到的相互关系,也就是要对反射做操作分析。在这一思想指导下,他对行为进行了大量的实验研究。在实验中,他深受桑代克、华生和巴甫洛夫的影响,但其实验的主要目的是通过控制实验条件来训练和改变有机体的行为,从中探讨有机体行为发展的规律。在实验研究的基础上,他总结出了习得反应、条件强化、泛化作用以及消退作用等学习规律,提出了系统的学习理论,以及影响、干预、控制、驾驭动物学习行为的技术。当然,这些技术绝不局限于狭隘的视听媒体技术,而是研究和控制动物学习行为时创造出的操作程序、方法和一切与此相关的技术手段和工具的总称,其中既有媒体技术,也有行为科学意义上的技术,可以说是广义的技术。

斯金纳将行为主义创始人华生的"刺激—反应"公式发展为"刺激—反应—强化"理论,并同费斯特(Charles B. Ferster)合作,对强化的时间安排进行了深入研究。通过大量的实验数据,他比较了连续强化和间歇强化、长间歇强化和短间歇强化、固定经常强化和不固定偶然强化对学习效率的影响,揭示了操作反应与学习安排之间的许多规律性的特征。他进一步指出了强化的作用:如果一个操作发生后,接着给予一个强化刺激,那么其强度就会增加。例如,他曾经和同事一起,依据渐进法则制定出程序,训练两只鸽子玩一种类似打乒乓球的游戏。训练的结果非常成功,两只鸽子都学会了非常纯熟、相对精确、和舞蹈家的舞蹈不相上下的舞蹈动作。除此之外,斯金纳还研究了与强化相联系的泛化现象,研究了学习过程中的消退和遗忘,并设计了一整套塑造行为和保持行为强度的新技术、新方法。他从系统发生上对机体的简单反应和复杂行为进行了广泛的试验,这种试验后来被移植到对人类的学习活动的研究和设计中。

自20世纪50年代开始,斯金纳开始将其操作强化原理运用于学校的教学实践。为了解决实际教学中存在的教师对学生的表现反馈和强化严重不足的问题,他根据操作强化原理制成了能够帮助教师为每个学生安排有效学习程序的教学机器。这种教学机器是一种台式机械装置,机器里装配各种机械和精密的电子仪器。放进机器的教学程序是印在纸带上的,按学科内容分成一系列紧密联系的知识项目,编制成一套严密的、难度渐次加深的问题框面。如果学生正确地回答了前一个框面的问题,就可以前进到后一个框面。机器教学充分体现了斯金纳派新行为主义的学习观念:学习就是条件作用,学习就是行为。

在教学中,程序教学具体表现为小步子原则、积极反应原则、及时强化原则和自定步调原则。这些教学原则和方法能够较好地克服以往教学的弊端,有助于提高学生学习的积极性、主动性并可以及时强化和巩固所学知识。同时,学生使用的是优秀教学法程序,所以在师资力量薄弱的地区可以明显提高教育质量。程序教学还可以根据学生的不同程度和水平进行个别教学,体现了因材施教的原则。这些优点使机器教学很快风靡一时。程序教学的许多原则直到今天仍然是教学软件设计所要遵循的基本原则。但是,在当时,受冲击最大的是曾红极一时的视听媒体专家,相比之下,他们多年的努力成果就相形见绌了。

程序教学和教学机器运动对视听媒体专家造成了很大的冲击,促使他们不得不进行深层次的反思。相比较而言,程序教学运动有深厚的心理学理论根基、明确的教学原则依据、可操作的教学技术手段和教学机器,因此,在需要大量机械训练的学习活动和课程中取得了明显的效果,对教育界产生了深远的影响。在这些方面,视听媒体教学仍然十分稚嫩。

塞特勒在 1961 年出版的 *Learning Theory and Audiovisual Utilization* 一书中指出:"教育技术史上,人们长期以来把重点放在使用媒体呈示材料方面,而不是把心理学学习理论作为教学技术的基础。近年来兴起的程序教学则与该发展史上的主题形成鲜明的对照。程序教学中,根据心理学理论使用媒体,目的是贯彻学习原则,而不是仅仅为使用学习媒体引进一种用于事后论证的理论基础。"①

20 世纪中期,程序教学在教育理论和实践两方面均掀起了巨大的热潮。然而,经过了 20 多年的迅猛发展,程序教学的许多弱点和机器教学难以克服的矛盾开始显现出来。例如,教学机器过于呆板,缺乏灵活性;教学内容和程序过于烦琐,学生容易产生厌烦情绪;只适用于部分学科,实用面窄;不利于培

---

① 斯金纳,等:《程序教学与教学机器》,人民教育出版社,1979 年版,第 71~73 页。

养学生的理论思维和创造性；破坏了教学的整体性、集体性，很难体现师生之间的情感互动；课堂中自学材料的使用对教师角色和传统师生关系形成了严峻挑战等等。从 60 年代中后期开始，程序教学逐渐走向衰落。

然而，程序教学运动在教学理论与实践发展中的地位则是不容忽视的。从教育技术学发展的视野中考察和反思，这场运动的影响和历史价值突出表现在以下四个方面：其一，推动教学技术领域从以"教"为中心向以"学"为中心进行转变，从而逐渐使学习科学研究成为教育技术学的一个重要支撑；其二，使行为科学的理论、思维方式和研究方法逐渐在教学技术领域盛行，从而开启了现代教学设计的开端；其三，使教学领域开始关注和研究个别化教学及与此相应的教学机器的设计与制作，为计算机辅助教学的兴起开辟了道路（多媒体辅助外语教学由此也应运而生了）；其四，进一步强化了系统理论与方法论对教学技术领域的影响，促使教学技术研究群体将研究重点从媒体论向过程论倾斜。正如伊利所言，学习心理学与视听媒体的合流，塑造了 20 世纪七八十年代教育技术的主要面貌，使教育技术研究与实践的重心逐渐转移到"教学的系统开发以及基于行为主义心理学的学习过程"[①]。总而言之，由斯金纳创建的程序教学理论，是继戴尔"经验之塔"之后，美国教育技术学发展史上的又一个系统化的理论成果。程序教学运动不仅创建了教学技术研究领域的一个新流派，而且拓展了教学技术历史的视野，使学习理论成为教育技术学的重要基石，使个别化教学、教学机器真正引起人们的关注，从而构建了多媒体辅助外语教学的早期雏形。

二、教学设计逐步成为教育技术学的主流导向

提到教育技术学的学习理论和历史发展，一个无法忽视的名字就是加涅。本书第一章已经详细阐述了加涅在心理学上的贡献和他的认知主义学习观。然而，就加涅的成就而言，这只是冰山一角。他不仅创建了信息加工学习理论，超越了斯金纳行为主义的教学设计模式，构建起新的教学系统设计模式，而且，他还为年轻的教育技术学奠定了基础知识结构，找到了理论核心。加涅在后半生广泛研究了学习理论、教学理论、教学设计及教育技术学基础理论，成为心理学、教学论、教育技术学等多个研究领域公认的大师级人物。

---

① Ely, D. P. "The Evolution of Educational Technology in Australian Society of Educational Technology", *Yearbook*, 1978:54~64.

在 20 世纪西方学习心理学发展的史册中,行为主义和认知学派的双峰对峙可谓一大奇观。前者注重研究学习行为,后者则关注学习主体的认知结构。20 世纪 70 年代以前是行为主义盛行的年代,然而,受过行为主义心理学严格训练的加涅敏锐地看到人和动物存在着的本质区别,认为训练动物的经验并不能解决人类所有的学习问题。因此,自 1940 年在康涅狄格大学任教时起,他的实验室研究重点便从动物转向人,并致力于探究学习者的个性差异。二战期间,加涅在军队中从事培训及相关研究的经历,则决定了他后半生与教育技术学的不解之缘。

加涅把教育技术学的背景知识归纳为四大类:第一,用于教学的各种硬件技术开发与应用的知识;第二,认知科学、计算机科学,尤其是人工智能的知识;第三,心理学,尤其是学习心理学和认知心理学的知识;第四,传播学,特别是视听传播研究的知识。加涅认为,这四大类背景知识是教育技术学主要的知识来源,故也可称为教育技术学的理论基础,但不属于教育技术学的基础理论。加涅强调,"教育技术学的兴趣必须要放在人类学习者身上"[1],教育技术学的核心是"有效学习条件的研究"[2],其研究的舞台不仅包括学校,而且包括企业的教室、专门的学习中心以及家庭中的各种学习活动。

总之,加涅认为,技术学是由科学研究推导出的系统化知识,而教育技术学则是以研究"有效学习条件"为核心,综合运用学习心理学、传播学、认知科学、计算机科学等基础理论和各种硬件技术,共同创造适用于不同学习者和教学内容的内部和外部学习条件。加涅运用还原分析的方法将学习的结果划分为五种类型,即言语信息、智慧技能、认知策略、动作技能和态度。不同类型的学习结果对应不同的学习内部条件和外部条件。加涅强调,不同个体接受、加工和处理信息的认知结构显然是不同的,这是学习内部条件的差异(个体认知结构和学习能力的差异),它决定了不同学习个体对学习外部条件的不同需求;只有针对不同个体的内在学习条件,创造相应的外部学习条件,才能有效地提高学习和教学效果。

加涅的名著《学习的条件》先后四次再版,不仅内容不断更新,而且研究的立足点也不断从心理学转向教学论和教育技术学。1985 年第三次再版时,加涅将书名改为《学习的条件和教学论》(第四版),这意味着加涅从一位纯粹的心理学家转变为了精通教学设计的教学论专家。

---

[1] 加涅:《教育技术学基础(中译本)》,教育科学出版社,1992 年版,第 7~8 页。
[2] 加涅:《教育技术学基础(中译本)》,教育科学出版社,1992 年版,第 3 页。

1974年，加涅与布里格斯(L. J. Briggs)共同出版了《教学设计原理》(*Principles of Instructional Design*)，开始构建既不同于媒体教学专家，又不同于程序教学专家的教学设计新模式。

　　媒体教学专家研究和关注的是如何为教师设计、开发出优秀的视听教材和各种学习媒体，他们的出发点是"教"；行为主义心理学家关心的是如何影响和改进学生的学习行为、提高学习效果。程序教学运动将教学研究和教学设计的重点从"教"转向"学"，但他们对学习的研究始终停留在刺激、反应、强化这些外在的学习行为和学习条件上。加涅博采众家之长，认为人的学习活动不仅是一种外在行为，更是头脑加工信息的一种内部活动。由于学习者内在条件的差异，不同个体对外在学习条件的需求是不同的，绝不能采取千篇一律的教学设计模式。科学的教学设计必须考虑到学习内容和学习者内在条件的差异，并据此设计和选择学习程序和学习的外部条件，使教学因人而异，并取得实效。

　　可见，加涅是要打开学习者头脑中的"黑箱"，并根据发生在学习者头脑中的复杂信息加工活动，进行个性化的教学设计。他尝试通过深刻地展现复杂的学习和教学活动的真实过程，使学习科学和教学设计的研究真正走向科学化轨道。加涅由此揭示了学习心理学、教学理论与实践、媒体教学技术、认知科学与计算机技术之间的内在联系。他以信息论和系统理论为指导，沟通协调各种不同观点，整合各方面的资源，促成了不同学科背景、不同研究领域专家之间的交流与合作，并使这一多学科共同耕耘的教学设计新舞台成为教育技术学发展的主攻方向。加涅不仅是教学设计研究领域的先驱者之一，同时也是促使该领域走向成熟的核心人物。正是由于加涅的工作，教学设计第一次形成了一整套完整的理论体系，并成为教育技术学的核心理论，影响了一大批美国教育技术学专家。加涅与布里格斯长期合作的《教学设计原理》3次再版，成为引领教学设计创新发展的旗帜。

　　1987年，加涅的另外一本名著《教育技术学基础》(*Instructional Technology: Foundations*)也同样汇集了加涅本人及当时美国教育技术学的主流专家对于教学设计的主要思想。《教育技术学基础》以加涅的理论体系为基石，借助不同研究者对各自所熟悉领域的阐述和对未来趋势的把握，对教育技术学领域做了全景式的扫描。同时，加涅明确指出，《教育技术学基础》不是一本教人如何去做的手册，相反，它的主要特征是系统的科学知识和对教育技术学的未来展望。① 从该书的主题和各章结构的设计安排中,我们可以清晰地感受到,加涅以信息加工学习理论为基础,以有效学习条件的研究为核心,以能够优化学习的教学设计为主攻方向,整合相关领域的基础知识,力图构建起一个专门属于教育技术学的理论和方法体系。以加涅为旗帜的佛罗里达州立大学已成为美国教育技术学领域的学术重镇,更是学习派的大本营。加涅本人不仅是享誉全球的心理学家、教学设计专家,而且是公认的教育技术学学术领袖。

在美国教育技术学发展的历史舞台上,继加涅之后,另外一位在教学设计领域有着突出贡献的代表人物是梅瑞尔(David Merrill)。20世纪70年代,在加涅所提出的"两条假设"的前提下,梅瑞尔提出了"成分显示理论(Component Display Theory,简称为CDT)"②。不同之处在于,梅瑞尔把对学习结果的分类重点放在认知领域,并从业绩水平和内容水平两个维度来考察认知领域的分类。事实上,梅瑞尔的分类是对加涅分类方法的进一步细化,他还简化了教学目标编制及其具体化的操作过程,这为日后他所从事的教学设计自动化研究打下了基础。

20世纪80年代后期,结合自己长期从事的计算机辅助教学研究的经历,梅瑞尔对CDT理论作了重大调整,提出了新一代教学设计理论,主张采用"内容结构"来表示原来的"内容水平",用"认知结构"来表示原来的"业绩水平",并希望以内容结构与学习者认知结构相匹配来综合把握学习结果,从而更有效地设计教学,促进与预期学习结果相一致的学习者认知结构的发展。③ 1987年,梅瑞尔所在的犹他州立大学教学技术系邀请加涅专程赴犹他州立大学与梅瑞尔共同进行一场"关于教学设计的对话"。在这场别开生面的研讨会上,加涅和梅瑞尔围绕教学设计领域的一系列重大课题,依据各自提出的理论进行了广泛而深入的对话。在对话过程中,梅瑞尔将加涅的言语信息、智慧技能、认知策略以及学习类型与自己的理论进行比较,再次证明了他的学习结果分类是在加涅研究基础上的进一步拓展;而加涅则更深刻地理解了梅瑞尔提出的综合设计教学目标的思想价值,并对自己的教学设计展开新的思考,随后

---

① 加涅:《教育技术学基础(中译本)》,教育科学出版社,1992年版,第8页。
② Merrill, M. D. "Component Display Theory". In Reigeluth, C. M. (Ed.). *Instructional-Design Theories and Models*. Hillsdale, NJ: Erlbaum,1983:279~333.
③ Twitchell, David. *Robert M. Gagne and M. David Merrill: In Conversation*. Englewood Cliffs, New Jersey:Educational Technology Publications,1991: 39.

还提出了"整合多重教学目标"的思想。1990 年,David Twitchell 根据现场的对话录像整理成 7 篇文章,连续发表在美国教育技术的权威刊物《教育技术》(*Educational Technology*)上。这两位大师级人物的对话,在很大程度上提高了美国教学设计研究的理论水平。

到了 20 世纪 90 年代,梅瑞尔和他的技术小组开发出新的教学设计模型,称为"第二代教学设计模型"(Instructional Technology 2,简称 IT2)。该教学模型主要用于辅助专家系统(Instructional Technology Expert,简称 IT Expert)的教学设计,更清楚地展示了学习结果和学习条件(包括内部条件和外部条件)之间的关系。① 第二代教学设计模型凸显出教学设计自动化的特点,促进了以往三大方面研究成果的整合。首先,梅瑞尔以学习心理学研究成果(成分显示理论与细化理论)为主要理论基础,同时又将其与程序化教学的思想合二为一;同时,梅瑞尔充分利用各种先进的物质技术设备来实现教学设计自动化的目标。他的自动化教学设计要借助软件平台,综合运用各种学习资源、教学资源来生成教学设计方案。他对媒体技术和现代教育技术的应用是在传统视听教学和计算机辅助教学理论与实践上的进一步深化,也促进了理论研究与技术开发之间的沟通与协作。梅瑞尔开创的教学设计自动化研究为各派教育技术学专家所共同关注,并引领着美国教学设计乃至整个教育技术学发展的新潮流。

三、系统科学对教育技术研究的基础支撑

与传播学和学习心理学不同,系统科学不是一门理论基础学科,而是一门整合媒体技术、学习理论、传播理论等各方思想与资源的学科,是教学系统设计方法论的基础支撑。

系统方法对美国教育技术学影响之大,在伊利的《教育技术学领域:定义的表述》中可见一斑:"教育技术学领域的主要目标是促进和改善人类学习的质量……其方法已被三个先后发展起来的模式所揭示……这三个模式是:应用各种各样的学习资源;强调个别化与个性化的学习;运用系统方法。正是这三个概念,被综合成一个促进学习的总体智能方法时,就形成了教育技术学领

---

① Merrill, M. D., Li, Zhongmin and Jones, M. K. "Second Generation Instructional Design", *Educational Technology*, 1990, 30(2):7~14.

域的特点,从而也确定了这个领域的理论根据。"①在教育技术学研究领域,"系统"是个用法非常混乱的概念,如"系统方法""系统理论""系统科学""教育系统""教学系统""评价系统""教学系统设计""教学系统开发"等,人们对其的理解也很不相同。

教育系统设计专家巴纳塞(B. H. Banathy)在加涅主编的《教育技术学基础》一书中对和系统相关的概念做了如下辨析:"……系统哲学是一种新的世界观,它与分析式的、简化论的、直线因果关系型的传统思维方式相反,倡导动态的、非线性的、综合的和整体论的思维模型,对认识、思维和推理的方式提出了新见解,赋予我们从事研究复杂系统的能力;系统论是从各类不同学科的系统现象及其理论研究中抽象概括出的一套相互联系的概念与原则,常常以模型的形式来表达和描述我们的研究成果;系统方法论则为我们提供了一组相应的范例、策略、方法和工具,以便使系统思想和有关设计、发展以及解决复杂系统问题的系统理论发挥作用……"②

"系统论"与"控制论"和"信息论"一起,共同代表了科学发展的新方向,在国内一般统称为"老三论"。"老三论"中的许多基本思想和研究方法已在作为教育技术学理论基础的心理学、教学论和传播学中萌芽,如行为主义心理学对刺激和反应之间关系的研究就涉及控制论的"反馈"概念,且类似于控制论研究中的"黑箱法";信息论的创始人申农(Claude E. Shannon)同时也是传播学早期的主要代表人物,他对媒体教学专家产生了重要影响。系统论的思想一方面体现在格式塔和认知学派的理论中(格式塔心理学认为整体的功能不等于各部分的总和),另一方面体现在早期课程论专家博比特(F. Bobbit)、查特斯和教育评价创始人泰勒(Ralph Tyler)等人的研究方法中(他们在教学研究中将学生素质、社会需求与教学目标、课程设计等各相关要素综合起来进行系统思考)。例如,查特斯1945年提出的"教育工程"构想,正是在此基础上对现代教育系统发展前景的重要构想。总之,现代人的许多基本思想和研究方法与教育研究和教学技术研究联系十分密切。

20世纪50年代,系统理论与系统方法对视听教学产生了很大的冲击和影响,主要表现在传播学和程序教学运动上。传播学和程序教学运动推动着媒体专家从媒体研究转向教学系统设计研究,实现了从"媒体论"向"过程论"

---

① Silber, Kenneth. "The Field of Educational Technology: A Statement of Definition", *Audiovisual Instruction*,1972,17:36~43。

② 加涅:《教育技术学基础(中译本)》,教育科学出版社,1992年版,第105页。

的历史转折。在系统理论影响下,出现了大量面向实际、易于操作的教学系统设计模型。这种教学设计模型与加涅的信息加工学习模型在思维方式和研究方法上有许多相似之处,因此极大增进了教学设计研究中不同派别的对话与沟通。

与此同时,系统理论与方法论本身也在迅速发展,新的概念与方法不仅迅速向各个学科渗透,而且正在开辟更多的新领域。与此同时,技术"信息化"浪潮亦日益取代工业革命以来的机械化传统,冲击着世界上的每一片土地。尽管在此发展过程中,许多提法有待统一,许多理论有待完善,但是,新科学及其方法论的成长与创新是不可避免的,它代表了科学发展的必然趋势。

显然,教育技术学发展不仅同早期的"老三论"有着千丝万缕的联系,而且同自组织理论、非线性科学、复杂系统理论等当代科学方法的发展前沿有着广泛而深刻的联系。教育技术本身又是对信息化程度要求很高的复杂系统,因此,随着时间的推移,系统科学对教育技术学的影响必然更为强大而深远。

第三节　教学技术学的学媒之争

在教育技术初生的 20 世纪 20 年代,以芝加哥大学的弗雷曼(Frank N. Freeman)为首的专家主持的"芝加哥大学实验"研究了各种媒体的教学效用,奠定了现代媒体研究的基础,并对后来的媒体研究产生了深远的影响。科拉克(Richard E. Clark)甚至认为,其后数十年间的媒体研究绝大多数是对"芝加哥大学实验"的简单重复,把媒体作为机器进行研究,少有研究思路与方法上的创新,这是媒体研究陷入穷途末路的尴尬境地的终极原因。[1]

1963 年,Arthur Lumsdaine 在 Nathaniel Lees Gage 主编的《教学研究手册》中对媒体比较研究提出了批评,认为先前的媒体比较研究仅仅表明媒体对于学习而言只有经济效用,并无实质益处。30 年代以后的媒体研究一直沿袭着弗雷曼所开创的道路进行,毫无创新,因此便使其后的媒体研究失去了应有的研究价值和历史意义。媒体研究在 20 世纪 70 年代走进了死胡同,直接引发了影响深远的"学习与媒体大争论"。

---

[1] Clark, R. E. "Reconsidering Research on Learning from Media", *Review of Educational Research*, 1983, 53(4): 445~449.

一、科拉克的学媒无关论

科拉克 1983 年在《教育研究评述》刊物上发表了一篇名为《从媒体中学习的再思考》①的综述性论文。在这篇文章中,他提出了著名的"汽车论",即"媒体仅仅是传播教学的工具,它对学习结果的影响比汽车运送食品对营养变化的影响还要小"。在这篇文章中,科拉克提出:教学传播工具的选择会影响到传播的费用以及程度,但只有所传播的内容才会真正影响学习结果。科拉克对 20 世纪先后出现的几种流行媒体进行了比较:在 50 年代,人们对无线电教学表现出浓厚兴趣;到了 60 年代,人们的兴趣转移到电视教学上;到了 70 年代末 80 年代初的时候,人们又将兴趣转移到计算机辅助教学上。因此,科拉克认为,任何一种新媒体的产生与应用都是一件令它的积极倡导者很兴奋的事情,都会使其认为可以引起一场教育上的革命,促进学习效果的大大提高。但是,通过对媒体的比较研究,人们发现,不管是哪一种媒体,在学习上都没有引起比较显著的差别,教学结果的差别往往是由不同教学方法或内容的差异引起的,和媒体无关。这就是教育技术学历史上著名的"非显著性差异现象"②。科拉克引用库勒克(Kulik)及其同事们当时的实验结果来证实自己的论断。在库勒克的实验中,他和同事们对比了音频指导教学与传统教学的不同效果。结果发现,在 42 个被研究的个体中,有 29 个表示喜欢音频指导教学,只有 13 个喜欢传统教学。在这 42 个被调查对象中,有 15 个被调查对象的教学结果差别较大,其中 11 个是使用音频指导教学的,另外 4 个使用的是传统教学。但最后考试结果表明,两组实验对象的学习成绩差异很小。库勒克又进行了后续实验,结果表明:如果由相同教师来实施教学,使用不同媒体所表现出来的效果差异就会或多或少地消失。库勒克的另外一个实验发现,学生使用计算机进行学习往往可以比传统教学节约 30~50% 的时间。库勒克认为这是由教学软件设计者花费比较多的时间对教学内容及其方法充分研究、设计所带来的结果。

科拉克解释说,人们对媒体表现出浓厚的兴趣,是因为他们默认使用媒体可以为学习带来积极效果。媒体的新鲜效果往往是迷惑人们的一个重要因素,尤其对于刚刚兴起的媒体,学习者往往会表现出极大的兴趣,乐意花费大

---

①② Clark, R. E. "Reconsidering Research on Learning from Media", *Review of Educational Research*, 1983, 53(4): 446.

量的时间去使用它,这在短时间内对学习可能会有比较明显的效果,但时间一长,效果就会明显回落。库勒克的一个实验结果发现,在两组(使用计算机的实验组与不使用计算机的控制组)被试者中,4星期以内,两组差异还有 0.56 的标准差;在 5～8 星期内,差异降低为 0.3;在 8 个星期以后,差异已经微乎其微。同时,库勒克还发现,媒体的新鲜效果和吸引力对中学生比对大学生更加明显。

在这篇文章中,科拉克还试图从逻辑上用充分条件和必要条件来对媒体、教学方法以及学习结果三者之间的关系进行描述。科拉克指出,任何一种媒体,对学习结果来说只是充分条件,也就是说,对于任何一个学习结果来说,可以寻求许多媒体来实现,并不是只有某一种特定的媒体才可以。而教学方法对于学习结果来说则是一种必要条件,许多媒体都可以用来实现同一学习结果,就是因为它们选择了同一种或者类似的特定教学方法。

同时,科拉克主张根据"经验—分析"研究范式的科学研究规则来研究媒体功效。他主张在考察媒体的功效时,研究者一定要抛开自己现有的教育价值和主观愿望,通过事实本身来说明媒体变量是否真的引起了其他变量的变化,媒体与学习之间是否真的存在有不受人的主观意志影响的因果关系;分析媒体这一变量的功效时,一定要严格控制其他无关变量的影响。因此,科拉克将教学方法、教学内容、感觉通道等都看作是可能影响"媒体－学习"这一因果关系的干扰变量,媒体对比试验只有在保证所有条件完全对等的情况下,才能真正弄清楚媒体对学习的影响。科拉克思想的逻辑是:假设媒体是影响学习的一个因素→控制其他无关因素,单独考察媒体对学习结果的影响→学习结果无差异→媒体不会促进学习。当然,科拉克也承认,尽管媒体跟学习结果没有什么关系,但媒体对某些教学问题还是有直接影响的,如教学费用问题、教学传播速度问题以及教学进度问题等。①

二、考兹玛的学媒相关论

随着多媒体技术的发展,人们对媒体与学习的关系有了新的看法,许多研究者对科拉克的学媒无关论的观点提出了质疑,其中最具有代表性的是考兹玛(Robert Kozma)的学媒相关论。考兹玛是美国加利福尼亚国际 SRI 学习

---

① Clark, R. E. "Reconsidering Research on Learning from Media", *Review of Educational Research*, 1983,53(4):448～449.

技术中心的主任,长期从事计算机多媒体教学研究工作。他在 1994 年《教育技术研究与发展》刊物第二期上发表了一篇题为《媒体会影响学习吗？对讨论的再定位》[①]的文章。在这篇文章中,考兹玛结合计算机辅助教学软件的最新研究成果向科拉克的学媒无关论发起了挑战,由此引起了一场更大的对学习与媒体关系的再讨论。在同期刊物上,还发表了其他六位专家对这一问题的观点,包括科拉克写的另一篇再次表明自己观点的针锋相对的文章《媒体永远都不会影响学习》[②]。考兹玛在他的文章中,首先指明了教育技术是一门设计科学,而不是一门自然科学,如果说媒体与学习之间目前还没有什么关系的话,那是因为人们还没有做什么工作去了解这个领域。考兹玛指出,科拉克得出学媒无关论的根本原因是其过多地依赖于行为主义的学习模式。考兹玛试图从建构主义的学习理论出发,来解释媒体与学习之间存在着不可忽视的关系。

考兹玛应用了当时非常著名的 Thinker Tools 学习软件来证实他的观点。Thinker Tools 是为了帮助学习者理解牛顿定律而开发的计算机辅助学习软件,共包括 4 大模块,每一模块又包含 4 个阶段:动机阶段、模型进化阶段、形成阶段以及迁移阶段。在动机阶段,由教师描述一些现实世界的真实例子,如力以不同的大小和方向作用于物体上,然后让学生预测物体的运动状态;学生可能会给出一些相互冲突的答案,这个时候教师不给出任何解答或评价。在模型进化阶段,学生两人一组在计算机上通过特定的软件来尝试解决刚才的问题:学生在计算机屏幕上通过调整力的大小以及方向来观察物体的状态,并记录结果。在形成阶段,要求学生根据刚才的实验来总结出力与物体运动的规律;为了引导学生得出正确答案,教师可以给出一定的提示,然后让学生自己总结。在迁移阶段,教师帮助学生将总结的规律应用到计算机屏幕上呈现的其他类似问题的解决上,或者帮助解决一些实际生活中的问题。

研究者对 Thinker Tools 工具的教学实验结果表明:使用 Thinker Tools 工具的学生对物体运动的预测结果明显好于对照组;同时测试结果还发现,使用 Thinker Tools 工具的六年级学生的成绩比平均年龄大他们 6 岁的十二年级学生的成绩明显要好。

由此考兹玛对计算机作为一种媒体在 Thinker Tools 工具中的作用进行

---

① Kozma, R. B. "Will Media Influence Learning? Reframing the Debate", *Educational Technology Research and Development*, 1994,42(2):7~19.

② Clark, R. E. "Media Will Never Influence Learning", *Educational Technology Research and Development*, 1994,42(2):21~29.

了思考与分析。考兹玛认为,计算机在 Thinker Tools 中的作用可以分为两个方面。首先,计算机能够产生活动的对象(如运动的物体),这对于解决运动问题来说十分重要;其次,计算机能够根据学生输入的数据,遵照牛顿定律让物体进行运动,模拟现实世界的真实情景,帮助学生更好地理解牛顿定律。另外,考兹玛认为,从认知心理学的角度来看,Thinker Tools 之所以能够对学习结果产生影响,是由于选用了计算机这种媒体,让教师对牛顿定律的理解在计算机上以符号化的形式再现,这种再现与学习者的心理表达方式非常接近,容易被学生理解和接受。

在此基础上,考兹玛对科拉克将教学方法与媒体分离的观点提出了反驳。考兹玛认为,将方法与媒体分开是没有必要的,也不科学。方法与媒体存在一种集成的关系,它们都是教学设计不可分割的一部分。在合理的教学设计中,媒体的能力使教学方法得以实现;同样,教学方法的使用也应充分发挥媒体的特长。考兹玛认为,传统的教学设计模型没有充分考虑到媒体、方法与情景的关系,主要是由于多数教学设计模型都是基于行为主义的学习理论。建构主义的学习理论将教学设计过程看成是设计者、媒体以及情景之间的一种动态的、创造性的交互活动(或对话)。从建构主义学习的角度来看,教学设计的"结束"并不意味着设计者、媒体以及情景之间对话的终止,更重要的对话还将在学生与设计产品之间的交互活动过程中产生。从这个角度来看,设计者的任务就是利用媒体的能力创建设计产品,以推动学生与设计产品之间的有意义的、有效的交互活动的展开。

值得一提的是,科拉克在看了考兹玛的文章后,又发表了一篇《媒体永远都不会影响学习》的文章。在该文中,科拉克再次声明,媒体及其媒体属性永远都不会影响到学习,但对学习的速度及其费用等会产生影响,只有教学方法才会真正影响学习结果。任何一种教学方法都可以借助许多媒体(或媒体组合)传播给学生,获得相似的学习结果,就像病人就医一样:病人可以通过服药片、喝药液或注射等不同途径得到治疗,重要的不是药品的形态,而是药品中的成分,当然不同的人在不同的情况下可以选用不同形态的药品。[①]

[①] Clark, R. E. "Media Will Never Influence Learning", *Educational Technology Research and Development*, 1994,42(2):21~29.

三、科拉克与考兹玛观点透析

1. 学媒之争是不同流派的学习理论博弈的结果

科拉克的学媒无关论尽管没有提到"行为主义学习理论"一词,但是我们从中可以看出,它是基于行为主义学习理论而得出的结论。行为主义学习理论认为,学习的目标是要引起人们的行为变化,学习主要是由外部刺激引起的,教师是外部刺激的主要施加者。如何施加刺激及施加何种刺激并不重要,重要的是要引起人们的行为变化。考兹玛的学媒相关论则是基于建构主义学习理论。建构主义学习理论认为,学习是人主动的认知心理变化过程,是通过学习者与外在环境之间的交互活动而获得的。一方面,媒体处在外部环境中,是外部环境的一部分;另一方面,媒体本身也是一种外部环境。从这个角度来看,学习的过程不可避免地要与媒体进行交互活动,媒体也会自然地对学习结果产生影响。

2. "用媒体来学"还是"从媒体中来学"

要避免对媒体与学习关系的讨论陷入误区,人们应该停止讨论媒体作为信息传播工具的角色,而应该将重点放在该如何利用媒体辅助学习者进行知识建构以及有意义的学习上来。在现代学习理论中,人们在不断地反思,与其利用多媒体来传播(或实施)教学、创建学习环境,还不如将多媒体更好地作为环境或工具来辅助学习者建构知识。认知工具、认知学徒以及情境学习等理论就是将计算机作为知识建构的辅助工具而发展起来的新型学习理论。科拉克将知识获取看作是知识传递、保持和迁移的过程,将媒体看作是传递知识的手段。在着眼点上,科拉克关注"从媒体中学"(Learning from Media),并认为学习者从媒体中获得学习收益是不可能的。

随着建构主义学习理论日益被人们接受,从媒体中来学(Learning from Media)这一思想日益淡化。泰勒曾将计算机在教学上的功能归纳为3T:教师(Tutor)、工具(Tool)及学徒(Tutee)。人们曾经认为计算机会在这三个角色上彻底改变教育,然而计算机辅助教学的发展并没有像预想的那么好。研究者发现,让教师先教会计算机,然后再让计算机来教学生,这并不是计算机在教学上发挥作用的最好方式。它仍然是传统行为主义教学模式的翻版,没有把学生看成是积极、主动的知识建构者,计算机的特长没有得到真正发挥,学习效果也不理想。因此,按照建构主义的观点,媒体与学习的关系应该从"从媒体中来学"(Learning from Media)向"用媒体来学"(Learning by Media)转变。

3. 媒体与方法

关于媒体与方法的关系,就像媒体与学习的关系一样,也是科拉克与考兹玛争论的焦点。科拉克认为,方法是独立于媒体之外的,并且只有方法才会真正影响到学习结果;而考兹玛则认为,媒体与方法是共同作用于学习的,学习是一个复杂的过程,受到许多因素的制约,并不是只有方法才会影响到学习。考兹玛反对将教学媒体本身与媒体特点、媒体应用方法等分解开来研究,并寻找各因素之间因果关系的做法,他主张对媒体的研究要从整体上进行深入理解。由于媒体与方法的关系问题是影响到媒体与学习关系问题的关键,所以他们又专门撰文阐述媒体与方法的关系,观点同样针锋相对。[1][2]

事实上,教学方法会影响到学习效果,但是如果没有一定媒体的支持,许多教学方法就不能有效地实现。例如,在科拉克的汽车(媒体)运食物(方法)的隐喻中,如果要保持食物的冷冻状态,那么就需要具有特殊制冷功能的汽车。同样,在学习上,如果需要给学生提供特定的反馈信息,那么就需要选择、使用具有接收学生输入,并具有判断、呈现能力的媒体。

四、学媒之争的意义和启示

学媒之争是教育技术学发展史上一件重要的历史性事件。虽然许多后来的研究者将其归为"范式之争"[3],而最终让争论双方的焦点在哲学层面上得到了矛盾的统一,但是,在教育技术学乃至教育学的历史上,类似学媒之争这样规模宏大、牵涉面广并且针锋相对的学术争议并不多见。这场论战的实质是对"从媒体中学"的机械教育技术观的清算和批判,以及对"用媒体学习"的

---

[1] Clark, R. E. "Media and Method", *Educational Technology Research and Development*, 1994,42(3):7~10.

[2] Kozma, R. B. "The Influence of Media on Learning: The Debate Continues", *School Library Media Quarterly*, 1994,22(4):233~239.

[3] 闫志明:《学习与媒体关系大辩论:不同范式下的对话》,载《电化教育研究》,2009年第3期。

有机教育技术观的呼吁和捍卫。①任何一个学科领域都有一些基本问题,对这些基本问题的不同回答则促进了不同学术流派的产生,而不同学派之间的冲突与斗争、交流与融合则又不断推动着研究主体对这些基本问题的理解不断深入,进而成为促进整个学科领域持续进步的内在动力。学习与媒体的关系问题无疑是教育技术学领域的一个基本问题,在这一基本问题上的论战和纷争则代表着不同学派的研究主体对教育技术学基本问题的执着追问与求索。从这一意义上讲,学习与媒体大辩论是教育技术思想史上的一个重要里程碑,它是教育技术领域内不同学派第一次大规模的冲突与融合,具有划时代的历史意义。正是经过学习与媒体大辩论的洗礼,学习派与媒体派乃至整个教育技术领域才逐渐走出最初的狂热而真正成熟起来。总而言之,一部教育技术的历史,其实就是学习与媒体二者不断互动和展开的历史。在近百年的历史时空中,正是学习与媒体这一对基本范畴的辩证互动,才成就了媒体与技术促进教育与学习这一历史变革波澜壮阔的宏大画卷。"学媒之争"作为这一历史画卷中鲜活的一页,会永远启发人们不断反思和探索。

在教学的理论研究和实践活动中,人们首先要正确定位计算机的角色。计算机作为一种功能强大的媒体应该在学习上发挥什么作用?按照建构主义的学习理论,学习是学生主动的、积极的认知思维过程,学习过程是学习者通过与外部环境的交互活动而展开的。仍然将计算机作为教师的代理(Agent)是不足取的,将计算机作为一种帮助学生积极学习、主动建构知识的认知工具才是对其正确的定位。计算机辅助教学软件的设计者不应该继续重复指导型、操练型与练习型教学软件的设计与开发,而应该从调动学生的学习积极性、启发学生主动建构知识这一角度出发,更多地设计与开发教学模拟、微型世界、认知学徒、情境学习以及合作学习软件,消除机械的行为主义的局限性。

其次,要重视教学内容与教学方法的研究。在多媒体教学软件开发过程中,有些设计者误认为多媒体教学软件就是要尽量包括多种媒体在内,媒体类型应用越多,学习效果就会越好。这样一来,多媒体软件的豪华外形冲淡了人们对教学设计、教学方法和教学内容的关注,这与学媒之争的精神实质是背道而驰的。科拉克在上个世纪80年代就开始大声疾呼"媒体永远都不会影响学习,教学方法是影响学习的唯一因素",部分研究者却走到另外一个极端,机械地强调媒体的作用。随着对多媒体外语教学认识的不断加深,人们会重新审

---

① 严莉,郑旭东:《学媒论争启示录——对"学习与媒体大辩论"的新思考》,载《开放教育研究》,2009年第5期。

视媒体、技术、教学方法、教学内容之间的关系,在教学设计要适应教学内容与方法的思想指导下,争取实现媒体在学习中的作用的最大化,促进三者之间关系的有机统一。

第四章　多媒体外语教学之生成与发展

在本书的第一章,笔者详细论述了学习的基本内涵和外延,以及不同理论学派的学习观。在第二章和第三章,笔者又详细论述了媒体、学习媒体的定义与分类、当前学习媒体的研究概况、两大主流心理学派的媒体教学观以及历史上著名的学媒之争大辩论。在这本著作中,笔者拟将媒体和学习的概念与我国当前外语教学的实践结合起来,尝试从"媒体"和"学习"相互博弈以及历史演变的角度来看待我国多媒体外语教学的基本发展情况。笔者认为,中国多媒体外语教学的实质、方法、历史演变是完全和教育技术学这个上一级学科相融合的。我国多媒体外语教学的发展是我国教育技术学发展的一个缩影。将多媒体外语教学放置于教育技术学的大背景下去研究,探讨二者之间是如何相互影响、相互角力的,更能够帮助外语教学研究者们拓宽思路、开阔眼界。只有借力于当前教育技术学和信息科学飞速发展的东风,才能够推动我国的多媒体外语教学沿着正确的方向行进。在本章,笔者将从一名外语教学研究者的视角,结合教育技术学同步发展的历史大背景,对多媒体外语教学的生成和发展状况做详细的论述。

第一节　多媒体外语教学的基本概念

一、多媒体的定义

在第二章中,我们对"媒体"和"学习媒体"的概念、分类、表现形式以及学习媒体的基本研究方向做过详尽的论述,其目的首先是提供更加丰富的背景知识,拓宽传统外语教学研究的视域,其次也是对本章所要论述的内容做充分铺垫。多媒体在英文中称为"Multimedia",是相对于"媒体"(Media)和"单媒体"(Monomedia)而言的,从字面上来看,就是由多个单媒体复合起来的多种信息载体。人们在信息交流中要使用各种信息载体,多媒体就是指把两个或更多的媒体组合成单一产品或呈现系统,即信息是通过多种感官通道表现和传递的。这些信息媒体包括文字(text)、声音(audio)、图形(graphic)、图像(image)、动画(animation)、视频(video)等。我们通常看见的文字、声音、图像、图形都是信息表现的媒体。计算机和现代教育技术的飞速发展使多媒体具有更新、更丰富的内涵。

Apple 公司的 Wollaston 认为,"多媒体是文字、图形、动画、视频和音频信息的结合,而计算机则是将它们连接起来的胶水",即多媒体是计算机上的文本、图像、音频、视频和动画的总和。

Sun Microsystems 公司的 Jeff Morgan 认为,"多媒体是为了知识创造和揭示传统的计算机媒体,即文字、图形、图像及其分析与视频、音频信息交互作用的结合体"。

尽管文字、图形、视频、音频等媒体在传播学和教育学中的应用在 20 世纪已经非常成熟,但是"多媒体"这一术语到了 20 世纪 60 年代才出现。这是因为当时社会生产的发展需要人们把多种媒体信息做统一处理,更重要的是,随着现代教育技术的发展,计算机已经拥有处理多媒体信息的能力,能够让"多媒体"成为现实。当前人们常说的"多媒体",既指多媒体信息本身,也指处理和应用信息的科学技术。因此,"多媒体"也常被当作"多媒体技术"的同义语。

多媒体是一种将文字、声音、图像、视频等媒体集合在一起,利用计算机的数字化技术,使得信息表现为声、视、图、文并茂的技术手段。而多媒体技术可相应定义为能够同时抓取、处理、编辑、存贮和展示两个以上不同类型信息媒体的技术,这些信息媒体包括文字、图形、图像、动画、活动影像等。

多媒体的关键是图像、声音和动画的组合,从而形成一种方便人们使用的学习工具。多媒体计算机可向用户终端传送文本、图形、静止图像、动画、声音等多媒体信息,以多维、多角度、多种方式展现传送内容。多媒体在教学中可以集合音频、视频、静止图像和信息处理四大媒体。人机互动、双向交流是多媒体技术的关键。用户可以随时启动、停止、缩放声像一体的影视图像,赋予图像以语言和文字,还可以通过摄像、手机拍摄、上传视频等方式将自身变成多媒体技术的一部分,这是传统的电视和录像技术无法做到的。

综上所述,多媒体是多种信息综合表现的媒体,包括文本、声音、视频、图片等。当代多媒体借助计算机和网络技术传递信息,从而使信息更加丰富、直观、实时,交互性更强。如今,多媒体现代教育技术已经广泛应用于学校教育、公共信息咨询、商业广告以及家庭生活娱乐等方方面面。本章主要着眼于多媒体在外语教学中的生成发展过程、当前存在的问题以及未来的发展趋势展开论述。

二、多媒体外语教学的相关术语

和多媒体外语教学相关的术语总数多达 20 多个,其中不乏意义重复之处,常常让人感到眼花缭乱。在外语教学领域,除了"Multi-media"一词,最常见的相关术语是计算机辅助语言学习(即 Computer-assisted Language Learning,简称为 CALL)。近年来,随着现代教育技术和网络的飞速发展,尤其伴随着 Web 3.0 时代的到来,关于 CALL 的学术研究、学术会议、文章、著作呈现海量增长的趋势。事实上,计算机是实现各种媒体集成的工具和利器,也是当前海量信息呈现的最主要形式。究其本质,计算机辅助语言学习是脱胎于多媒体外语教学的,①只是多媒体外语教学在速度和层次上更加深入。因此,本书仍然采用"多媒体外语教学"这一关键词为研究的切入点。② 多媒体外语教学在 20 世纪下半期经历了较长时间的历史发展过程,也催生了许多概念和术语。虽然其中有许多已经不再使用了,但是仍然有必要对它们有一个大致的了解。许智坚列举了 12 个最常用的术语。③

1. AI(人工智能,Artificial Intelligence)

人工智能是计算机科学的一个分支,主要研究如何使用计算机来模拟人类的智能进行工作。人工智能的主要研究领域包括自然语言处理、专家系统、

---

① 计算机辅助语言学习的对象既包括"外语的学习",也包括"母语的学习"。但是纵观中国 20 世纪 50 年代以来的语言教学和研究领域,我们可以发现,研究者和实践教学者投入最大量精力并引起广泛社会关注的领域主要是外语教学,尤其是大学英语教学。因此,在本书的论述范围内,在没有上下文具体规定的情况下,笔者所说的"多媒体外语教学"暗含母语教学。

② 本书所提到的多媒体外语教学,既包括"教师的教",也包括"学生的学",同时侧重"学"的范畴。对"学"这一范畴的侧重,一方面是为了凸显"以学生为中心"或"以学习为中心",另一方面是为了契合当前 CALL 研究的热潮,第三个方面是为了保持本书内在逻辑的一致性,即始终沿着"媒体"与"学习"两大范畴的互动和角力来展开论述。

③ 许智坚:《多媒体外语教学理论与方法》,厦门大学出版社,2010 年版,第 10~11 页。

神经网络、机器人技术、人机对话等。现代多媒体技术中,人工智能的应用非常广泛。

2. CAI(计算机辅助教学,Computer-assisted Instruction)

计算机辅助教学(Computer-assisted Instruction)通常指利用计算机辅助任何学科的教学(包括语言教学)。这一术语在教育学领域使用较广,更强调"教"。CAI是在程序教学和教学机器的基础上发展起来的,最早提出教学机器设想的是教育心理学家桑代克。1958年,IBM(International Business Machines Corporation,即国际商业机器公司)设计出第一个计算机教学系统,标志着CAI的诞生。

3. CAL(计算机辅助学习,Computer-assisted Learning)

CAL是在CAI的基础上发展起来的。与CAI相似,CAL指的是利用计算机辅助任何学科的学习(包括语言学习),但与CAI不同的是,CAL更强调学习者的"学"。

4. CALI(计算机辅助语言教学,Computer-assisted Language Instruction)

CALI强调如何利用计算机"教"好语言,提高教学效率。这一术语在北美地区使用较多。

5. CALT(计算机辅助语言教学,Computer-assisted Language Teaching)

CALT类似于CALI,侧重于计算机辅助的"教"。CALT还可以表示计算机辅助语言测试,或计算机自适应式语言测试(Computer-assisted Language Testing或Computer-adaptive Language Testing)。计算机可以判断学习者的语言能力,并根据学习者的语言输入决定下一题的难度值,从而真正测试出学习者的语言水平。

6. CAT(计算机辅助测试或计算机自适应型测试,Computer-assisted Testing或Computer-adaptive Testing)

CAT的作用类似于CALT(计算机辅助语言测试),只是CAT不一定为语言测试,可以是其他学科基于计算机的测试。

7. CBT(基于计算机的测试,Computer-based Testing)

CBT 类似于 CAT,它可以是语言测试,如基于计算机的托福考试(TOEFL、CBT 等),也可用于其他学科。CBT 还可以指基于计算机的训练(Computer-based Training),它常指用来训练某一技能的计算机程序软件,语言教学或学习中很少用这一术语。

8. CMC(计算机辅助交际,Computer-mediated Communication)

CMC 是一种基于计算机和网络的交际活动,其目的是完成特定任务或实现人际交往。这种交际活动并不特指学习活动,但目的语学习者可以通过 CMC 向本族语使用者请教问题,或与另一目的语学习者共同学习和讨论所学语言问题。CMC 的交流方式可以是异步的(Asynchronous),如通过电子邮件或电子公告板(BBS),也可以是同步的(Synchronous),如利用 Moos 等系统,通过在线聊天或组合式软件实现世界范围内的共时交流。

9. CMI(计算机辅助教学,Computer-mediated Instruction)

CMI 是一种借助计算机实现教学目标的方法,学习者通过计算机与远程教师进行交流,进而达到学习目的。教师利用 E-mail、BBS、Chatroom、Blog 等网络手段进行教学活动,使学习者获得语言知识、语言技能。CMI 是一种以教师为中心的教学方法。

10. ICALL(智能计算机辅助语言学习,Intelligent Computer-assisted Language Learning)

ICALL 是在 CALL 之后出现的一门新的交叉学科,其目的是应用先进技术,特别是自然语言处理(Natural Language Processing,简称为 NLP),来解决语言学习中的问题。

11. TELL(技术支撑的语言学习,Technology-enhanced Language Learning)

TELL 指利用现代教育技术作为主要支撑手段促进语言学习,包括在语言教学中使用的录音机、录像机、语音室等数字化技术、现代教育技术、网络技术等。

12. WELL(互联网支持的语言学习, Web-enhanced Language Learning)

WELL 指以互联网为主要支撑环境的促进语言学习的教学手段。

随着互联网技术的发展,基于互联网和新媒体的技术日益成为当前多媒体外语教学的主流。因此,除 CALL 外,以上大部分术语逐渐淡出大众的视野,或者成为特定的小部分群体关注和研究的对象。例如,对于自然语言处理专家来说,ICALL 为他们的研究提供了更加宽泛的视角和广阔的发展空间。教育和科技的发展始终在推陈出新,互联网、高度发达的人机技术、数字原住民等的出现给数字化学习提供了无限发展的可能性,E-Learning、M-Learning、B-Learning、F-Learning、MOOC 等成为新的热门术语。本书将在第六章详细讲述这些数字学习时代的新术语。无论如何,新名词和术语的出现和消亡总是与某一特定趋势的兴起和衰落相呼应,与此同时也构成了多媒体外语教学的生成和发展的动态过程。

第二节 多媒体外语教学的基本原则

在 1990 年出版的《美国教育技术的演变》一书中,赛特勒运用库恩的科学范式概念,将美国教育技术学的发展过程概括为三个范式的演变过程:自然科学或媒体范式、传播与系统范式、行为科学范式,而行为科学范式又先后经历了行为主义和认知主义两种研究取向。[①] 事实上,这三大范式始终贯穿于多媒体外语教学发展过程的始终。

国内研究者许智坚对多媒体外语教学的理论基础做过非常细致的分析,他曾用图 4-1 来表示它们之间的关系。[②]

[①] 桑新民:《媒体与学习的双重变奏——教育技术学的生成发展与国际比较研究》,南京大学出版社,2014 年版,第 25 页。

[②] 许智坚:《多媒体外语教学理论与方法》,厦门大学出版社,2010 年版,第 13 页。

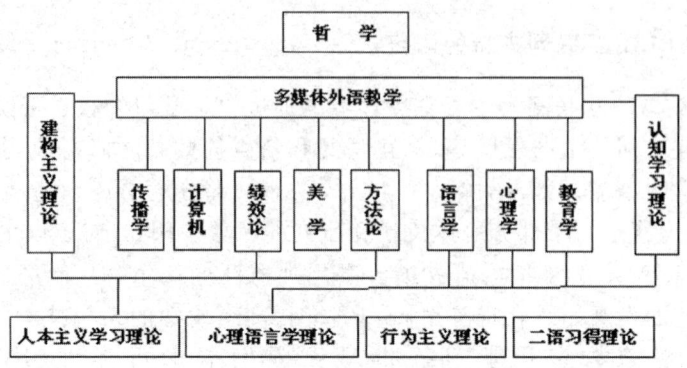

图 4-1 多媒体外语教学的理论基础

许智坚的分类非常细致,并且体现了处于不同层次的各个理论之间的相互关系。按照赛特勒所提到的三大范畴,多媒体外语教学的理论基础主要有基础理论、建构主义理论以及二语习得理论。多媒体外语教学的基础理论包括哲学理论、教育教学理论、心理学理论、传播学理论、方法论、绩效理论和美学理论。建构主义理论是多媒体外语教学得以发展壮大的基础支撑,语言学习理论是多媒体外语教学体现自身特色的基本依据。关于影响多媒体外语教学的基础理论(尤其是心理学理论)、建构主义理论、人本主义理论和二语习得理论,我们在第一章有较为详细的论述,因此,本章主要介绍多媒体外语教学需要遵循的基本原则。

一、多媒体外语教学原则

在多媒体环境下进行外语教学较之传统教学模式具有较大的优势,不过,多媒体环境下的外语教学首先要符合语言教学规律,遵循外语教学的基本原则。否则,媒体的使用反而会喧宾夺主,影响教学效果。一般来说,多媒体环境下的外语教学应遵循以下原则。①

1. 目的性原则

利用多媒体辅助外语教学应有明确的目的性。开展多媒体教学的主要目

---

① 许智坚:《多媒体外语教学理论与方法》,厦门大学出版社,2010 年版,第 43~46 页。

的在于实现教学过程的最优化。从宏观意义上说,教师应了解《教学大纲》或《英语课程标准》所规定的总体要求,明确培养目标;微观上说,教师的每节课都要有明确的教学目的,都要选择好教学内容、媒体资源和教学手段。也就是说,外语教师在教学过程中,要根据相关教学大纲的要求和学生的实际情况,有目的地对教学内容和媒体资源进行筛选、更新和补充,利用现代化的教学手段,将丰富的信息资源有效地传递给学生,充分刺激学生的各种感官系统,开发学生的潜力,帮助学生掌握教学内容,以实现预期的教学目标。

2. 以学生为中心原则

语言是一门实践性很强的学科,在语言学习过程中学生需要大量的实践才能获得语言的应用能力。学生是学习的主体,多媒体技术应以学生为中心,为他们的学习活动提供环境支持。在多媒体外语教学中,应让学生积极参与语言学习活动,主动建构知识,按个人实际水平和特点选择所需学习内容,自我安排学习进度。教师在多媒体学习环境中主要发挥合作者和中介者的作用。

3. 情景与交际性原则

语言学习与一定的社会文化背景(即情景)相联系。外语学习不仅是语言知识的积累,更是语言交际能力的提高,而交际能力的培养需要学习者在真实或半真实(即模拟)的语境中,不断练习和使用所学语言知识及技能。真实的情境可以激发学生的联想思维,促使学生利用自己原有的认知结构和相关经验,去同化和探索新知识,从而在新旧知识之间建立起联系,并赋予新知识以某种意义。要充分发挥多媒体计算机和互联网的作用,为外语教学创设真实的语言情境,培养学生的跨文化意识和交际能力。

4. 立体输入认知原则

从认知学习理论的角度看,教师在教学中应关注学生的认知发展,培养学生的认知策略,注重学生的认知差异,对不同学习风格的学生采取个性化的教学方式。传统外语课堂教学由于班级较大,很难做到因材施教。而多媒体计算机辅助外语教学,可以进行全方位、多感官的信息输入,使学习者最大限度地接受语言信息,在一个立体的环境中自然习得语言。立体输入认知原则体现了多媒体使用的多样性、教学方法的灵活性、教学目标的多维性、学生能力培养的多面性和听、说、读、写、译多种能力培养的全面性、训练方法的立体交叉性等。因此，在多媒体辅助教学中各个媒体之间的关系应该是相互补充、有机结合，从而实现语言信息全方位输入和教学过程最优化的目标。

5. 情感与合作学习原则

外语学习中的情感因素包括学习者的动机、态度、兴趣、注意力等。二语习得研究表明：积极的情感因素能促进语言的输入，消极的情感因素会对语言的输入造成负面的过滤效果。利用多媒体辅助教学能够有效激发学生的学习动机、提高学生的学习兴趣、吸引学生的注意力。同时，多媒体教学能够克服传统教学的弊端，将抽象的、枯燥的学习内容转化成形象的、有趣的内容。但是，如果教师一味地依赖多媒体，忽略了师生间的情感交流，久而久之，学生也会对学习失去兴趣。师生之间的交流、学生之间的合作是外语学习的重要途径。多媒体及互联网强大的互动功能已使跨时空、跨区域的合作成为现实。具有良好交互性的外语多媒体教学软件，应为学生创造出良好的合作学习环境，方便学生与其他学习成员进行讨论、交流，让学生在和谐的人际交往过程中提高语言的交际能力。

6. 系统性与最优化教学原则

外语学习是一个循序渐进、从低级到高级的发展过程。在多媒体外语教学中，各种媒体资源和网络资源十分丰富，与教材配套的教学光盘、多媒体教室及网络系统可为师生提供丰富的、循序渐进的、系统性的教学资源。教师在组织教学材料时应根据学生的水平和需要，逐步提高教学难度，自动跟踪学生的学习进度，发现学生的学习困难。系统性是为了实现教学的最优化。在某一方面的知识内容的教学中，在几种教学媒体都可用的情况下，选用教学效果最好的媒体，从而达到教法选择最优化、结构安排最优化、角色搭配最优化、具体运用最优化的目的。

二、梅耶的多媒体学习原则在外语教学中的应用

在两大主流心理学流派的影响下，多媒体学习研究呈现出百花齐放的态势。随着认知科学的迅速发展，人们对人类学习活动的认识更加深化。Paivio 的双重编码理论、Baddeley 的工作记忆模式、Sweller 的认知负荷理论和 Mayer 的多媒体学习理论不仅使人们更加深刻地理解了学习过程，而且为

教学设计提供了强有力的理论指导。① 美国教育心理学家梅耶(R. Mayer)是多媒体认知学习理论的集大成者。他的多媒体学习认知理论是在 Paivio 的双重编码理论、Baddeley 的工作记忆模式、Sweller 的认知负荷理论和 Wittrock 的生成学习理论的基础上发展而来的,是其多媒体学习科学体系的重要组成部分。多媒体学习认知理论是一种研究人是如何通过语词和图像进行学习的理论。它建立在这样一种观念的基础之上:人是通过两个独立的通道来对学习材料进行处理和加工的,每一通道在单位时间内能够处理的材料的容量都是有限的,有意义的学习需要在学习过程中投入恰当的认知加工。② 由此形成的双重通道假设、容量有限假设和主动加工假设不仅成为梅耶构建多媒体学习的认知理论,更是整个多媒体学习科学体系的逻辑起点。③ 它们也被称为梅耶的三大假设。同时,基于 Sweller 的认知负荷理论,梅耶提出多媒体学习认知负荷三元模型,包括必要认知加工、外来认知加工和生成性认知加工三个要素。围绕这三类认知加工,梅耶及其同事进行了大量的实验研究,最终确定了 12 项与多媒体学习认知理论及其前提假设保持高度逻辑一致性的多媒体教学设计原则。这些原则都经得起实践检验,但教学设计人员在应用过程中,应明确各项原则的问题情境、适用范围等边际条件。以下介绍的是对许多学科(包括多媒体外语教学)普遍适用的 5 条最基本原则。④

1. 多媒体呈现原则(Multimedia Representation Principle)

在多媒体手段表述中,言语加图像的呈现方式优于言语的单独表述方式。根据多媒体学习的生成理论,学习者同时接受言语信息和形象信息进行学习,比单独接受某一种信息更有助于对意义的理解。比如在教授一个英语单词时,学生看着单词文本,听着教师的解说,同时还能通过幻灯、动画、影像等形式观看到与该单词相关的视频信息,其学习效果要比单独重复老师的带读和拼写或单独看文字材料介绍好得多。梅耶称这种结果为"多媒体效应"。多媒

---

① 刘晓玲:《基于认知学习理论的多媒体外语教学设计》,载《外语学刊》,2009 年第 6 期。

② Mayer, R. *The Cambridge Handbook of Multimedia Learning*. Cambridge: Cambridge University Press: 47.

③ 郑旭东,吴博靖:《多媒体学习的科学体系及其历史地位——兼谈教育技术学走向"循证科学"之关键问题》,载《现代远程教育研究》,2013 年第 1 期。

④ 沈彩芬,程东元:《网络多媒体环境下的外语教学特征及其原则》,载《外语电化教学》,2008 年第 3 期。

体效应与多媒体学习的认知理论相吻合,学习者在多媒体环境下的学习能够同时建构两种不同的心理表征,即言语模型和视觉模型,并在两者之间建立联系。所以,当需要表示英汉两种语言存在显著差异时,可以通过对比方式使用不同颜色标识差异,或用动画、跳跃等表达形式区别差异,加强学习者对差异所在位置的敏感性。这一做法是梅耶的多媒体呈现原则的典型体现。

2. 时空同步原则(Contiguity Principle)

在多媒体手段表述中,言语信息和视觉信息紧密结合的呈现方式优于两者分散的呈现方式。换句话说,相关的言语信息和视觉信息在同一时空内呈现,而不是分别或者依次呈现,更利于学习者理解和接受所学内容。梅耶举出了例证对此加以说明:在了解自行车打气筒的工作原理时,学习者在听声音解说的同时观看动画演示,比在听声音解说之前或是之后看动画演示,其学习效果提高了50%;学习者看字幕、插图解说在同一页面上的文字叙述,比看字幕、插图解说不在同一页面上的文字叙述,其学习效果提高了75%。梅耶称这一原则为"时空同步效应"。此效应与多媒体学习认知理论相一致,即相关言语信息和视觉信息须同时进入工作记忆区,以便于建立相关联系。因此,在设计多媒体外语教学时,无论认知材料是视觉还是听觉的,都需要同时空呈现,才能有效避免注意力分散,减轻认知负荷。例如,为了帮助学习者更好地理解阅读文章,设计者有时会在阅读材料后附上生词注释。由于文章和生词注释常分布在不同书页或不同的多媒体显示屏上,学习者在处理材料时就需要在文章和注释之间来回寻找匹配信息,这样就会增加学习者的记忆负荷。所以如果设计者把文章和生词注释整合到同一个视屏上,就会减少学习者寻找、匹配的过程,减轻认知负荷,提高学习效率。这一设计符合梅耶的时空同步原则。

3. 注意分配原则(Split-attention Principle)

在多媒体环境下学习,声音解说优于屏幕文字显示。因此,采用听觉的方式出现的言词比采用视觉显示的言词效果要好。例如,学习者通过看动画和听解说的方式来了解闪电的形成,比既看动画又看屏幕文字显示的方式效果要高出约50%。原因在于,当解说词和动画都以视觉方式呈现时,学习者既要注意动画信息,又要注意文字信息,促使视觉注意负担加重,形成视觉注意的超载现象,结果会造成部分信息丢失;而当文本信息和图像信息分别以听觉方式和视觉方式呈现时,学习者可以在听觉工作记忆区加工言语表征,而在视觉工作记忆区加工图像表征,以此减轻视觉注意的负担,形成两种感官注意力的均衡分配,有利于学习者对信息的接受和加工。这一效应被称为"注意分配效应"。梅耶提出的多媒体模型倾向于以听觉形式呈现词汇,这样,就可以保证这些词汇不会和图片所需的视觉编码冲突。声音被组织进入言语模型,视觉表象进入图片模型,工作记忆用来整合言语模型、图片模型以及长时记忆中的先验知识。在接收信息的初期,这种有机整合就开始了。

4. 个体差异原则(Individual Differences Principle)

上述三项原则对原有知识基础较差的学生而言比对知识基础较好的学生更有效,同时对形象思维较好的学生而言比对形象思维较差的学生更有效。也就是说,这些效应的产生状况取决于学习者的个体差异。换言之,原有知识基础较差的学生比原有知识基础较好的学生显示出更强的多媒体效应;形象思维差的学生比形象思维好的学生显示出更强的多媒体效应。根据多媒体学习的认知理论,原有知识基础较好的学生在听解说或者看文本时能够直接生成心理表征,所以无须呈现可视图像,他们便能从言语与图像紧密结合的呈现中获取知识,这即是梅耶的个体差异原则发挥作用的原因。

随着多媒体技术在外语课堂的普遍使用,信息呈现量明显增加。有时候多媒体内容呈现的速度太快,学习者还未来得及处理当前信息,下一段信息又开始呈现。这种情形导致信息量超过学习者的认知容量,进而影响学习成效。为了降低丰富的多媒体信息对学习者学习过程的认知负荷与负面影响,设计者将完整的多媒体学习材料按意义切分成相对较小的单位,在每相邻两个单位间留出一定的时间间隔,给学习者提供足够的深度加工时间。当学习者已经了解并掌握加工的内容后,再呈现第二个单位的内容,各单位内容间的时间间隔应设计为由学习者自己把握。其优势在于:首先,考虑到了每个学习者不同的认知水平和掌握同样内容所需的不同时间,能够做到因人而异;其次,学习者自己动手操控,能运用触觉加强学习的真实感,提高学习兴趣。这种设计既可以减少学习者的认知负荷又能提升其学习动机,符合梅耶的个体差异原则和交互原则,对多媒体外语教学的教学设计具有指导作用,并在近两年流行的微课和MOOC设计中大放异彩。

5. 紧凑性原则(Coherence Principle)

在多媒体环境下言语和图像信息的应用,紧凑精练优于松散冗长。在多媒体环境下学习,学习者接受短小精悍的言语和图像信息比接受冗长松散的信息效果更佳。实验证明,学习者阅读一篇带有少量插图的有关闪电形成的文章比阅读一篇带有许多附加细节插图的文章,其学习效果能提高50%,该现象被称为"多余信息效应"。根据多媒体学习认知理论,短小精悍的信息呈现方式有益于学习者选择相关信息和更有效地组织信息。多媒体环境向学习者提供声音、文字符号、图形、静止/活动图像等多维化的信息,可以虚拟出类似现实生活的自然环境,拥有双向或多项交流的互动功能,是外语学习的理想环境。在某些多媒体课件中,教学者为了增加课堂的趣味性,在文字呈现的同时还添加过多的图片或动画,其实这对学习有害无益,因为它们不但增加了学习者的认知负担,而且由于趣味动画比学习材料更容易吸引人的注意,从而使学习者对首要加工的关注减少,反而影响学习效果。

梅耶的多媒体学习理论是一个建立在坚实的理论基础和可靠的实证经验基础之上的逻辑严谨的科学体系。多媒体学习的认知理论模型是综合了一系列影响学习者学习效果的关键概念与元素的解释性框架,而认知负荷理论则为以多媒体学习认知理论为基础的多媒体教学系列设计原理的提出和发展提供了关键支撑。是否能够遵循这些基本的多媒体学习原则来进行教学设计是多媒体外语教学能否成功的关键。

第三节 多媒体外语教学的历史发展过程

20世纪下半期,随着以计算机多媒体为核心的现代教育技术的迅猛发展,多媒体教学成了中国外语教育领域的热门话题。研究者们倡导根据教学目标和教学对象的特点,通过教学设计,合理选择和运用现代学习媒体,并与传统教学手段有机结合,形成合理的教学过程结构,达到最优的教学效果。

研究者们普遍认为,多媒体教学起始于20世纪70年代。事实上,媒体技术在外语教学中的应用要早得多,但早期的媒体外语教学主要是采用多种电子媒体,如幻灯、投影、录音、录像等。这种教学技术又称多媒体组合教学或电化教学。20世纪80年代起,随着计算机技术的迅速发展和普及,多媒体计算机已经逐步取代了以往的多种学习媒体的综合使用。因此,现在我们通常所说的多媒体教学是指采用多媒体技术,运用多媒体教学设备,特别是多媒体计算机,借助制作好的多媒体教学软件或互联网上的网络资源等开展的教学活动过程。①

从多媒体教学的历史上看,其发展过程通常沿着两条不同线路:一是以模型、图表及基于视听技术的投影、幻灯、录音、录像等视听媒体及其组合(复合媒体)为特征的视听教学,它虽然强调以"视听"取代"静听",但从根本上说,这种视听教学是认同传统课堂教学的;二是在行为主义的程序教学基础上发展而来的计算机辅助外语教学,其初衷是实施"个别化教学"②。无论是基于硬件视听技术的多媒体辅助外语教学还是基于计算机现代教育技术的多媒体外语教学,二者虽然出发点不同,但其目的都是想通过现代教育技术的应用来提高外语教学的质量和水平。并且,由于现代教育技术的发展,这两条线索逐渐合二为一,表现出了高度的契合度和一致性。

一、外语视听教学

1. 产生背景与发展过程

在第三章的论述中,我们看到在媒体派的形成过程中,视听教学运动起到了举足轻重的作用。20世纪20年代初,来自商业公司、政府机构、基金组织和高等教育机构的四股力量推动了视听教学的迅猛发展,查特斯、戴尔、小霍本和芬恩为推动视听教学运动作出了卓越的贡献。事实上,外语教学领域是视听教学运动发展的主要战线,也是美国20世纪教育技术学试验和发展的基地。

19世纪末20世纪初电子技术得到了跨世纪的发展,技术的进步使一些视听设备,如留声机、电影放映机等初步应用于外语教学。到了20世纪20年代,视听教学对学校教育产生了深刻影响。随着科学技术的进步,一批新的传播媒体,如幻灯、投影、电影、录音、广播、电视等相继问世,人类社会传播信息的渠道由此大为拓宽,外语教学模式也更加多样化。

外语视听教学迅速发展的另一个原因在于当时工业化大生产的快速发展。产业革命的发展急需大量的廉价劳动力,原有的学校规模远不能满足社会的需求,创办新的学校又受师资、设备的限制,因此,一般的解决办法就是利用当时先进的视听设备,扩大班级规模,例如在兰卡斯特的"导生制"班级里学生就多达500余人。与此同时,美国有的州还要求就教学器具及其有效使用

---

① 许智坚:《多媒体外语教学理论与方法》,厦门大学出版社,2010年版,第13页。
② 林莉:《多媒体教学发展历程初探(上)》,载《开放教育研究》,2000年第5期。

情况进行报告,这样的政策进一步刺激了视听教学的发展。

众所周知,视听教学是在视觉教学(Visual Instruction)和听觉教学(Audio Instruction)的基础上发展而来的。视、听媒体刚开始都是单独发挥其作用的,它们介入教育领域的时间也有先有后。随着听觉媒体在学校应用的日益增多以及视听一体化媒体的出现,最终促成了"视听教学"这一术语的广泛使用。此时的视听教学泛指在教学中采用图示型教材、视觉教具、听觉教具及各种二者组合形式的教学。

视听教学的迅猛发展促进了外语教学的巨大变革。在直接法(The Direct Method)的基础上,许多学校开始使用听说法(Audiolingual Method)来培养大量的外语人才。听说法主要是以句型结构操练为中心,用目标语教授目标语,通过反复模仿、强化操练实现在口语的基础上培养书面语的目标。听说法十分注重语言,尤其是口语的正确输入,教学中不使用母语,目的是使学生能够学习到地道的目标语。因此,录音机、语言实验室等教学设备在外语教学中起到了十分重要的作用。

20世纪50年代的欧洲大陆还出现了视听法(Audio-visual Method)外语教学。视听法是视和听相结合的一种方法。"视"是指用眼睛看幻灯,利用视觉感知幻灯图像;"听"是指利用耳朵听录音机里播放的外语。由于视听法是利用幻灯图像创造语言情境,所以又叫情境法(Situational Method)。又由于视听法强调耳、眼、脑等感官作为整体去感知语言材料,而语言材料的三要素——形、音、义也要成为整体而被感知,故还被称为整体结构法。视听法实际上是在听说法的基础上发展而来的,听说法的一些原则和做法都为它所接受。视听法要求幻灯图像和录音视听相结合,强调感知整体结构的对话,并充分利用幻灯、录音等视听教具,目的也是在口语基础上进行书面语教学。由于视听法强调情境化教学,一本教科书已不能满足教学的需要,教材必须成套,一般包括课本、录音、录像、教学电影和教学法指导书等等。例如,自20世纪80年代在中国风行一时的美国麦克米伦公司出版的《走遍美国》(*Family Album U.S.A.*)便是典型的视听法教材。《走遍美国》是当时许多学校外语专业甚至是非专业学生的首选英语教材,它影响了整个中国八九十年代的外语教学。

2. 外语视听教学的基本特征

与传统的外语教学相比，基于视听媒体的外语教学有以下基本特征。

(1) 以视听教学为主要手段

"视"指的是在教学中让学生多看情景或画面，即在外语课堂上，教师利用幻灯机或投影仪把情景投射到幕布上；而"听"指的是让学生通过录音机、电影机或其他音、视频设备听到地道的目标语。学生边看画面边练习听和说，身临其境地学习外语，把看到的情景和听到的声音联系起来。这样的教学形式生动，益于学生接受，使学生对所学内容印象深刻。

(2) 以强化传统教育模式为主要特征

传统学校教育具有两个特点：一是在结构上以班级为中心，二是在教学上以教师为中心。对初学语言者来说，以教师为中心的学习效果更好。视听教学能够强化传统学校教育的这一优势，尤其适合我国的情况。在我国，当时的外语教学还是以大班为主，凭借视听媒体，教师能够同时教授更多的学生。从师生比来看，引入媒体更加有利于提高教学效率。其次，视听媒体可以将教师的讲解更为清晰、明了地再现给学生。因此，视听教学的统一性、集中性、单一性和批量授课是符合当时社会对外语人才的大量需求的。

(3) 以硬件设备为主要标志

视听教学让教师能够充分利用视听设备创建外语情境，消除母语干扰，建立外语与客观事物的直接联系，培养学生直接用外语理解和表达思想的能力。视听教学使呈现的教材更加清晰、生动、形象，它关注的焦点是呈现手段而非呈现教材本身，因此硬件设备成为其视听教学的主要标志。

虽然视听法在20世纪50年代以后逐步让位于程序教学法，可是它在外语教学中的应用却一直延续到现在。在当前的外语教学中，不少学校还是使用录音机、电视机、语音室等视听设备，以提高学生的听说能力。可以说，视听教学对外语教学的影响大于它对其他学科，包括教育技术学的影响，这是许多教育技术专家始料未及的。

二、计算机辅助外语教学

1. 产生背景及发展过程

计算机辅助外语教学（Computer-assisted Language Instruction）是在计

算机辅助教学(Computer-assisted Instruction,简称 CAI)的基础上发展起来的。随着现代教育技术理论的发展,计算机辅助语言学习(Computer-assisted Language Learning,简称为 CALL)的提法得到更多人的认同。

CALL 的兴起可以追溯到 20 世纪 50 年代,当时的程序教学和教学机器开始逐步替代盛极一时的视听教学运动。最早提出教学机器设想的是教育心理学家桑代克,但是这一设想当时并没有引起学术界足够的重视。直到 20 世纪 50 年代,行为主义心理学家斯金纳依据其操作条件反射和积极强化的理论提出适用于机器教学的程序化教学思想,机器辅助教学的研究才再次兴起。1957 年和 1958 年是程序教学的快速发展时期,但是程序机器的机械性、反馈的困难性制约了程序教学的进一步发展。与此同时,美国陆军军械部和宾夕法尼亚大学摩尔学院于 1946 年 2 月宣布第一台计算机正式问世。随后,计算机的发展经历了从专业计算机器到通用计算机、从实验室样机到市场化的商业机的历程。1958 年,IBM 设计出第一个计算机教学系统,标志着 CAI 的开始。到了 20 世纪 80 年代,计算机辅助语言教学从实验室走进了学校。英国和欧洲的一些国家最先在中学和大学中运用计算机进行教学。随着计算机辅助教学的推广,相关的学术组织也纷纷成立,如 1982 年在美国成立的计算机辅助语言教学协会(Computer-assisted Language Instruction Consortium,简称 CALIC)等,1986 年在欧洲成立的欧洲计算机辅助语言教学协会(Euro CALIC)等。1998 年,首届 World CALL 国际学术研讨会在澳大利亚墨尔本大学召开,标志着计算机辅助语言教学研究的国际化。World CALL 的成员涵盖欧亚,如美国、英国、日本、加拿大、澳大利亚、印度等多个国家和地区。中国第一个计算机辅助外语教学研究会——全国计算机辅助语言教育专业委员会 1994 年成立于杭州,但是由于较少举办活动,没有进入到国际视野,逐渐淡出人们的视线。2012 年,在中国英语教学研究会下成立的"计算机辅助外语教学专业委员会(China CALL)",连续三年主办国际、国内相关学术会议,展开各类学术研讨活动,在外语教学界和现代教育技术界都产生了重大影响。

早期的计算机教学系统主要采取指导和操练的形式来模仿教学机器的程序,安排完整的学习环境,从而逐步将行为引导到预期的状态,具有典型的直线式或分支式结构特征。

20 世纪 50~60 年代,CALL 主要用于大型机(Mainframe Computers)的语言教学程序实验。在这一时期,硬件投入和软件使用都相对昂贵,所以大部分程序只限于研究使用,用于教学的时间很有限。1957 年 10 月,苏联成功发射了世界上第一颗人造卫星,这一科技飞跃震惊了全世界。西方国家,尤其是美国兴起了一股俄语学习热,力图通过掌握俄语来直接阅读苏联的科技文献。美国伊利诺依大学的 PLATO(Programmed Logic for Automatic Teaching Operation)项目就是在此期间开发的。PLATO 主要用来教授语言,尤其是俄语。PLATO 所依据的是外语教学法当时流行的语法翻译法,主要教授词汇、句型、语法规则,也设计有考试系统。PLATO 的设计也显示了一定的智能因素:当学习者完成某项学习任务时,它会根据其正确或错误给出相应的反馈信息,尤其是可以为错误的答案提供个性化的反馈信息,并给出一些建议。[①]

20 世纪 70~80 年代,计算机技术的迅速发展、个人计算机的出现使得 CALL 迅速普及。这一时期 CALL 的研究热点是音、视频光盘技术(Audio-video Disc Technology)。伴随这一高存储系统的开发和应用,计算机辅助教学进入了一个全新的发展阶段。苹果公司推出了 Hypercard 开发程序,为后来的 CALL 软件的超文本、超媒体的发展奠定了基础。

20 世纪 90 年代以后,多媒体计算机的出现使得文字、图像、声音、图形的综合处理成为可能,并很快成为 CALL 发展的重要方向。随着计算机和人工智能技术的进一步发展以及 CD-ROM(Compact Disc Read-only Memory)和 DVD(Digital Versatile Disc)的出现,计算机辅助外语教学的形式和内容也在不断发展和丰富。多媒体技术的发展使 CALL 的软件开发不再基于单一的文本型和线性结构。CALL 从此进入了发展的繁荣时期,激发了许多新的理念与实践,催生了丰富的研究成果。

Mark Warschauer 从语言教学理论和心理学发展的视角把 CALL 的发展过程分为三个阶段:行为主义 CALL(Behaviorism CALL)、交际型 CALL(Communicative CALL)和整合型 CALL(Integrative CALL)。[②] 这三个阶段的媒体技术、教学模式及语言观的关系可见图 4-2。

[①] 顾曰国,等:《计算机与英语教学——从实践到理论》,外语教学与研究出版社,2006 年版,第 95 页。

[②] Warschauer, M. *Call for the 21st Century*. Barcelona, Spain:IATEFL and ESAPE Conference, 2000.

发展阶段	1970～1980	1980～1990	21世纪
模式	行业主义CALL	交际型CALL	整合型CALL
教育技术	大型计算机	个人计算机	多媒体与网络
英语教学方法	语法翻译法，听说法	交际语言教学法	内容教学法，ESP/EAP
语言观	结构观	认知观	社会认知观
计算机的主要作用	操练与练习	交际活动	真实语言
主要教学目标	准确	准确与流利	准确、流利、中介

图4-2：CALL发展过程的三个阶段

2. 计算机辅助外语教学的基本特征

从计算机应用于语言教学的发展历程来看，CALL的发展主要分三个阶段：行为主义CALL、交际型的CALL、整合型的CALL。每个阶段都有与之对应的技术发展水平和教学理论，其基本特征具体表现在以下几点。

（1）整合多种媒体手段，丰富外语教学形式

多媒体计算机功能强大，能够整合多种语音、图形、图像信息，集文字、影视、声音为一体，为学习者提供多媒体、多模态的语言学习资源，极大地丰富了外语教学形式，提高了外语教学水平。

（2）符合外语教学的本质特征

当代外语教学强调语言知识和语言能力并重，强调有意义的语言交流，强调语言能力和内容，倾向于用目的语来学习目的语的知识并获得相关信息。计算机辅助外语教学能够较好地满足以上各项要求。通过多媒体计算机，教师和学生都能够大量接触到目的语言，同时通过计算机输入学习结果也能得到反馈。另外，多媒体计算机使个性化学习成为可能，从而能够降低学习者在学习过程中的负面情绪。

（3）实现了教师和学生角色的转变

传统外语教学"以教师为中心"的教学模式极大阻碍了学生创造力和主动性的发挥，也限制了教师知识空间的拓展。计算机辅助外语教学具备高度的交互性，能够满足个性化学习的需求，有利于培养合作型、探究型学习技能，教师的角色从传统的"Sage on the Stage"演变为"Guide by the Side"，学生从被动接受知识者变成了获取知识的主体，有利于充分发挥他们的主动性。

（4）软件建设和互联网资源的应用成为计算机辅助外语教学的主要表征

所谓软件,是指相对于计算机硬件来说的系统工具和应用工具。在计算机辅助教学中,教学内容如何呈现、人机互动如何实现、采用哪些教学策略,这些过程都是由软件来控制和实现的。计算机辅助外语教学是否成功在很大程度上取决于软件的质量和水准。另外,互联网的发展为外语教学提供了取之不尽、用之不竭的学习资源,也直接催生了大量的网络教学平台,如著名的 Moodle 平台、外研社新视野外语教学平台、北京邮电大学大学英语实验教学与评估平台等。网络语言教学平台能够提供大量语料,模拟真实语境,提供模拟交际,获取大量录音、录像、图像等语言材料,还能够满足个性化的语言教学需求,是当前多媒体外语教学发展的重要表现形式。

三、网络外语教学

网络外语教学作为计算机辅助外语教学的一种类型,是计算机媒体快速发展的必然结果。从 Web 1.0 到 Web 2.0 再到 Web 3.0,飞速发展的网络大力推动了外语教学改革,使许多先进的教学理念得以实施。在我国,网络外语教学实践和研究自 20 世纪 90 年代以来得到了迅猛发展,各类外语学习软件、课件、网站、平台以及网络课程等层出不穷,取得了丰硕的成果。

早期的基于多媒体技术的 CALL 应用 CD-ROM、DVD、声卡、麦克风、媒体播放器等技术,将原来只能通过书本、黑板、粉笔等单一媒体展现的教学材料通过文字、声音、图片、视频等多种媒体立体化呈现出来,真正实现了听、说、读、写四种技能的有机结合。随着计算机技术的进一步发展,人们能够将上述多种媒体立体呈现的方式内置于个人计算机中。1992 年,万维网的出现标志着"第四媒体"[①]的诞生。第四媒体这一说法最早于 1998 年提出,是一个传播学的概念。之前,人们按照传播媒介的不同,把新闻媒体的发展划分为不同的阶段——以纸为媒介的传统报纸、以电波为媒介的广播和基于电视图像传播的电视,它们分别被称为第一媒体、第二媒体和第三媒体。

1998 年 5 月,联合国秘书长安南在联合国新闻委员会上首次提出在加强传统的文字和声像传播手段的同时,应利用最先进的第四媒体——互联网。将网络媒体称为"第四媒体",是为了强调它同报纸、广播、电视等新闻媒介一样,是能够及时、广泛传递新闻信息的第四大媒介。从广义上说,"第四媒体"通常就是指互联网。不过,互联网并非仅有传播信息的媒体功能,它还具有数

---

① 也有资料记录当时联合国的提法是第四媒介。

字化、多媒体、实时性和交互性等传递新闻和信息的独特优势。因此，从狭义上说，"第四媒体"是指基于互联网这个传输平台来传播新闻和相关信息的网络。从表现形式上来看，"第四媒体"既可以表现为传统媒体的数字化，如人民日报的电子版，又可以表现为"新型媒体"，如新浪网、网易网、搜狐网等。

也有研究者对"第四媒体"这一提法提出了质疑。那么，互联网到底能否算作第四媒体呢？这就需要对照"媒体"这一概念的内涵和外延来进行细致的考察。在第二章，我们对"媒体"这一概念所包含的两层含义已经有了非常清晰的了解：一是指承载信息所使用的符号系统，如文字、符号、语言、声音、图形、图像等，媒体呈现时采用的符号系统将决定媒体的信息表达功能；二是指存储和加工的实体，如书本、挂图、投影片、录像带、计算机磁盘以及相关的播放、处理设备等。究其本质，能够成为媒体的事物应该既是"载体"，又是"被承载物"。互联网最强大、最典型的功能是通过计算机网络（主要是互联网）进行新闻、知识、教育、娱乐等信息的传递交流。也就是说，网络传播是一种信息传播活动，互联网上存储的海量信息就是"被承载物"。同时，网络也起到了为信息传播提供平台的作用，网络本身就是"载体"。因此，从这个意思上来说，网络被称为"第四媒体"是有理论依据的。

我们在第三章已经详细论述了"媒体"与"学习"之间的辩证关系：任何新媒体的出现都势必引起人类传播方式、教育方式和学习方式的巨大变革。人们可能会在短期内对新媒体的功能盲目崇拜，但是，从历史发展的进程来看，"媒体"始终在促进学习方式的螺旋式上升。那么，互联网媒体促进了外语教学哪些方面的变革呢？

网络外语教学作为计算机辅助外语教学的一种类型，与 CALL 的其他类型有所不同。早期的讲授型和工具型的 CALL 基本上是一个封闭的系统，是一种程序化的学习。学习者通常是在计算机上进行学习、操练、游戏或测试，因此基本上是人与计算机之间的互动。基于网络的外语教学则是在相互连接的网络世界里，在一个开放的学习环境中，学习者与身处异地的老师、同学或其他以目的语为母语或学习目的语的人们进行多种形式的交流与互动。这是一种"人与人之间的互动"[1]，这种互动本质上的变化将 CALL 推向了一个更为广阔、更加强大的网络教学新阶段。

简而言之，网络外语教学就是基于计算机网络的外语教学活动。为了弄

---

[1] Warschauer, M. and Kern, R. *Network-Based Language Teaching: Concepts and Practice*. Cambridge: Cambridge University Press, 2000: 18.

清网络外语教学的规律和特征,我们有必要先来看看网络语言教学的定义:

- Network-based language teaching does not represent a particular technique, method or approach. It is a constellation of ways by which students communicate via computer net-works and interpret and construct online texts and multi-media documents, all as part of a process steadily increasing engagement in new discourse communities.①

可见,Warschauer 和 Kern 从网络语言教学的本质出发,指出网络教学不是一种新的方法,它是学习者参与网络交际、理解和建构在线文字材料和多媒体文档的一系列方法,强调学习者积极参与网络社区交际活动的作用,凸显了学习者的主体地位。

我国学者柳栋对网络教学也给出了一个比较全面的定义。他认为广义的网络外语教学可以指在过程中运用了网络技术的教学活动;而从狭义上来讲,网络外语教学是指将网络技术作为构成新型学习生态环境的有机因素、充分体现学习者的主体地位、以探究学习作为主要学习方式的外语教学活动。②在这个定义中,新型学习生态环境、学习者的主体地位和探究学习方式是三大关键词,它们可以帮助我们理解网络外语教学的特点。

在多媒体外语教学进入到网络阶段以后,各个教学机构和个体根据自身技术条件和实际教学的需要,进行不同形式、不同层次的网络外语教学实践。从协作学习,到 Listserver 和 BBS 的信息共享,到集多媒体和数据库于一体的网络学习社区,再到以 MSN、Skype、Blog 为标志的强大互动交流,计算机网络技术的发展为现代外语教学,特别是学习者的语言输入和输出,增加了新的途径,扩宽了新的渠道。

概括起来,基于网络的教学方式主要包括以下四种类型。③

(1) 计算机网络辅助课堂教学:教室内的讲台上有计算机,并配备多媒体和网络设备,教师给学生上课时借助这些设备,并使用 PPT 和声频、视频等呈

---

① Warschauer, M. and Kern, R. *Network-Based Language Teaching*: *Concepts and Practice*. Cambridge: Cambridge University Press, 2000: 17.

② 柳栋. 网络教学的定义[OL]. 惟存教育,2002. http://www.being.org.cn/theory/eteaching.htm.

③ 张红玲,朱晔,孙桂芳:《网络外语教学理论与设计》,上海外语教育出版社,2010年版,第 14 页。

现教学材料,也可展示相关网页,这是目前最为普及的多媒体教学方式。随着网络软、硬件技术和教育软件设计技术的发展,基于网络的考试、基于网络的作业提交和批阅等新型教学方式得到了广泛发展和应用。

(2) 基于网络的协作学习:学生在相互连接的计算机教室里,在老师的指导和协助下,通过基于计算机的交际手段,以结伴或小组的形式,进行目的性的学习和活动。

(3) 自主学习:应用计算机软件和语言学习课件、平台进行语言操练和学习,并查寻相关学习资源,进行自主学习。

(4) 远程学习:个体学习者按照自己选择的时间和进度在线学习课程内容,并通过计算机网络与老师和同学进行交流互动。

目前外语教学界对网络外语教学的热情虽然日益高涨,各种教学实践蓬勃兴起,但是,其中有许多网络课程的实际效果并不理想,主要原因是网络外语教学设计不合理,实用性不强。具体说来,我国目前的网络外语教学主要存在以下三个问题。[1]

(1) 对网络教学概念认识不清,缺乏科学、系统的指导

网络教学不同于传统课堂教学,它强调学习环境的营造,突出意义建构,关注学习者的主体地位和学习者的差异,是一种多向的、平等的、开放式的新型教学模式。很多从事网络外语教学的教师和学生没有接受过专业培训,对技术的把握不太熟练,不清楚网络外语教学的这些本质特点,不知道如何利用网络的技术功能进行科学合理的教学设计。实际上,教师和学生存在认识模糊的问题是不可避免的,因为网络外语教学作为一种新生事物还有待于业界人士对其进行广泛深入的研究,揭示其规律,形成一些具有实践指导意义的理论体系。只有这样才有可能对广大教师和学生进行有效的培训,帮助他们有效运用网络技术进行外语教学与学习。

(2) 过度追求技术化,无视现实情况

校园网络建设是目前教育评估的重要指标,很多学校一哄而上,不惜耗费巨资建设网站,开发网络课程和课件。事实上,这些网站和课件设计者为了追求高点击率,常常不顾教学规律,用一些华而不实的技术特点吸引用户的眼球,常常给使用的学生带来额外的认知负荷。有的学校为了追求课堂教学中现代教育技术的含量,发动教师编写了许多低层次、重复性的教学软件和课

---

[1] 张红玲,朱晔,孙桂芳:《网络外语教学理论与设计》,上海外语教育出版社,2010年版,第14页。

件,造成人才和网络资源的极大浪费。① 其实,网络教学首先是教学活动,而不仅仅是技术的应用,它的核心是教学而不是技术。② 网络外语教学实践中表现出来的这些急功近利的思想严重影响了人们对网络外语教学价值的认识。

(3) 软件和资源库建设落后,网络教学设计不符合外语学习的需要

以课程教学材料的呈现和组织为主要内容的教学软件以及以课件库、试题库、素材库、案例库等为主要内容的数据库是网络教学的重要组成部分。同时,"网络课程承载着教学内容,隐含着教学程序,其内部通常由教学内容、媒体导航、学习工具、虚拟实验、协作交流、教学环境和诊断评价等系统构成,而外在形态则由以本课程知识点为单元的开放式网络课件库、教学素材案例库和用于教学诊断的试题库等综合组成。可见,网络课程作为一项多因素的教学系统工程,为了开发成功,必须首先对其进行教学设计"③。与欧美国家相比,我国网络外语教学研究和实践起步较晚,虽然近年来我国计算机网络技术发展速度较快,但是在教学软件开发、资源库建设以及教学设计方面,既懂技术也懂外语教学的设计人员还是相对不足,总体情况差强人意。

因此,我们必须对网络外语教学进行全面、深入、系统的研究,并逐渐形成一套成熟的、独立的理论和研究方法。随着计算机、网络和多媒体技术的不断发展,网络外语教学爆发出巨大的潜力,已经发展成为与传统课堂外语教学并行的全新的教学模式。要对这个新型的外语教学模式进行全方位的研究,就必须全面借鉴计算机科学、教育技术学和外语教学等相关学科的研究成果。所以,与早期的外语教学研究一样,网络外语教学也应该逐渐发展成为一门独立的学科,形成自己的理论和研究方法,这是当前网络外语教学研究的首要任务。④

---

① 何高大,罗忠民.网络环境下英语教学所面临的问题与对策[OL].2002. http://ksei.bnu.edu.cn/english/gccce2002/lunwen/gccceshort/607.doc.

② 柳栋.网络教学的定义[OL].惟存教育,2002. http://www.being.org.cn/theory/eteaching.htm.

③ 徐皓:《试论教学设计之评价在网络课程中的维度与要义》,载《中国电化教育》,2001年第11期。

④ 张红玲,刘云波:《从网络外语教学研究现状看网络外语教学研究的学科框架》,载《外语电化教学》,2007年第4期。

第四节 我国外语教学①"技术化"发展轨迹

第五次信息化革命的浪潮不仅仅在全世界范围内加快了人们对生产、生活改造的步伐,也激发了教育领域的深刻变革。教育信息化的发展和成熟,又快速影响着学科教学观、教学模式和教学方法的深刻变革。我国多媒体外语教学的实质、方法、历史演变是完全和教育技术学这个上一级学科的发展背景相融合、相一致的,也就是说,我国多媒体外语教学的发展是我国教育技术学发展的一个历史和现实的缩影。在中国,多媒体外语教学的发展历史在不同时期的外语教学大纲和课程指南中能够找到清晰的发展轨迹。

一、20 世纪 80 年代的《大学英语教学大纲》

我国对大学英语教学事业的要求和规范一直在不断进化和完善中。1980年人民教育出版社出版了《英语教学大纲(草案)》,供高等学校理工科本科四年制试用。该大纲重点强调语法教学内容,对于词汇、听力、口语等方面并未做出明确的要求。1985 年和 1986 年,我国先后两次颁布了两部大学英语教学大纲,分别是《大学英语教学大纲(理工科本科用)》和《大学英语教学大纲(文理科本科用)》。两部大学英语教学大纲规定大学英语教学的目的是"培养学生具有较强的阅读能力,一定的听和译的能力"②③。虽然阅读能力的培养是这两部大纲所强调的主要目标,但是对听、说的能力培养已经成为了目标之一。从当时的历史条件来看,这是大学英语教学的一次了不起的突破。并且,这两部大纲都特别提到了要开展"计算机辅助性英语教学的研究和实验,加强各种教学软件的开发和使用",这种信息化外语建设的意识,在当时称得上是

---

① 这里的外语教学,主要是指我国大学英语教学。我国大学英语教学的涉及人数、规模及在我国高等教育中的地位、社会影响力与其他形式的外语教育相比,一直占领主导地位。因此,本节的论述主要针对大学英语教学。

② 大学英语教学大纲修订工作组:《大学英语教学大纲(高等学校理工科本科用)》,高等教育出版社,1985 年版。

③ 大学文理科英语教学大纲修订组:《大学英语教学大纲(高等学校文理科本科用)》,上海外语教育出版社,1986 年版。

"走在了历史的前面"。①

二、21世纪初基于计算机与课堂的大学英语教学模式改革

进入21世纪以后,由于高校学生人数剧增,大学英语教师数量相对不足,传统的"以教师为中心"的大学英语课堂教学模式已经无法满足新时代大学英语教学的需要。我国大学英语教学一方面需要承担"为培养具有国际视野和跨文化沟通能力的高层次人才服务"的任务,另一方面要帮助学生获得具体的语言交流技能。在当时的情况下,学生自主学习能力的有效提高已经成为普通高校大学英语教学的首要任务。在这样的背景之下,2003年开始,教育部开始启动大学英语教学改革。2004年教育部高等教育司发布了《大学英语课程教学要求(试行)》(以下简称为2004《课程要求》),规定各高校应创造良好的语言学习环境与条件,充分利用先进的现代教育技术,进行基于计算机和网络的大学英语教学改革,并提出了"基于计算机和课堂的大学英语教学模式",即"各高等学校应充分利用多媒体和网络技术,采用新的教学模式,改进原来的以教师讲授为主的单一课堂教学模式"。② 新的教学模式强调两个方面:课堂面授和计算机自主学习。课堂面授是指教师直接和学生接触,面对面交流授课;计算机自主学习是指学习者通过计算机网络进行自主学习(Autonomous Learning)。③ 这种自主学习模式意味着计算机在教学中起到越来越重要的作用。新的教学模式应以现代信息技术,特别是计算机网络技术为支撑,使英语教学不受时间和地点的限制,朝着个性化学习、自主式学习方向发展。

2007年,教育部推出了《大学英语课程教学要求》(正式版)④,再次明确提出"各高等学校应充分利用现代教育技术,采用基于计算机和课堂的英语教学模式"。大学英语教学改革迎来了创新性与实践性的新局面,网络信息技术的推广和运用为大学英语教学带来了前所未有的发展机遇。随后,教育部又推荐了由外语教学与研究出版社、上海外语教育出版社、高等教育出版社、清

---

① 王守仁:《高校大学外语教育发展报告(1978—2008)》,上海外语教育出版社,2008年版。
②③ 教育部高教司:《大学英语课程教学要求(试行)》,上海外语教育出版社,2004。
④ 教育部高教司:《大学英语课程教学要求(正式版)》,外语教学与研究出版社,2007。

华大学出版社等国内四家主要出版社研究开发的大学英语网上学习系统。这些基于 Web 2.0 环境运行的多媒体教学系统为推动"以教师为主导、学生为主体"的大学英语教学模式改革发挥了重要作用。

陈坚林指出,2004《课程要求》首次在我国外语教育史上确定了计算机网络在外语教学中不可或缺的地位,计算机网络第一次真正意义上在外语教学中受到了重视,第一次真正意义上开始了和外语课程的整合,并走上了外语教学信息化的历程。① 刘辉指出外语教育信息化是指在外语教育过程中运用现代教育信息技术,促进外语教学的全面改革,使之适应信息化社会对于教育发展的新要求的过程,具备呈现教材立体化、资源全球化、学习自主化、学习活动合作化、教学个性化、管理自动化和学习环境虚拟化的特点。② 顾世明进一步提出教学环境虚拟化使学习空间泛在化、学习情境真实化、学习交互对象国际化得以实现。③

总之,基于计算机和课堂的大学英语教学改革历经十年,取得了可喜的成绩。教改模式在试点院校实施的过程中,由于学校特色和办学条件不同,产生了各种变体模式,但是真正实施教改模式的高校总体上趋于一致。多数高校在教改模式下,将外语教学资源和与教材配套的教学资料相结合,逐步实现了教学模式的系统化、数字化和网络化,建设了与大学英语教学体系改革相适应的大学英语自主学习中心和自主学习网站,开设了教学资源、教学管理、教学文件、网上读书、在线测试、英语教学论坛和师生交流等多个板块,为师生提供了高效互动的学习、沟通和交流空间,创造了良好的英语学习环境。以《新视野大学英语》为例,通过网络辅助自主学习平台的帮助,学生能够自主完成读写课程的预习和复习等学习任务,视听说课程采取了网络自主学习和小班辅导面授相结合的教学模式;又如《新时代交互英语》,借助网络辅助自主学习平台,学生能够自主完成视听说课程的学习任务,并获得相应的自主学习成绩和学分。教改模式在各高校的具体操作中即使有一些差异,但其核心都没有离开课堂教学、信息技术和自主学习。

---

① 陈坚林.计算机网络与外语教学整合研究[D].上海外国语大学,2011.
② 刘辉:《信息技术与外语课程整合:基于学科研究的大学外语教学思考——2012全国大学外语课程及教学改革学术研讨会启示》,载《外语电化教学》,2012年第2期。
③ 顾世民:《虚拟学习环境下大学英语辅助教学模式研究——合作学习和自主学习的集成框架探索》,载《外语电化教学》,2012年第6期。

三、现阶段基于课堂和在线网上课程的混合式大学英语教学模式改革

在基于计算机和课堂的大学英语教学改革发展的十年中,互联网技术的飞速发展催生了许多新的现代教育技术手段,并促使其进一步转化为我国大学英语教学结构性调整的动力。2014年12月,在总结大学英语课程建设和教学改革经验的基础上,教育部高等学校大学外语教学指导委员会发布了《大学英语教学指南》(征求意见稿)[①](以下简称为《教学指南》),对我国今后的大学英语课程改革提出了新的指导意见。《教学指南》一共包含9个部分的内容。

1. 前言

前言部分指出《教学指南》制定的依据是"《国家中长期教育改革和发展规划纲要(2010—2020年)》和教育部《关于全面提高高等教育质量的若干意见》等文件的精神",目的是"进一步深化大学英语教学改革,提高教学质量"。

2. 课程性质与定位

课程性质与定位部分强调指出"大学英语课程是高等学校人文教育的一部分,兼有工具性和人文性双重性质"。

3. 教学目标和教学要求

教学目标和教学要求是《教学指南》的第三部分。《教学指南》将大学英语教学目标分为"基础、提高、发展三个等级",强调各高校"可以根据本校实际情况,对具体要求与指标作适当的调整","鼓励不同学校、不同院系或不同学科的大学英语教学在语言技能的选择上有所侧重,突出特色,以满足院系和学生的不同需求"。

4. 课程设置

《教学指南》将大学英语课程设置进行了深层次的结构性调整:"大学英语教学的主要内容可分为通用英语、专门用途英语和跨文化交际三个部分,由此

---

① 教育部高教司:《大学英语教学指南》(征求意见稿),2014。

形成相应的三大类课程。大学英语课程由必修课、限定选修课和任意选修课组成。"

5. 课程评价

《教学指南》延续了 2007 年颁布的《大学英语教学要求》中对形成性评价的要求,继续提倡"实现从传统的'对课程结果的终结性评价'向'促进课程发展的形成性评价'转变",同时又提出了新的要求,要求课程评价既有"学校内部开展的自我评价",也有"其他多样化的外部评价",并要求"制定适合本校的评价标准和切实可行的评价指标体系,建立常态化的评价数据库,并定期更新和公布数据",体现了信息化、数据化的特点。

6. 教学方法与手段

新指南在教学方法和教学手段上的规定体现了强烈的技术化倾向,完全渗透了现代教育技术的应用理念。在教学方法上,新指南要求"采用任务式、合作式、项目式、探究式等教学方法,体现以教师为主导、以学生为主体的教学理念",并要求"教师要充分利用网络教学平台,为学生提供课堂教学与现代信息技术结合的自主学习路径和丰富的自主学习资源,促使学生从'被动学习'向'主动学习'转变"。

在教学手段上,《教学指南》规定"大学英语应大力推进最新信息技术与课程教学的融合,继续发挥现代教育技术,特别是信息技术在外语教学中的重要作用",并且要求"大学英语教师要与时俱进,跟上新技术发展",要求他们"在具体的课堂教学设计与实施过程中,融入并合理使用信息技术元素"。

MOOC、微课、翻转课堂、混合教学、交互学习平台、移动学习等极具教育技术学特色的名词成为《教学指南》的热门词汇:"鼓励教师建设和使用微课、慕课,利用网上优质教育资源改造和拓展教学内容,实施基于课堂和在线网上课程的翻转课堂等混合式教学模式,使学生朝着主动学习、自主学习和个性化学习方向发展。通过建立网上交互学习平台,为师生提供涵盖教学设计、课堂互动、教师辅导、学生练习、作业反馈、学习评估等环节的完整教学体系。"并且鼓励"有条件的高校可以设计和构建'移动英语学习平台',凸显现代学习方式的自主性、移动性、随时性等特点"。

7. 教学资源

在硬件环境上,要求"大学英语教学应具备语言实验室、网络自主学习中心等基本硬件环境",鼓励"建设专门的校园外语电台、数码编辑室、语言录播室等硬件设施";在软件环境上,要求"引进或开发以网络教学系统为主要内容的网络教学平台",体现"交互性、共享性、开放性、协作性和自主性等基本特征",并"包括网络教学系统、自主学习系统、课程网站、网络课程资源库、数字化影视库、音视频在线点播系统等内容",体现"多媒体、多模态、多环境"的特征。在课程资源部分,《教学指南》规定课程资源"包括课程教学大纲、教材以及与教材配套的网络教学系统"。

《教学指南》对教学资源的规定极具教育技术学特色,并且,"硬件""软件""资源"的成分架构和提法也带有明显的教育技术学特色。在对教学资源的具体要求上,《教学指南》也充分体现了现代教学设计的思想。

8. 教学管理

在教学管理中,《教学指南》要求"促进信息技术与外语课程的融合","制定网上学时学分管理制度、网上学习评估管理制度",并且"建设好网络教学管理平台和数字化教学管理档案",体现了教学管理信息化、数字化的特点。

9. 教师发展

《教学指南》要求"大学英语教师必须主动适应高等教育发展的新形势,主动适应大学英语课程体系的新要求,主动适应信息化环境下大学英语教学发展的需要",提高"现代教育技术运用能力"。三个"主动适应",一个"现代教育技术"勾勒出《教学指南》对大学英语教师未来发展的规划和展望。现代教育技术素养和应用能力一直是大学英语教学发展的短板,只有依靠三个"主动适应"的精神,才能够突破教师自身发展的瓶颈,依靠"现代教育技术",改变当前大学英语课程费时低效的被动局面。

从1985年的《教学大纲》到21世纪初的《教学要求》,再到当前阶段的《教学指南》,这几次教学大纲的修订展示了现代教育技术要素从无到有,从少到多,从局部到全面,甚至到全面接受和消化的演变过程。可以说,我国大学英语课程改革一直和现代教育技术的发展同步进行。从20世纪80年代开始抓住计算机网络技术的机遇,到90年代的尝试应用,到21世纪的大规模应用和普及,再到2014《教学指南》出台之后对教育技术学和学习科学发展成果的全面接受和消化,我们可以看到,现代教育技术已经成为我国外语教学的主要手段和中坚力量。网络环境下的计算机、各种智能移动设备和综合使用的多媒体技术已经成为了外语教学的主体。自此,大学英语课程在技术层面上全面呈现出数字化、网络化、智能化和多媒体化的特点。语言学习不再仅仅是一门人文性的学科,而更多地体现出作为应用工具的实践性特征。我国大学英语教学"技术化"的发展轨迹是在特定教育形势发展下的"一种自上而下的国家意志的展示","也是源自全国现代化外语教学实践发展的一种自上而下的推动力"。① 从1985年的《教学大纲》,到21世纪初的《教学要求》,再到当前阶段的《教学指南》,我国大学英语教学"技术化"的发展轨迹也是中国外语教学领域内所有电教工作者、教育技术专家、外语教育专家们在理论研究和实践检验中不断发生思想碰撞,逐渐形成共识并最终形成合力的结果。尽管现阶段《教学指南》只是以征求意见稿的形式出现,但根据历史经验,它在很大程度上预示了大学英语教学的发展前景。现代教育技术发展的脚步不会停止,大学英语教学也会与时俱进,从而为我国的教育朝着现代化、国际化方向发展提供强劲的动力。

---

① 胡加圣:《外语教育技术——从范式到学科》,外语教学与研究出版社,2015年版,第81页。

第五章　媒体教学的进一步延伸
——基于网络的外语教学

在第四章中,我们对"网络作为'第四媒体'"的观点进行了初步论证,并对基于网络的教学方式进行了基本分类。我国学者柳栋提出:"网络技术是双向交流模式的代表媒体;网络提供了海量的知识资源、庞大的智慧资源;网络为探究学习方式提供了极佳的交互手段;网络技术为构筑开放、泛在的学习环境提供了可能。而这些特点,是其他媒体、其他手段所无法比拟的……。"[①]可见,网络作为新的"第四媒体",具备其他许多媒体无法替代的优势;同时,网络也是一种庞大的知识储备资源。在计算机网络技术高度发展的今天,基于多媒体的CALL基本被基于网络的CALL覆盖(当然它们也同时并存)。尤其是在人类进入以"Facebook""Twitter"等社会交往网络为特征的Web 3.0时代之后,丰富鲜活的网络资源和真实自然的交际环境让原来一直困扰外语教学的问题迎刃而解。可以说,基于网络的外语教学是外语教学的新途径。

其次,网络学习环境被看作是一个新型的学习生态环境,它包括五个基本要素:基于网络的智能教学系统、基于网络的资源库系统、基于网络的学习评价系统、基于网络的交流与协作系统和基于网络的辅助工具系统。智能教学系统是一种借助人工智能技术,让计算机扮演教师的角色实施个别化教学,向不同需求、不同特征的学习者传授知识、提供指导的适应性学习支持系统(Adaptive Learning System,简称 ALS)。网络学习环境具有非常强大的功能:基于网络的资源库系统为学习者提供在学习过程中所需要的素材、背景资料和补充材料;基于网络的学习评价系统为学习者提供自测、考试以及基于建

---

① 柳栋.网络教学的定义[OL].惟存教育,2002. http://www.being.org.cn/theory/eteaching.htm.

构主义的多种形态的评价标准;基于网络的交流与协作系统包括异步交流系统和同步交流系统以及智能答疑系统;基于网络的辅助工具系统主要包括基于网络的写作系统、信息搜索工具和文字处理工具。①

  网络多媒体构成了知识传播和教学运行的新平台。互联网以其强大的交互性、广阔的开放性以及广泛的信息来源为学习者进行自主性和探索性学习提供了全新的学习环境和海量的学习资源。本章主要是从网络学习环境的含义、特征等角度对网络外语学习环境的内涵和外延进行探讨,同时还对当前国内外常用的外语学习资源和学习平台作了介绍。

第一节 网络外语学习环境

  伴随着网络多媒体时代的到来,学习环境不再局限于传统的课堂,而是逐步延伸到了网络空间。和传统的有围墙的教室不同,网络学习环境在学习内容、学习方式、作业方式、讨论方式上都颠覆了以前的传统。而且,伴随着互联网的后续发展,网络学习环境的气候和生态还会继续发生变化,也将继续给人们的生活和学习带来越来越多意想不到的冲击。

一、网络学习环境和网络外语学习环境

  网络学习环境(Online Learning Environments)也叫虚拟学习环境(Virtual Learning Environments)或虚拟课堂,指的是借助计算机网络技术设计出来的一套能够增强学习者学习体验的教学工具。它包括课程规划、学习资源、学习者监控、在线支持、电子交流(如电子邮件、讨论组、在线聊天和博客)以及与教学主题相关的其他链接。在虚拟学习环境中,教师和学生可以查看课程信息、下载学习材料、提交作业、进行在线互动,甚至可以在线完成作业和考试。目前比较常用的虚拟学习系统②有 Moodle、Blackboard、Web CT、Lotus Learning Space 等。网络学习环境虽然不可能完全替代传统的课堂教学,但它能够在很大程度上解决因为距离和时间限制而产生的学习难题。基

---

  ① 张红玲,朱晔,孙桂芳:《网络外语教学理论与设计》,上海外语教育出版社,2010年版,第10页。

  ② 通常也称为网络学习平台。

于现代教育技术的学习环境主要有三个客体要素:
· 用户,主要指学生和教师;
· 学习情况,包括当前学习者的知识水平、对新知识的掌握程度等;
· 学习条件,包括学习资源、学习工具、学习氛围、教学策略等。

随着计算机网络技术的发展,特别是虚拟现实技术的完善和更新,人们面临的学习环境正处于由实到虚的逐步演变过程中。如果说传统的学校给人们提供的是一种实在的、物理存在的学习场所,计算机网络学习环境和虚拟现实提供的则是一种非物理存在但能被人所感知和控制的电子空间。可见,计算机网络技术使学习环境呈现出一种趋势,即物理特征越来越模糊,非物理特征越来越清晰。

以网络技术为基础的教学注重体现"以学习为中心"的思想,强调如何学习的问题,认为教学过程应该是在教师指导下,充分发挥学习者学习的自觉性、自主性和创造性的过程。其基本学习观是:学习是由学习者自己建构知识的过程,即学习是主动建构意义;学习者根据自己的经验背景,对外部信息进行主动选择、加工和处理,从而获得意义;外部信息本身没有意义,意义是学习者通过新旧知识经验间反复的、双向的相互作用而建构成的;学习意义的获得是每个学习者以自己原有的知识经验为基础,对新信息重新认识和编码,建构自己的理解的过程;在这一过程中,学习者原有的知识经验因为新知识经验的进入而发生调整和改变。

除了网络学习环境的客体要素外,典型的网络学习环境一般由如下要素构成:学生模块、传输平台、学习功能模块、学习资源和学习工具。[①]

· 学生模块:包括学生的基本信息(姓名、性别、年龄等)、安全信息(用户名、密码、安全扩展信息等)、学习课程信息(用户名、课程编号 ID、学习成绩等)。
· 传输平台:局域网、互联网、卫星传输平台。
· 学习功能模块:作业区、在线测试区、在线虚拟实验室等。
· 学习资源:网络课件、资源库、视频点播、数字图书馆等。
· 学习工具:协作学习工具(电子公告板、聊天室、留言板、电子邮件等)、个人工具(在线字典、在线公式编辑器等)。

总之,网络学习环境是指在网络环境下,利用网络、多媒体技术等现代教

---

① 张红玲,朱晔,孙桂芳:《网络外语教学理论与设计》,上海外语教育出版社,2010年版,第 87~89 页。

育技术手段,以现代教育和学习理论为指导,提供学习工具和学习资源,传递数字化内容,在教师和学习者之间提供辅导和学习,在学习者和学习者之间提供协作与共享,开展以学习者为中心的学习活动的环境。[①]同时,网络学习环境不仅包括学习者自由探索和自主学习的场所,还应包括学习者与学习材料、支持系统之间在交流过程中所形成的氛围。

结合第四章对网络外语教学的定义和本节中关于学习环境的定义,我们可以对网络外语学习环境做如下定义:网络外语学习环境是在特定的思想或教学理论指导下,依托计算机网络技术,支持学习者的外语学习活动,促使其达到外语学习目标,拥有丰富的教学资源和教学策略的学习支持服务系统。

二、网络外语学习环境的特征和功能

与传统课堂学习环境相比,网络学习环境具有以下主要特征。

1. 交互性

人机交互是计算机区别于其他任何媒体的主要特征之一。计算机多媒体使人机交互的内容和方式日益多样化。在传统的语言和文化教学过程中,学生通常处于被动状态。在多媒体网络技术环境下,学生不仅可以接收信息,还可以主动地选择和使用信息。学生可以接收教师在计算机上输出的信息,也可以接收网上下载的信息。学生可以按照自己的目的、兴趣和水平,自主选择学习内容、使用学习策略。一方面,网络外语学习环境提供了学习者和计算机之间自然、灵活的学习和沟通方式;另一方面,网络学习环境深化了教学交互发生的层面,实现了各种异步交流,引发了学习者的高级思维,在促进知识建构方面有重要意义。

2. 虚拟性

虚拟活动是网络学习环境的重要特征。虚拟现实技术对教育领域的全方位渗透将从根本上改变人们的思维习惯和对传统学习环境的认识。校园、实验室、图书馆、老师和面对面的学习方式将会被虚拟教师、虚拟实验室、虚拟图书馆、虚拟研讨会、虚拟教学、虚拟辅导等替代,虚拟现实将会成为网络学习环

[①] 张红玲,朱晔,孙桂芳:《网络外语教学理论与设计》,上海外语教育出版社,2010年版,第87~89页。

境的主流。

3. 兼容性和开放性

网络外语学习环境与传统外语学习环境有良好的兼容性。学习者既可调用传统的学习资源,又可进入虚拟学习空间。开放性,是指网络外语学习环境具有实时性、交互性和广域性的特征。学习者的活动范围不再局限于课堂,而是延伸到了社会。网络广泛的覆盖范围和实时交互能力,使学习者能够不受时间、地域和身份的限制而享受更多的自由度。

4. 支持协作性

利用多媒体网络技术辅助的外语教学方式是立体的、活动的,师生之间、学生之间可以通过网络进行同步的分组交流。多个学生可以共同使用一个多媒体课程软件,或借助计算机网络的连接,在多部终端机上与其他同学讨论合作,还可以利用多媒体计算机来编辑、删除、修改多媒体课程软件中的内容和链接。每个学生既是参与者,又是主动的学习者,真正实现了协作式学习。在合作小组中,学习者可以组成探究性学习团体,通过讨论和解释,形成共享的、更高级的理解,从而能逐渐完成更持久学习所必需的知识的建构。

5. 丰富性和实时性

在网络外语学习环境中,信息资源是海量的。学习者可以根据自身需要,对信息进行筛选、探索和整合,从而形成自己对意义的建构。同时,网络外语学习环境给学习者提供了广阔的建构空间,以便于他们针对具体情境采用适当的策略进行学习。信息传递实时性是指网络外语学习环境的教育教学信息是将声音、文本、图形、图像、动画、视频等信息进行数字化处理后的产品,并在编码以后以极高的速度传递到世界各地,从而实现教学内容与时代发展需求的同步。

6. 多媒体化、超文本化和超媒体化

网络外语学习环境中的信息是利用计算机技术进行存储、传输、处理的多媒体信息资源,如声音、图像、图形、动画等,网络外语学习环境具备高度多媒体化的特征。

超文本化是指网络外语学习环境拥有的信息资源是按照符合人类联想思维的超文本结构组织起来的,因而特别适合学习者进行自主学习,也为学习者的发散性思维、创造性思维的发展提供了条件。

超媒体化是指网络外语学习环境中的信息是由节点和表达节点之间的关系链组成,并以非线性方式呈现符号的一种结构。网络环境下的信息"以节点为基本单位,一个节点就是一个信息块,通常用于表达一个相对独立的概念或思想体系;节点的信息形式可以是文本、图形、图像、音频、动画,也可以是上述各种媒体的组合;链表示不同节点间的联系,是每个节点指向其他节点,或从其他节点指向该节点的指标"①。

总之,网络外语学习环境的上述特征,可在很大程度上支持师生之间的远程外语教学活动。但是,如何创建起高水平的网络外语教学,需要相关人员在依据学习者需求和不同外语课程类型分析的基础上,开发课程资源,为学习者创造自主的外语学习环境,组织外语教学活动,使学习者在网络外语学习环境中进行良好的学习。

网络外语学习环境是一个促进外语学习的虚拟社会,设计精良、功能完备的网络外语学习环境一般具备以下几项基本功能。

1. 交互学习功能

语言学习不仅是知识积累的过程,更是交际能力提高的过程,需要学习者在真实或半真实(即模拟)的语境中,进行意义建构。网络多媒体的多样化、灵活的教学方法和多维性的教学目标有利于培养学生听、说、读、写、译各方面的能力。在学习过程中,计算机、网络、多媒体、影视录像等媒体大量地、反复地呈现语言信息,使学生可以和媒体进行交互反馈,计算机再对学生回馈的信息加以分析、处理,从而保证学习任务的圆满完成。

2. 同步和异步交流功能

计算机网络能够以电话机音频的速度传递书面语言,从而方便地实现同步和异步交流功能。同步交流是指两个或多个用户通过网络进行的实时交流。当前许多社交软件平台都具有这样的功能,如在中国用户中流行的飞信、微信,在英美国家流行的 Facebook、Twitter 等。异步交流指用户之间非实时的交流,如电子邮件、社区论坛等。同步交流可以同时呈现更多信息,克服了面对面交流中必须等待发言机会的缺陷,但它对组员的认知加工能力提出了

---

① 王琦:《信息技术环境下的外语教学研究》,中国社会科学出版社,2006年版,第120页。

更高要求。异步交流可以使用户能够在发表信息之前对他人的信息进行充分的加工和较长时间的思考,发布质量更高的信息,也可以避免在短时间内产生过量信息,导致认知负荷超载的现象产生。同时,网络外语学习环境中基于文本的交流能够鼓励学习者进行表达,激发他们的学习动机。

3. 情感激发功能

外语学习中的情感因素包括学习者的动机、态度、兴趣、注意力等。积极的情感因素能促进语言的学习。网络环境下的外语学习具有趣味性、交互性的特征,能够激发学生的学习动机、提高学生的学习兴趣、吸引学生的注意力。计算机网络能够将抽象、枯燥的学习内容转化成形象、有趣、可视、可听的立体化学习内容,既增强了学生学习外语的兴趣,还为学生提供了直观形象的场景,便于学生的理解和记忆。网络环境下的外语学习有助于消除负面信息的干扰,降低社会因素和个人因素对交流的影响。同时,网络环境下的外语学习还能够降低学习者因面对面交流的压力而产生的焦虑情绪,让学习者可以更加自信地专注于任务的解决,提高学习效率。

4. 管理评价功能

网络外语学习环境能够实现对外语学习的远程管理,如课程管理、档案管理、成绩管理等。同时,教师可以利用计算机信息技术对学习者的外语学习过程进行记录、追踪、评价,建立基于语料库的学习者档案。学习者档案包括学习者的基本信息、心理特征以及学习记录等多样化信息。教师和研究人员可以利用 E-mail、BBS、聊天室、视频会议等技术,了解和评价学习者参与交互的程度。近年来,基于计算机网络的测试研究与开发使网络学习环境的评价功能大大增强,例如英国 University of Sussex 开发的 Question Mark Perception 软件,可支持外部 html 编辑器,还能将大批量试题发送到网上对学生进行测试。基于计算机的适应性测试可极大降低学习者参加传统考试时的焦虑和压力,使学习者在测试中更容易表达和应用自己已学过的知识和已有的能力,能体现学习者的真实学习水平。

第二节　网络外语学习资源

一、网络学习资源的内涵与分类

美国教育技术与传播协会（AECT）把学习资源定义为"帮助个人有效学习和操作的所有东西"。①我国有研究者认为，学习资源是指能够影响和改变人们认知结构的一切内部和外部条件。也有专家认为，学习资源是指一切能够与学生发生有意义联系的人力、物力、设施和信息的总和。② 网络学习资源有广义和狭义之分。广义的网络学习资源包括相关网络硬件资源和软件资源两个方面，其中，硬件资源是指网络学习资源（各种知识库或信息库）的收集、加工、存储、传递和利用过程中所借助和依赖的相关网络硬件设施，如电脑终端、耳机、扫描仪、打印机、录像机、服务器、交换机、路由器、网关、网卡、光纤、电缆等；软件资源是指各种网络数据库（知识库或信息库）及其相关管理、存储和传输的软件、技术标准与协议（包括网络操作系统、信息存储格式标准、信息库的制作软件、IP 和 FTTP 网络传输控制协议等）。狭义的网络学习资源仅指学习者能够用于网络学习活动的各种网络数据库。③ 对绝大多数学习者而言，他们并不需要了解网络学习资源的存储设备、存储方式、存储地点、管理维护人员、传输控制标准和手段等具体信息，只需要了解如何获取具体的知识或信息内容，达到学习和研究的目的即可。

综上所述，网络学习资源是指学习者利用计算机网络手段开展网络化学习活动的各种网络信息资源。网络学习者是指利用网络学习资源进行网络化学习的人，是相对于传统学习者而言的。网络学习的内容和方式与传统的学校、课堂、教室、书本、实习或课外实践活动有很大不同。例如，学习者可以在任何时间、任何地点通过已联网的多媒体电脑进行学习活动，学习的对象是数字化、虚拟化、网络化和多媒体集成度高的知识，而传统学习的对象是物理化、

---

① 王玉玺：《网络学习资源设计探析》，载《江苏教育学院学报》，2008年第4期。
② 张红玲，朱晔，孙桂芳：《网络外语教学理论与设计》，上海外语教育出版社，2010年版，第87页。
③ 本书所说的网络学习资源主要指后者，即狭义的网络学习资源（各种网络知识库或信息库）。

实体化且多媒体集成化程度低的知识(例如教材、参考资料、挂图、实验材料等)。几乎所有的网络信息资源都有可能成为网络学习资源。"有用"或"无用","有利"或"有害"是因时因地而异的。例如,反动、恐怖、色情类的网络信息对于一般网民,特别是对青少年网民是十分有害的,但是对社会学者、网络文化研究者和社会政策制定者来说,这些资源有利于他们开展多角度、多层次的研究,能够帮助他们制定相应的法规和措施来有效管理网络信息资源,规范人们的网络行为,从而杜绝此类信息在网络上蔓延。所以,网络学习资源与网络信息资源只是提法的角度不同,前者主要是站在教育学的角度,而后者主要是站在信息管理学的角度,二者其实没有本质的区别。

二、网络学习资源的优势

网络学习资源是一种基于计算机现代教育技术的新的学习资源,它与传统的学习资源相比,有着自身独特的优势。

1. 网络学习资源是传统学习资源的延伸

网络学习资源并不神秘:电子图书是传统印刷型图书的延伸,数字化学术期刊是传统学术期刊的延伸,网络课件是传统教材和教学资料的延伸,网络课堂是传统课堂教学的延伸,网络远程教育是传统学校教育的延伸,网上考试和辅导是传统考试和课外辅导的延伸,网上虚拟实习是传统实验室实习的延伸,网络视听点播是传统电声媒体(磁带、唱片、电影、录像、CD、VCD等)的延伸等等。网络学习资源与传统学习资源是同时并存、互相补充、共同发展的,并且,传统学习资源在教育活动中仍然居于主导地位,是学习者获取知识和培养技能的主要来源,但是网络学习资源从各个方面深刻影响着传统学习资源的发展与变革。

2. 网络学习资源有利于知识更新和自主学习

传统的课堂教学是以教师为中心的,而且学校教育具有严格的时间和空间要求,极大地限制了学习者的自主学习热情。而计算机网络的迅猛发展和网络学习资源的日益丰富快速改变了这一现实。一方面,互联网将全世界的学校、研究所、图书馆、出版社和其他各种信息资源联结起来,构建成为一个分布式的海量知识库;另一方面,世界各地的优秀教师或专家可以从不同角度提供相同知识的学习素材(如网络课件)和教学指导(如网络课堂、网上答疑、网上作业与论文提交等),任何学习者可以在任何地点通过网络访问形成多对多的学习方式。在这种情况下,学习者在学习时间、学习空间、学习内容、学习方式等方面有了更多的选择。因为读者可以自主选择学习的内容和进度,可以根据自己的情况灵活安排学习进程,因此,网络学习资源更加有利于学生的自主学习。

3. 网络学习资源有利于交互式合作学习

在传统的课堂教学中,大多数教师没有足够的时间与班级中的每个学生进行充分的交流,学生之间因为种种原因也缺乏相互学习和交流合作的机会,交互学习始终停留在很低的水平上。网络学习资源的发展和应用使这一状况得到了很大改观。网络学习资源是一个庞大的交互式、开放性系统,为学习者提供了广泛的交互式学习途径和极其丰富的资源。教师和学生可以通过BBS(电子公告牌)、Email(电子邮件)、Messenger、微信群等网络及时通信手段进行讨论、答疑、交流学习方法、传递资料、提交或批改作业等一系列学习活动,可以通过FTP、百度网盘等实现资料上传和下载,可以通过Google、Being、Baidu、Alta Vista等搜索引擎下载数据量大的网络课件或参考资料,可以应用Flashget(网际快车)、Netant(网络蚂蚁)等工具快速下载所需要的学习资料。甚至许多流行的社交软件,如Facebook、Twitter,也因其便捷、快速、交互性强而成为人们喜爱的信息交流和学习工具。通过网络题库,教师可以测试学习者的知识掌握水平,了解学生解决问题的方法与步骤;通过网络公开课堂,学习者可以尝试不同教师对同一课程内容的教学风格。这些应用广泛的交互式虚拟教学方式极大地促进了教师的教和学生的学,充分调动了双方的积极性、主动性和创造性。

4. 网络学习资源有助于学生个性化学习的实施

在传统的课堂教学环境下,因材施教和个性化学习受时间、空间和教师资源等的种种限制而难以实现。网络化学习使学习成为一个大规模的各取所需的过程,从而使因材施教成为可能,使个性化的学习得以真正实现。网络学习资源是一个十分庞大的人类知识共享体系,没有特定限制的教材,没有整齐划一的进度,没有统一规定的教学方法,是一所"没有围墙的学校"。每位学习者都可以根据自己的学习特点和现有知识水平,在自己方便的时间和地点从互联网上自由地选择适合自己的学习内容,如网络公开课、优秀课件和考试题库,按照适合自己的方式和学习进度进行学习,同时还可以向多位同学、教师、专家请教疑难问题,讨论相关课程的知识掌握情况。

5. 网络学习资源有利于教育的社会化

随着社会进步日益加快,新知识、新技术、新事物随时随地大量涌现,单个学科的知识内容正经历着高度分化、组合的过程,知识总量呈爆炸性增长。从一次性的"学校学习"走向"终身学习",从"学校教育"走向"终身教育",这一切已经成为当今社会无法改变的趋势。仅仅依靠传统的、正规化的学校教育已经完全无法满足人们日益增长的知识需求,计算机网络学习资源的出现正好契合了这一历史需求,为教育走出校园、迈向社会提供了强有力的技术支持。网络学习资源使传统的教育资源真正跨出学校的围墙而成为全体社会公众的共享资源。可以说,这是一个教育社会化、信息化的过程,同时,这也是一个教育全球化的过程,因为网络学习资源是一个开放式的、海量的网络信息资源共享体系,它涵盖了全球不同国家、不同民族、不同语种、不同教育层次、不同学校类型的教育资源,人们几乎可以从这个庞大的资源库中找到任何想要的东西;教育正快速从学校走向家庭、社区、乡村,甚至跨越国界,延伸到任何网络技术普及的地方;计算机网络使"没有围墙的学校"真正成为可能,最新出现的网络"MOOC"已经证明了网络在推动教育产业化、社会化中的巨大潜力。从这个意义上讲,国际互联网及其网络学习资源是世界上最大的开放式学校,地球上的每一位公民都可以利用它来进行终身学习。

三、网络外语学习资源

网络外语教学作为计算机辅助外语教学的一种类型,是计算机媒体技术快速发展的必然结果。随着 Web 3.0 时代的到来,飞速发展的网络大力推动了外语教学改革,使许多先进的教学理念得以实施。在我国,网络外语教学实践和研究自 20 世纪 90 年代以来发展迅猛,各类外语学习软件、课件、网站、平台以及网络课程层出不穷,图书、期刊、音像制品等出版物开始进入网络化、电子化和虚拟图书馆的时代。

常见的网络外语学习资源包括以下几类。

1. 教育网站资源

网络资源包罗万象,从多媒体的表现形式来看,网络资源有文本资源、图片图像资源、声音视频资源等。根据其不同组织结构和呈现方式,网络教育资源又可分为在线数据库、新闻组和电子公告牌、电子期刊、电子书、教育网站等五大部分。其中，在线数据库通常有图书馆目录和各种专门用途的数据库，如学位论文数据库、科技论文数据库、会议文献数据库等。许多数据库检索服务中心可以通过互联网访问在线数据库的目录。以 ERIC 教育资源信息中心 (http://eric.ed.gov)为例，该数据库是由美国教育部资助的，也是当前世界上最全面、最权威的教育文献数据库。学习论坛和电子公告牌是为教师和语言学习者提供讨论服务的平台。讨论主题涉及面很广，讨论内容具体而深入。以北京外国语大学下属的"中国外语教育研究中心(http://www.sinotefl.org.cn)"为例，该网站开辟了应用语言学、二语习得、外语教学、语言学、外语工具书及软件、学术动态等讨论交流板块，为外语教师和研究者提供了一个很好的学术交流平台。

2. 网络电子期刊

网络电子期刊有三类，即电子报纸、电子杂志、电子新闻和信息服务。电子期刊在网上发行，但其基本内容与印刷期刊基本相同。例如，《理论语言学研究》(*Research in Theoretical Linguistics*)是一本在日本东京发行的有关理论语言学方法的期刊，其网络电子版同时在语言学讲坛上发行，读者可以免费阅读。此外，各专业团体和学术组织都有自己的网上发行物，较有影响的期刊有 *Language Learning & Technology*、*TOSOI* 等。教师可以选择这些资源作为课程内容的组成部分，并帮助学生订阅，将其作为学习的补充资料。电子书是一种按照一定的组织架构成的计算机可视化学习材料，包括电子百科全书、人物传记、历史故事等。如今，许多英语小说已经做成电子书的形式放在网络上，还有许多教育机构都有 Web 网站，用于存放数据资料，如课程内容、补充材料、教学交流、学术论文等。

3. 网络信息资源

网络信息资源因其内容复杂多样而有着不同的分类标准。根据信息发布者的身份，网络信息资源可分为政府教育机构信息、企业集团教育项目及教育产品信息、科研院校教育信息、信息服务机构教育信息、个人信息等。其中，政府服务机构教育信息一级或二级域名一般是".gov"，或行政区代码，如 http://www.moe.gov.cn(中华人民共和国教育部)、http://www.ed.gov(美国教育部)等。企业集团的教育信息，其站点通常以".com"为一级或二级域名。科研院校信息站点的一级或二级域名一般是".edu"，如 http://www.

edu.cn(中国教育和科研计算机网)、http://www.cas.cn(中国科学院网址)等。

按照收费方式,网络资源还可分为免费网络资源和有偿网络资源。网络上大部分资源是24小时免费开放的,任何学习者都可以免费对其进行查询、浏览、下载、讨论和打印等相关学习活动。免费网络学习资源是网络化学习的主要对象和资源主体,也是计算机网络迅速普及的重要推动力。例如,沪江英语学习网(http://www.hjenglish.com)就是一个免费的,内容涵盖小学、中学、大学以及四、六级、留学等各种内容的英语学习网站,在学习者中享有很高的声誉。有偿网络资源是由一些商业化网站或部分商业化的网站所运营的网络教学资源,它们来源于各种数字化的网络数据库(也称为网络知识库)。在网络上正常而稳定的运营需要投入大量的人力、资金和技术,因此采取对资源的使用者进行有偿收费的方式来维护网站的运行和盈利也是可以理解的。有偿网络资源作为网络资源的重要组成部分,与免费网络资源将长期共存、互为补充、共同发展,从而满足外语教师和学习者的多样化学习需要。

4. 网络文本资源

文本资源是网络资源中最常见、最丰富的资源。即使在现代教育技术高度发达的今天,大部分的新信息也还是通过文本发布的。要了解最新的外语教学研究动态,只需在搜索引擎中输入关键词就可以检索到想要的信息。网络文本信息往往要比印刷的书面文本信息更加及时、准确,更能反映该领域的最新动态和趋势。

丰富的网络文本资源为英语教学提供了十分便利的条件。例如在英语阅读教学中,教师可在英语报刊网站提供的信息资源中选择适合学生语言程度和学习兴趣的文章,如政治、经济、社会、文化、体育等,让学生全面了解英语国家的背景知识、文化和最新信息。网络资源可以使教、学双方超越书本知识的局限,摒弃陈旧的知识结构,使学习者的知识结构和研究者获取的数据资料更新、更准、更有时效性。与图书馆相比,网络图书馆中的图书类别更加齐全,更新更加及时,完全不受时间和地域的限制,为学习者的学习和研究者的研究提供了极大的便利。

5. 网络视听资源

外语教学除向学生传授语言基本知识(语音、语法、词汇等)外,还应培养学生的听、说、读、写能力。在我国,英语是作为一门外语进行教学的,因为缺乏目的语语境,学生的听说能力往往得不到充分的训练,听说能力普遍较低。网络上的视听资源内容丰富,不受时间、空间的限制,且内容新、时事性强,朗读者的发音标准纯正,对学生学习地道的目的语很有帮助。随着外语教学改革的不断推进,充分利用现代信息和网络视听资源,可以提高学生的听说能力和交际能力。充分利用网络教学平台和大规模在线学习课程,开展翻转课堂教学等外语教学的最新方法和手段已经逐渐得到外语教师的认可,并进入了逐步推广阶段。因此,网络视听资源已经成为了现代信息化外语课堂不可或缺的学习资源。

6. 网络词典、翻译工具以及百科全书

词典是外语教学中不可或缺的工具。在信息爆炸的时代里,新词不断地涌现,外语教师每天都可能遇到一些从未见过的外语新词汇,或是原有的词汇获得了某些新的词义。传统的纸质词典出版周期长、更新慢、对新词的敏感度低,网络词典的出现有效地解决了这一问题。网络词典,又称在线词典(Online Dictionary),是建立于 Internet 环境之上,为用户提供实时查询服务的数字化参考工具。通过查询网络词典,学习者可以搜索到不同学科方向的专业词汇,查找到传统印刷版词典和电子版词典还来不及收录的最新词条。互联网上的网络词典种类多、数量大、语种齐全,并且专业性较强、更新较快,已经逐渐形成一个规模庞大,包括多语种、多学科、多类别的词典资源库。近年来,各主要权威性辞书都出版了自己的网络版词典,如英国牛津出版社出版的语言词典牛津英语在线词典(http://www.oed.com)、柯林斯在线词典(http://www.collinsdictionary.com/)等。这类网络词典来自国内外著名的工具书出版社,内容权威、释文经典、条目完备,具备一流的水准。

在我国,近期在用户中非常流行的网络词典有网易公司旗下的有道在线词典(http://dict.youdao.com)、百度词典(http://dict.baidu.com)、爱词霸(http://www.iciba.com)等。这些网络词典在检索新词,尤其是具备中国特色的词汇的汉英翻译中显示出了强大的功能。此外,在线词典以及部分搜索引擎除了能进行词汇和短语查询外,还能进行短文翻译和在线翻译。尽管网络词典的翻译功能还存在很大欠缺,但对学习者来说仍不失为一种有用的参考。

除了专业出版社提供的百科全书网络版外,互联网上还有许多免费的百科知识网站,如维基百科(https://www.wikipedia.org)、百度百科(http://baike.baidu.com)等。在外语学习过程中,通过这些网络百科词典,学习者能

够方便地检索到所需的参考资料。当然,免费网络百科中的知识和信息大部分是由社会团体或个人提供,某些科目的定义和解释不一定全面、准确,需要读者进行认真辨别。在做学术引用时,最权威的来源还是专业的百科全书。

7. 语料库资源

近年来,语料库在外语教学和研究中占领的地位越来越重要。通过检索网络语料库资源,研究者可以方便地查找到地道的语言例句,或进行语言对比分析研究。目前网络上可直接免费使用的大型语料库有英语国家语料库、COBUILD 语料库等。英语国家语料库(British National Corpus,简称 BNC)完成于 1994 年,是一个由英国牛津出版社、朗文出版公司、钱伯斯-哈洛普出版公司、牛津大学计算机服务中心、兰卡斯特大学英语计算机中心以及大英图书馆等知名学术出版机构联合开发建设的大型语料库。该语料库书面语与口语并存,词容量超过 1 亿,由 4124 篇体裁广泛的现代英式英语文本构成,包括国家和地方报刊、理论书籍、通俗小说、大学论文、信件以及谈话录音文本等,其中书面语占 90%,口语占 10%。COBUILD 语料库是迄今为止最大的网络语料库,由 John Sinclair 主持,所包含的语料超过 5 亿词。目前,COBUILD 已成为 Collins 词典和许多语法书的语料来源。其他著名的语料库还有美国当代英语语料库(COCA),词容量达 4 亿多个和柯林斯英语语料库(The Bank of English),词容量达 2.5 亿。以上所列语料库均取材广泛、规模宏大,是不可多得的语言学习工具。

在外语教学中,纸质课本或辅导书已经不能满足师生日益多样化的学习需求。通过网络语料库的检索,教师可以将真实的语料应用于英语教学中,从而使语料库成为英语教学的又一资源选择。将语料库应用于外语教学可以改变传统的以教师为中心的教学模式,充分发挥学生在学习中的积极性、主动性和创造性,帮助学生在大量的真实语言实例中找出共性,得出结论。

第三节 网络外语学习平台

网络化教学环境的核心是网络学习平台。网络学习平台能够有效聚集多种教学资源和教学功能,并且通过智能化工具,帮助学生收集学习资料、选择学习内容、进行自主学习,并对学生的学习情况进行评价。以下是对两个常用的网络学习平台的介绍。

一、Moodle 学习管理平台

Moodle 是澳大利亚教师 Martin Dougiamas 基于建构主义教育理论而开发的课程管理系统，是一个免费的开放源代码的软件，目前已在各国广泛应用。Moodle 一词是 Modular Object-oriented Dynamic Learning Environment 的简称，即模块化面向对象的动态学习环境，是一个用来建设基于 Internet 课程和网站的软件包。Moodle 平台的理论依据是社会建构主义的教学思想，即教育者（教师）和学习者（学生）都是平等的主体，在教学活动中，他们相互协作，并根据自己已有的经验共同建构知识。因此，Moodle 平台是进行写作学习的理想工具。

Moodle 平台界面简单、精巧，可供学习者随时调整，进行界面编辑或内容增减。Moodle 平台的课程列表上一般会显示对每门课程的描述，访问者可以根据自己的需要对课程进行分类和搜索，选择自己需要的学习课程。

Moodle 平台还具有良好的兼容性，适合在任何支持 PHP 的平台上安装。并且它的安装过程比较简单，只需要一个数据库即可（并且可以共享）。Moodle 平台具有全面的数据库抽象层，几乎支持所有的主流数据库。利用 Moodle 平台，现今大部分常见的媒体文件都可以进行传送，极大地丰富了可利用的资源范围。Moodle 平台使用的编辑器简单易学，使用者无需经过专业培训就能掌握 Moodle 平台的基本操作与编辑。Moodle 平台注重安全性，会经常对表单和数据进行检验，对 Cookie 进行加密。用户一般通过电子邮件注册，通过电子邮件进行首次登陆，同一个邮件地址不能在同一门课程中重复注册。所有这些安全措施，加强了 Moodle 平台的安全性和稳定性。目前，Moodle 平台仍处在不断的开发与完善中。

Moodle 平台是以社会建构主义理论为设计基础的，因此它允许师生或学生共同思考，协作解决问题。在与同伴互动或与教师互动的过程中，学生自然而然地建立概念，通过交谈创造出共同架构，并进行写作和沟通。社会建构主义还强调意义的社会建构、学习的社会情景，强调社会互动以及协作互动。社会建构主义认为知识不是由教师传递的，而是学习者在丰富的社会文化情境中，通过与他人的协商互动而主动建构的。Moodle 平台提供了强大的交流互动场所和工具，支持学习中的互动与协作，提供形式多样的交流方式，如论坛、专题讨论、聊天室、博客、投票等，能够集成协作建构知识的 Wiki 工具，其中的词汇表和 RSS 链接还可以由学生来创建和编辑。在教师的协调和指导下，学习者可自由参与活动,选择最适合自己的组别,建构自己的学习共同体,设定属于自己的活动。

  Moodle 平台采用模块化的结构设计,主要功能模块有基于 Moodle 的学习共同体、教学活动模块、博客和 Wiki 等 Web 2.0 模块、小组活动模块、作业模块、聊天模块、论坛模块、测验模块以及 RSS 等。这些模块可以使教师方便地进行网站设计与管理、课程设计与管理、学习资源设计与管理以及学习活动设计与管理。借助 Moodle 平台,课件展示、教学内容的呈现与管理、学习过程和学习结果的跟踪和评价变得十分便捷。并且,Moodle 平台的各种功能适合动态的模块化管理,界面、功能、插件可自由选择。教师可以根据教学设计选择性使用这些模块,按需组合,使得教学如同搭积木一样简单。总而言之,Moodle 平台提供了丰富的课程资源和教学活动。教学活动融合在课程设计之中,通过平台将活动和资源融为一体,使教学更生动,操作性更强。学习者不仅可以自主参与各种协作学习活动,通过多种方式参与资源的建设,如共同建设 Wiki、RSS、词汇表,还可以进行学习资料上传共享,共同建设学习共同体等,极大地提高了学习者的积极性和创造性。

  Moodle 平台在我国广泛应用于中小学、高中和大学的数字化课程和混合学习设计中[①][②],在大学英语教学中的应用也非常广泛[③][④]。华南师范大学的柴少明在该平台上为英语专业学生开设的"英美文化概况"课程,是一个非常好的协作学习的案例。[⑤]

二、Blackboard 学习管理平台

  Blackboard 在线教学管理平台是目前市场上唯一一个支持百万级用户的教学平台,拥有美国近 50% 的市场份额。全球有超过 2,800 所大学和教育机

---

  ① 王润兰,李孟建,马彦华:《基于 Moodle 平台的中学物理课网络协作学习探究》,载《中国电化教育》,2006 年第 8 期。

  ② 邓国民.基于 Moodle 的《现代教育技术》网络课程的开发和应用[D].四川师范大学,2008.

  ③ 张筱兰,欧阳汝梅:《利用 Moodle 平台构建新型大学英语教学模式》,载《现代教育技术》,2008 年第 6 期。

  ④ 欧阳建平,李气纠:《基于 Moodle 平台的大学英语自主学习活动的设计研究》,载《西安外国语大学学报》,2009 年第 3 期。

  ⑤ 柴少明:《计算机支持的外语协作学习》,科学出版社,2013 年版,第 63 页。

构在使用Blackboard的产品,其中包括著名的普林斯顿大学、哈佛大学、斯坦福大学、西北大学、杜克大学等。

Blackboard学习系统的研发工作投入了数千万美元,目前此系统已经发展到第三代。Blackboard教育软件是Blackboard公司基于网络学习环境的理念精髓,是一套数字化的、基于共同体学习趋势所开发的、支持在线学习的教学系统,也是全球范围内应用最广泛的网络教学平台之一。Blackboard教育软件的理念是致力于帮助学校打造一个真正的互联互动的网络学习环境(Networked Learning Environment,简称NLE)。在这个平台中,任何教师、学生和研究者都可以在任何时间浏览学习内容、获取资源、评估教学效果、实现彼此的协作,为教学过程的关键环节提供支持,为网络教学提供解决方案。教师可以利用它构建虚拟学习环境,补充或延伸课堂教学,提供远程教学平台,充分享受互联网为教育带来的强大支撑。

Blackboard网络教学平台不是传统意义上功能相对单一的教学服务网站,而是一个真正的现代学习平台。平台以课程为核心,每一门课程都具备独立的学习区、交流区、管理区和评价区。平台的主要模块以及平台所提供的各种工具可以使教师有效地设计课程,构建协作学习社区,管理学习过程,进行评价和监督,促进学习者之间的互动和协商,进而实现知识建构的目标。Blackboard平台的主要模块有课程通告、课程信息、课程内容、作业、交流区、讨论区,以及各种工具和外部链接。教师还可以使用控制面板进行课程管理、学习过程评价和学习结果监督。平台的主要模块如下。

1. 讨论区

讨论区支持多主题的异步交流。教师或学生围绕不同的主题设置多个论坛,并嵌入到合适的内容区或课程中,以供学习者共同讨论。教师可以决定学生是否能够享有修改、删除、匿名留言和粘贴附件等权利,论坛内容可以根据议题、作者、日期或主题等多种方式排列并供浏览,且支持完全搜索。学习者可以在论坛中以提问、讨论的方式进行互助学习。

2. 虚拟教室/协作工具

协作工具为实时同步的交流互动而设计,支持文本聊天环境和虚拟教室。教师可以选择任意环境安排协作学习。除了文本聊天,虚拟教室还提供协作白板、小组页面浏览、问题和解答集锦以及退出教室功能。虚拟教室可以在课程模式或开放参与模式下运行,用户能够"举手"回答问题或被赋予更大的参与权利。所有的交流过程都能被记录和存档。教师可以利用这些协作交流工具进行实时辅导、答疑、教学交流,还可以通过电子白板引导学生进行课程内容学习,主导虚拟教学的全过程。

3. 小组协作项目

为了支持小组协作,教师可以使用小组工具建立不同的学生小组。每一个小组都有自己的文件交换区、讨论区、虚拟教室和小组邮件工具。学生可以在这个空间中独立开展各自的协作学习活动。

Blackboard 网络教学平台在中国的应用日益广泛[1][2][3],华南师范大学的柴少明在该平台上为英语专业学生开设的《跨文化交际》课程,是一个非常好的协作学习的案例[4]。

三、语言实验室

1. 早期的语言实验室

语言实验室的名称最早出现于 20 世纪 20 年代,当时的语言实验室是指利用声音频谱分析仪、示波器等实验仪器,对语言进行分析和实验的场所。后来,语言实验室不再是用来分析、实验语言现象的场所,而是利用现代技术媒体进行语言教学和语言训练的教室,主要用于外语教学。

从教学设施的角度看,语言实验室是应用现代学习媒体和教学设备来帮助学习者进行语言学习的现代化教室。教学设备和教学场地是构成语言实验室的两个基本要素。在语言教学的历史中,设备和语言实验室出现的时间并不相同。早在 20 世纪 50 年代,国内一些高校就开始利用唱片、录音和无线电广播辅助外语教学,取得了很好的效果。但是建立语言实验室、开展正式的语言实验室教学,则到 20 世纪 70 年代中期以后才逐渐开始。这个时期的语言

---

[1] 齐红,符祝芹:《Blackboard 平台支持下的大学英语混合教学模式的实证研究》,载《西安外国语大学学报》,2007 年第 3 期。

[2] 周红春:《基于 Blackboard 学习平台的混合学习模式的探索与实践》,载《电化教育研究》,2011 年第 2 期。

[3] 王润兰,黄献卫:《基于 Blackboard 平台的精品课程开发问题探究》,载《中国远程教育》,2011 年第 10 期。

[4] 柴少明:《计算机支持的外语协作学习》,科学出版社,2013 年版,第 61 页。

实验室基本上由教师主机和学生机两部分硬件组成,功能相对有限,交互性不强,主要用于听力和简单的口语训练,可以被称为第一代语音室。20世纪80年代以后,第一代语言实验室在我国外语教学中迅速推广,在20世纪90年代得到了迅猛的发展,并且成为外语教学必不可缺的硬件设备。语言实验室的广泛使用也为设备厂商带来了重大机遇。同时,由于它符合外语教学迅猛发展的需求,也得到了国家教育部门的高度重视。1993年国家技术监督局发布了《语言学习系统国家标准》,规范了语言学习系统的生产,使语言实验室以及相关设备有了统一的生产、安全和质量标准。

2. 基于校园网的语言实验室

20世纪末21世纪初,计算机、网络技术在教育中的广泛应用将语言实验室的使用推进到一个全新的阶段。网络和现代教育技术的应用使语言实验室克服了早期封闭式、灌输式教学的缺点,升级或者扩容成为第二代基于校园网的语言实验室。从市场经济的角度来看,这也是市场竞争优胜劣汰的结果。在我国基于校园网的语言实验室中,应用最为广泛的是"蓝鸽校园网语言使用平台"。该平台由专业的教育软件开发公司蓝鸽科技有限公司开发,以应用为导向,充分利用学校互联网资源,尝试实现"一个建设在校园网上'虚拟的外语学院'"的目标。蓝鸽语言学科平台具有以下特点:

(1) 嵌入式教学过程和管理模式;
(2) 提供现代化的教学环境和丰富的学习资源;
(3) 能够实现教师备课、课堂教学、自主学习、网络作业、无纸化网络考试及专业化口语考试等功能,使管理和评估更加便捷有效。

蓝鸽校园网语言使用平台的各系统模块曾经在全国300多所院校得到广泛应用,在一定程度上提高了教学效率(尤其是视听教学的效率),减轻了教师的工作量,推动了现代化外语教学的发展。

3. 网络多媒体时代的语言实验室建设和使用现状

进入21世纪以后,基于校园网的语言实验室发展进入了一个转折时期,并面临着两个方面的新情况:一是原有硬、软件设备(尤其是硬件设备)经过10年左右的使用之后先后进入了返修和更新换代的高峰期;二是互联网技术的高速发展给基于网络的自主学习带来了无限的发展可能。在这样一个转折时期,语言实验室的发展面临着两个选择:或是逐步退出外语教学的历史舞台,或是借助最先进的网络多媒体技术,升级成为更加先进的网络多媒体语言实验室。为了解语言实验室在 2004 年开始的"基于计算机和课堂的大学英语教学模式改革"之后 10 年的应用情况①,2014 年 12 月,笔者所在的华北电力大学外语学院对全国 8 所学校的语音室使用和维护情况进行了一个全面系统的调查,主要目的是了解大学英语语言实验室的建设和使用情况,以及外语学习中心或自主学习平台的建设和使用情况②。

从调查的情况来看,我国的外语教学已经进入了语言实验室和外语学习中心并存并交替使用的过渡期,具体情况如下。

(1) 硬件建设

- 大部分参与调查的学校不再大规模新建语言实验室,而是改为以使用外语学习中心或自主学习平台为主的课外听力自主学习模式,课堂教学重点转变为以输出为主的口语教学;有少部分学校仍然使用语音室进行听力教学,但同时辅以自主学习平台,让学生在平台上进行英语各项技能的学习及测试。
- 各个学校的外语学习平台都配有专用服务器,便于系统维护和管理。
- 被调研的多所学校的自主学习平台管理采用了校园一卡通刷卡上机模式,便于对学生的学习时间进行管理和统计。
- 各学校的语言实验室或多媒体教学中心多集中建设在一栋建筑的几个相邻楼层内或同一楼层内,既便于学生学习,也便于管理人员进行设备管理。

(2) 软件建设

- 各高校语言实验室或外语学习平台均配有专职管理/值班人员,其中专职管理人员均有计算机、通信、信息或教育技术专业背景,可以承担语言实验教学中心的设备、环境、运行状态的软、硬件的维护工作,确保其运转正常,并协助进行语言类相关项目的开发。
- 参与调研学校的自主学习平台主要分为三类:一为教材配套自主学习平台,如清华大学出版社的"新时代交互英语学习平台"、外研社的"新视野大学英语学习平台"、高教社的"大学体验英语学习平台";二为商业科技公司开发学习平台,如科大讯飞互动英语平台,该平台既可以作

---

① 大学英语教学改革的试点开始于 2002 年,但是教育部是在 2004 年颁布的《大学英语课程教学要求》(试行版),因此,可以认为,"基于计算机和课堂的大学英语教学模式改革"开始于 2004 年。

② 部分表格参看附录 1。

为自主学习平台,也可作为口语测试平台;三为网络测试平台,可以进行在线考试,如新东方网络在线测试平台、外研社 iTest 网络考试平台等。

- 除学生自主学习平台外,大部分参与调研的高校均使用了教学辅助平台,如批改网,来帮助教师与学生在课后进行作业提交和批改互动;科大讯飞互动英语平台也可以提供教师课件上传等教学支持。

(3) 课程设置

- 在由语言实验室听力教学转变为以听力自主学习为主,课堂教学为辅的教学模式后,各高校均增加了语言输出教学内容,注重培养学生的语言输出能力,如各高校均重视口语教学,每学期会有统一的口语测试,占期末总评成绩的一定比例;大部分学校都开始重视学生的英语写作能力,东南大学还成立了专门的写作中心辅导学生写作。
- 过程性评价在英语总评成绩中的比重逐渐增加,终结性评价比重逐年递减。各学校的英语总评成绩主要包括出勤、平时作业、自主学习、口语测试、期末笔试几部分,其中作为终结性评价的期末笔试在总评成绩中的比重由原来的 70% 已逐渐下降至 60%～40% 不等。

从本次调查的结果可以明显看到,语言实验室作为多媒体外语教学的硬件设备,因为维护成本过高、升级和更新换代不方便,在大学英语教学中的使用日益减少。目前,大部分学校购买了上海外语教育出版社、外语教学与研究出版社、高等教育出版社和清华大学出版社这四家大型出版社的教材,并配合它们的网络学习平台使用。据作者了解到的情况,只有部分学校的英语专业保留了语言实验室来完成英语专业学生所必需的大量的听、说、读、写训练要求。因为学生数量过多,各校现有的语言实验室建设已完全无法满足需要。事实上,Web 3.0 时代的到来能够为这个问题的解决提供一个新的思路。既然互联网上有广阔的空间及无处不在的便捷的视听资料来源,用户也可以方便地随时随地进行下载,那么,未来的多媒体外语教学可以将重点放在 BYOD(Bring Your Own Device)的建设上来,让学生通过利用自己的计算机、手机、iPad 等互联网终端,获取自己想要的资料,完成既定的学习任务。基于 BYOD 的教学模式本书将在第六章做重点介绍。

四、校本开发多媒体网络外语学习平台案例

大学英语是我国高等学校重要的公共基础课,也是高校本科教学中覆盖

面最大、影响力最深、辐射力最强的一门课程。自2002年开始,教育部指导各高校进行大学英语教学改革,并组织了国内四家出版社开发新的大学英语教材和基于校园网的大学英语网络学习平台。其中,基于校园网的大学英语网络教学平台包括上海外语教育出版社开发的"新理念大学英语(全新版)网络教学系统"、外语教学与研究出版社的"新视野大学英语教学系统"、高等教育出版社的"大学体验英语教学系统"和清华大学出版社的"新时代交互英语教学系统"。这四套教学平台系统在设计上都要求遵循现代外语教学理念,充分运用先进的现代教育技术,为学生创设自主式学习环境,从而培养学生的英语综合应用能力,特别是听、说应用能力。四大出版社的教材和平台使用情况在各大网站、期刊和专著中都有介绍,本书不再一一赘述。本部分重点介绍一个校本开发的网络教学平台——北京邮电大学大学英语实验教学与评估平台,以达到开阔视野、启发思维的目的。

1. 大学英语实验教学与评估平台开发基本概况

作为教育部大学英语教学改革的首批试点院校,北京邮电大学自2006年开始探索基于新理念教学系统的英语听说教学模式,并于2012年自主研发了大学英语实验教学与评估平台(以下简称为平台),主要是为了提高学生的口语表达水平,缓解学生口语表达中的焦虑情绪。

大学英语实验教学与评估平台是在北京邮电大学国家级语言实验教学示范中心的基础上开发的。该平台以《大学英语课程教学要求》为指导,以语言输出驱动假设、自我调节学习理论与教学评价理论为基础,旨在充分利用现代教育技术,服务大学英语听说课程教学,并支持基于网络的自主学习与形成性评价。[①]

该平台以上海外语教育出版社《大学英语视听说教程》以及北京邮电大学出版社自编教材《大学英语实验教程》的内容为基础,借鉴了理工科实验教学的理念,设置了4个级别、28个单元、23大类别共计280项实验。活动难度渐进、类型多样,适合个体独立学习、双人合作学习和团队合作学习。如图5-1所示,每个语言实验活动都由十个基本要素构成,每个活动都配有相应的典型活动案例。教师可以借助平台便捷地布置个性化的语言实验活动,引导学生开展自主学习,使学生在网络环境下自主、自觉地巩固课堂所学,达到语言输

---

① 郑春萍,逯行,王海波:《大学英语实验教学与评估平台的设计与应用》,载《现代教育技术》,2015年第1期。

入与语言输出并重的目的。

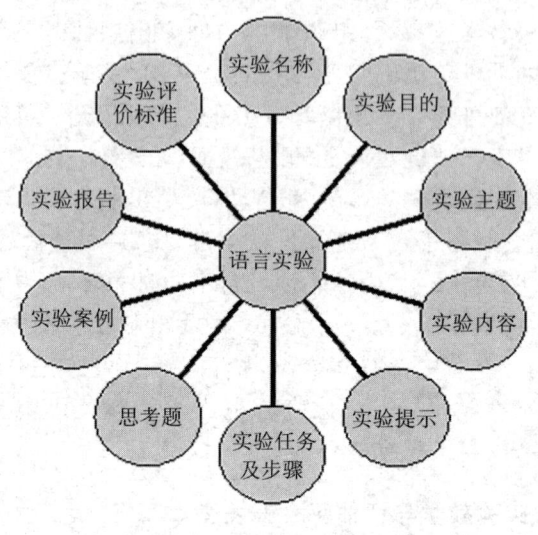

图 5-1

该平台能够为学生提供丰富的学习资源与活动案例,以实验活动引导学生的自主学习,通过网络多媒体环境去促进学生的语言输出,为学生开展语言实验活动提供技术支持。该平台能够对语言输出结果进行管理,能够记录并存储学习者撰写的文档、录制的音频以及拍摄的视频。学习者与教师借助平台能便捷地查看学习过程情况、学习结果以及优秀活动案例。

该平台还制定了多个维度的评价指标,支持自评、互评和师评三类评价形式,能实现对文本、语音、视频等多种类型的学习结果的评价。学习者及其同伴可以通过平台及时了解自己与他人的学习情况,针对学习结果进行反馈与评价。教师也能及时地为学习者提供指导,针对学生学习过程中遇到的问题给予及时的解答和个性化的反馈。

2. 平台的界面设计特点

该平台针对不同的使用对象设计了学生、教师与管理员三大角色,每个角色都有各自的交互界面,配套不同的学习管理工具与系统支持工具。

• 管理员

管理员角色界面通过基础设置、代码维护、实验管理三大模块实现对平台的基础管理。基础设置针对学校、学院、专业、班级、用户等参数对用户进行管理;实验管理支持将实验名称、实验难度、实验类型、评估标准、典型案例等信息上传至网络平台;代码维护根据证件类型、证件号码、学历、职称职务、政治面貌等参数维护用户信息。

• 教师

教师是教学活动的组织者,负责学生的日常教学以及为学生提供反馈。如图5-2,教师角色界面分为实验管理、实验维护和拓展功能三个模块:1)实验管理分为实验布置、学生列表、任务调整、评价管理四个方面,支持对学生实验活动的基础管理;2)实验维护包括当前章节、评价设置、模板管理、成绩汇总、典型案例、上传案例六个方面,支持对实验活动的评价管理和成绩汇总;3)扩展功能包括语音识别、语音纠错和智能判断三个方面,支持对语言实验活动中语音类的学习结果进行智能化评判。

• 学生

学生是学习的主体,也是平台的主要用户。如图5-2所示,学生角色界面分为进行中的实验活动、已完成的实验活动及同伴互评三个模块。进行中的实验活动提供实验活动的具体要求、实施的意见和建议、典型活动案例等基本信息,支持学生课前和课后的自主学习;同伴互评支持学习者的互评邀请以及对其他学习者的学习成果进行评价;已完成的实验活动为学习者展示形成性评价的结果,使其了解同伴与教师对自己的具体评价。

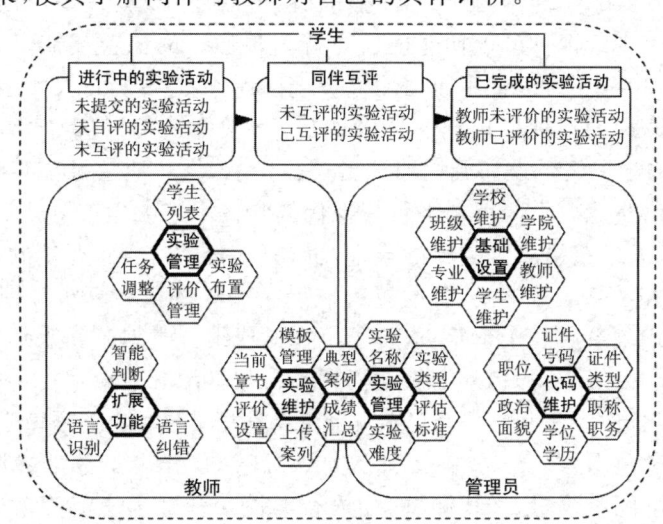

图 5-2

3. 平台的语言实验活动特色

该平台以语言实验活动为基础,包括实验活动发布、实验活动实施与实验活动评价三个特色功能模块,集活动的编排、发布、上传、评价和共享于一体。通过模块间的协同工作,平台搭建了支持学生自主学习与师生互动评价的网络环境,体现了现代教育技术支持下的大学英语教学与形成性评价的优势。

· 实验活动发布

该功能支持语言实验活动的自动布置,也可以对实验活动进行个性化设置。教师在发布实验时,可以根据学习者的语言水平、活动的参与人数进行个性化的选择。针对不同的实验活动,教师还可以设置相应的活动要求,设定完成时间及开展自评与互评。

· 实验活动实施

该功能体现了师生交互的特色。语言实验活动发布后,学习者可以查看实验活动的介绍、要求及典型案例,自主开展语言实验活动。平台支持学习者多次开展实验活动,存储所有学习结果,同时还支持学习者查看并上传最满意的学习结果。

· 实验活动评价

该功能支持形成性评价。学习者在提交学习成果后,可以针对自己的学习成果开展自评、撰写反思日志或邀请同学进行互评。教师可以在学生完成实验活动后查看学生的学习结果,了解自评、互评情况,并依据活动要求与评价标准对学生进行评价。该功能模块支持多种形式的评价反馈,如支持对学习结果直接评分,支持以常用短语为模板进行评价,还支持以文本或语音的形式进行更加详细的点评。根据学习者的表现,教师还可以选择"作为典型案例"将优秀的学习案例发布到网络平台进行展示,供其他学习者参考。

大学英语实验教学与评估平台是现代教育技术与大学英语教学实践相结合的产物,是大学英语教学创新的成果,也是我国自2004年开始的"基于计算机和课堂的大学英语教学模式"改革的成果之一。基于计算机和课堂的大学英语教学模式改革历经十余年,取得了可喜的成绩。类似于北京邮电大学,许多高校在教改模式下,都将外语教学资源和与教材配套的教学资料相结合,逐步形成系统化、数字化和网络化的教学模式,开发了与大学英语教学体系改革相适应的大学英语自主学习中心和自主学习网站,开设了教学资源、教学管理、教学文件、网上读书、在线测试、英语教学论坛和师生交流等多个板块,为师生提供了高效互动的学习、沟通和交流空间,创造了良好的英语学习环境。本章所介绍的北京邮电大学开发的大学英语实验教学与评估平台就是一个很好的例子。

五、网络多媒体在外语教学中的应用历程

1. 交互式计算机辅助语言教学阶段

交互式计算机辅助语言教学(Communicative CALL)出现于上世纪七八十年代,这一阶段人们摒弃了行为主义的理论和教学方法,强调运用计算机技术完成从"发现""表达"到"发展"的创造性学习过程。个人计算机技术的运用成为这一阶段的显著特点,多媒体技术拓宽了人们接受信息的渠道。这段时期,计算机作为现代化的学习媒体,将磁带、广播、电视、VCD、DVD 组合成为重要的多媒体教学资源,代替甚至超出了传统学习媒体的功能,逐步占领了大学英语课堂。大学英语课堂教学开始采取以学生为中心的教学结构,注重新旧知识的非线性结构安排和多媒体组合。各高等院校传统的语音室逐渐被计算机多媒体语音室所取代,并且出现了大规模的多媒体教室建设热潮,极大地增强了大学英语课堂的教学功能。这一时期的大学英语教学封闭式、单向性的知识与技能传播方式逐渐被开放式、多向性的知识与技能传播方式所取代,呈现出多元化的趋势。教学环境也呈现出开放性、交互性、协作性、多元性的特征。学生可以在课外通过多媒体教学光盘等资源学习英语,提高英语运用能力。[①]

2. 信息和网络技术应用于教学阶段

20 世纪 90 年代以后,整合型计算机辅助语言教学(Integrative CALL)逐渐成为多媒体外语教学的主流。整合型计算机辅助语言教学是指计算机网络技术在语言课堂教学中的应用,属于现代教育技术环境下的外语教学,因此这一时期也被称为"信息和网络技术应用于教学阶段"。在这一时期,随着计算机三大关键技术(人工智能技术、数字化技术以及信息和网络技术)的发展,计算机能够全方位、立体式地提高教学效果,从而使计算机从辅助外语教学的后台逐步走向了教学的前台。

人工智能技术是计算机应用于教学的核心,它使外语教学个性化、环境虚拟化、管理自动化成为可能。教师可以根据不同学生的特点进行因材施教;课

---

① 张善军.信息技术环境下大学英语多元互动教学模式研究——以江西财大为例[D].上海外国语大学,2010.

堂教学可以进入虚拟时空，在时间、空间上更加自由；教学评价与测试、问题诊断与任务分配等能够以电子学习档案、电子作品、电子记录等方式进行自动化管理。

数字化技术使外语教育技术系统做到了设计简化、性能可靠、标准统一、储存量加大、信息传送速度加快，同时也使外语教学环境情境化、资源全球化和学习个性化成为可能。

信息和网络技术使"虚拟教育"成为了可能，数字卫星通讯系统、移动数字通讯系统、因特网及其他网络超越了时空的限制，真正实现了资源的广泛共享。信息和网络技术使学习过程的互动性和自主性成为现实，学校没有了围墙，师生转变了传统的观念，这一切为大学外语课堂教学的发展带来了新的契机。由于高科技含量的日益增加，计算机的功能在教学领域里更加全面、完善，场景呈现、模拟互动等效果都能通过计算机得以完美实现。早期计算机辅助外语教学模式中，教师借助计算机向学生授课，学生并不是知识的主动建构者，而是一个被灌输的对象，没有摆脱传统教学模式的束缚。网络环境下的语言学习者利用计算机进行自主学习，是知识的主动建构者。具有高度智能化的计算机既可充当教师，也可成为学员，是一个能全方位、立体式地提高教学效果的电子工具。计算机的超强功能可以从根本上改善长期以来费时低效的大学英语教学现状。①

3. 未来多媒体外语教学信息化目标

上个世纪 90 年代，在美国诞生了"教育信息化"的概念。1993 年，美国前总统克林顿提出国家信息基础设施建设，指出 21 世纪教育改革的重要途径是现代教育技术在教育中的应用。世界各国纷纷响应，先后制定了本土教育信息化的战略规划。祝智庭认为教育信息化是在教育领域广泛而深入地应用现代教育技术，促进教育变革与发展的过程。②何克抗在阐述现代教育技术对于新型人才综合素质培养的意义时，认为"与信息获取、信息分析、信息加工和信息利用有关的基础知识和实际能力既是信息文化水平高低和信息素质优劣的具体体现，又是信息社会对新型人才培养所提出的最基本要求，达不到这方面的要求，将无法适应信息社会的学习、工作与竞争的需要，就会被信息社会所

---

① 陈坚林：《从辅导走向主导——计算机外语教学发展的新趋势》，载《外语电化教学》，2005 年第 4 期。
② 祝智庭：《中国教育信息化十年》，载《中国电化教育》，2011 年第 1 期。

淘汰"①。

外语教育信息化强调技术和教学的深度融合,全面进行外语教育信息化变革能够解决外语课堂教学的费时低效问题,真正提高国民综合素质。外语教育信息化是在外语教育领域全面深入地运用现代教育技术来促进外语教育改革与发展的过程,它有数字化、网络化、智能化和多媒体化的特点,具备开放、共享、交互、协作的特征。②外语教育信息化不仅仅代表外语教育手段的改革,信息化进程中更需要师生教育观念、教育方法和学习方式的转变,从而实现现代教育技术与外语课程的全面整合,在培养新世纪创新型外语人才的目标上更进一步。

---

① 何克抗:《信息技术与课程整合的目标与意义》,载《教育研究》,2002年第4期。
② 郭颖:《论教育信息化在现代外语教学中的作用与实现途径》,载《现代远距离教育》,2012年第4期。

第六章 多媒体外语教学之前沿与发展

多媒体外语教学在网络时代的发展可谓蓬勃向上、日新月异,关于多媒体外语教学在网络时代最新发展的研究也呈现日益兴旺的态势。本章将主要讲述以"Web 3.0 和新媒体"为特征的各种最新的现代教育技术手段和方式在多媒体外语教学中的应用。同时,笔者还将介绍国外最新的学习分析技术和BYOD发展趋势在我国多媒体外语教学中加以应用的构想。

第一节 MOOC 与外语教学

一、MOOC 概述

MOOC 是"大规模在线开放课程"的英文缩写(也译为慕课),其中,"M"为 Massive(译为"大规模"),指的是课程注册人数众多;第二个字母"O"为 Open(译为"开放"),指凡是有学习动机的人,都可以参与学习;第三个字母"O"为 Online(译为"在线"),指的是学习时间、地点不受限制、全天开放的特征;"C"则代表 Course(译为"课程"),这一课程与传统的通过电视广播、互联网、辅导专线、函授等形式进行授课的远程教育不同,也不等同于近年来流行的教学视频网络共享——公开课。名校视频公开课只提供课程资源,而MOOC 可实现教学课程的全程参与。在 MOOC 平台上学员可以完成上课、分享观点、互助解决学习中的疑难问题、做作业、参加考试、得到分数、拿到证书的全过程。从这个意义上来看,MOOC 课程比一般意义上的国家精品课程、视频公开课程、资源共享课程在教学功能上要强大很多。

大规模在线开放课程在中国常称为"慕课",简称"MOOC",也称"MOOCs"(Massive Open Online Courses),是一种将分布于世界各地的授课者和成千上万个学习者通过教与学联系起来的大规模线上虚拟公开课程。①这一大规模在线课程掀起的风暴始于2011年秋天,被誉为"印刷术发明以来教育领域最大的革新"。在被《纽约时报》称为"MOOC元年"的2012年,斯坦福大学教授Sebastian Thrun辞去教学职务创建了Udacity,即University+audacity,搭建了第一个MOOC网络平台。紧接着,他的同事Andrew Ng和Daphne Koller决定开设一家以盈利为目的的公司——Coursera。随后,麻省理工学院和哈佛大学联合出资创建了edX MOOC网络平台。Udacity、Coursera、edX是当今世界上最著名的三大MOOC平台。2013年世界主要发达国家都纷纷推出了自己的MOOC平台,如英国的"未来学习"、法国的"数字大学"、德国的"我的大学"、欧盟的"开发教育"、日本的JMOOC和澳大利亚的Open2Study等等。在我国,清华大学推出了"学堂在线",上海交大推出了"好大学在线",领先进行MOOC尝试,给学生提供最优质的教学资源。部分中学已开始通过制作微课程,帮助学生从辅导班、教辅书中解脱出来。只用了一年多时间,美国的Coursera已有普林斯顿、斯坦福大学等100余所世界一流大学为其提供了500多门优质MOOC,并吸引了来自全球各国的550多万名学生参与其中进行学习。MOOC正如一股洪流以不可逆转之势向我们各级各类教育的各个层面渗透,使学生瞬间拥有前所未有的选课自由度,足不出户就可以享受到海内外最优质的教育资源。

二、MOOC的基本特征

网络课程是一个大的概念,MOOC和视频公开课都包含在其中。网络课程由网络课程资源和网络课程活动两部分组成。传统的网络课程大都放在某个校园网或局域网上,是为学校或特定机构的教学服务的,需要专门注册登录才能进入。一般学校内的网络课程大都是辅助课堂教学的,有时候也以远程教育课程的形式独立存在。

MOOC也包含资源和活动两部分,因而也属于网络课程的范畴。不过,它具备许多传统网络课程所没有的特征。

---

① 虽然MOOCs在语法上更接近英文原文的拼写,但是本书更加倾向于使用MOOC作为"慕课"的简称,这是因为MOOC的音译与"慕课"更加接近。

1. 开放性

MOOC平台一般是基于互联网而不是某个局域网的,它不仅仅限于某个学校或机构的正式学习者使用,而是对全体大众开放。有的MOOC无需缴费也可以学习。当然,如果学习者想要进入课程的核心领域或获得学分和证书,一般需要缴费。开放性还体现在课程建设和活动组织方面:人人都可以为MOOC提供学习资源和话题,都可以参与各种学习交流活动。

2. 时效性

MOOC课程具有时效性,一般开课周期为2~12周。一门MOOC结束后,未注册者不能访问该门课程。一般的MOOC每周都有作业,学习者必须在规定时间内完成。按照要求完成学业者能够被授予课程完成证书或课程结业证书。

3. 交互性

MOOC课程具有很强的交互性,尤其是视频与学习者的互动、学习者之间的互动等形式的互动频率比传统网络课程要增加很多倍。这是因为一门MOOC中的学习者数量可能达到成千上万,教师精力有限,不可能对所有学习者的作业进行评估。因此,学习者之间进行自评、互评就成为了MOOC评估的一种重要形式。

4. 规模大

传统网络课程的学习者人数非常有限,少则几十人,多则上百人,并且以正式学习者为主;MOOC的学习者可能成千上万,既包括正式学习者,也包含各种临时学习者。截至2014年1月17日,仅Coursera这一个平台的注册者就已达2200多万,分别来自190个国家;59万人参与了课程讨论;该平台上最受欢迎的一门课程注册人数高达24万。[①]

5. 灵活性

传统的网络课程一般由学校课程移植而来,强调学科和专业的系统性、逻

[①] 胡加圣:《外语教育技术——从范式到学科》,外语教学与研究出版社,2015年版,第226页。

辑性,其视频课件往往参照课堂教学形式录制,长度一般较长。MOOC在内容和形式上具有更大的开放度。许多MOOC的视频片段一般在15~20分钟之内,在视频播放过程中可能会插入问题供学习者回答,类似于闯关游戏;学习者可以尝试多次作答,直到回答正确;一般的系统也会给出相应的解释。这个设计一是为了吸引学生的注意力,二是为了帮助学习者消化学习内容。MOOC的内容不只局限于传统的学科和专业,而是更贴近学习者的生活和需求,更注重综合性、普适性、生成性,更重视学习过程中的互动。MOOC视频一般短小精悍,体现出微课程的特征,评价方式也更灵活多元。例如,同伴互评就是一种非常实用的MOOC评价方式。

一般意义上的视频公开课通常是一种公开的网络视频资源,不包括学习活动,大都以独立形式存在,不提供学分和证书;而MOOC除了提供教学视频之外,还规定开课和课程结束时间,提供丰富的学习资源,布置作业,组织在线交流和讨论,对学生的作业进行评价,组织考试,甚至颁发学习证书,授予学分。

微课是为了适应网络时代学习碎片化的需要,围绕一个小知识点制作的、时间限制在20分钟以内(大都在5~15分钟范围内)的视频资源和微课程资源。尽管有研究者认为微课也应该有学习活动,比如在视频后附上一些练习题、测验题或教案之类,但在实际中作用不大。大部分情况下,学习者往往只看学习视频而不看其他部分。MOOC的教学视频也体现出微课化的倾向,即由一系列微课构成,每堂微课的时间控制在20分钟以内。

MOOC由于规模大、学生人数众多,给教师与学生的互动交流带来了巨大的困难,批改作业、个别指导、考试监督都难以进行。由于没有入学门槛,任何人都可以来学,学习者水平参差不齐、动机不一,因此中途辍学率很高,完成率很低。针对这一情况,有研究者提出一种改良后的新模式,英文名为Small Private Online Courses,简称SPOC(或者SPOCs),中文名译为"私播课"。相对MOOC而言,它有两方面的改变:一是学习者人数有限制,一般在几十人到数百人之间;二是开放度减少,对入学者有一定要求,达到要求者才能注册。这样就能避免大规模MOOC中存在的一些问题。在实践中,SPOC往往与学校内的课程学习互相配合、互为补充。

三、MOOC 的一般设计流程

1. 学前分析

学前分析是教学设计的第一个重要环节,包括教的分析与学的分析两大方面。教的分析包括社会需求分析、教学内容分析、教学人员特征分析、现有教学条件分析等;学的分析包括学习者学习动机分析、兴趣爱好分析、起点水平分析、认知风格分析、学习条件分析等。

除了一般的要求外,对 MOOC 进行学前分析一定要注意网络课程与传统课堂教学的差异,不能照搬传统课堂的教学分析模式。在网络课程中,教师和学生、学生和学生、学生和资源都处于分离的状态,之间通过一个"网络媒体"作为中介联系起来。因此,网络课程的教学内容要素即是人们常常提到的资源,而网络课堂的教学方法更多转变为教师与学生、学生与学生、学生与资源之间通过网络媒体进行互动的方法和策略。具体来说,应该注意以下几个典型特征。

(1) MOOC 的学习者包含许多在校大学生,但也有中学生及已工作的成人,层次参差不齐、动机不一,学习习惯、学习风格差别很大,学习时间趋于碎片化。

(2) MOOC 的学习高度依赖网络和终端,尤其是移动终端设备,如 iPad、手机、平板电脑等等。网络分有线、无线两种,无线又分为 WiFi 上网和手机流量上网两种。

(3) 由于学习者大都以个别学习的方式来学习 MOOC,容易产生孤独感,因此,线上线下的交流互动对他们很重要。

2. 目标设计

在学前分析的基础上,应该对一门 MOOC 的教与学的目标进行初步确定。和其他课程的教学目标一样,MOOC 课程的教学目标设计也应该考虑到学习者的学习期望和水平,在老师的教学目标和学生的学习动机之间找到合理的平衡。MOOC 学习者水平参差不齐,因此,课程设计者应该对课程的目标、定位、难度和前期课程要求给予清晰的描述,以帮助学习者清晰定位、正确选择。

3. 教学主体设计

MOOC 的教学主体设计主要分为教学资源、教学活动、教学流程设计三大部分。

(1) 教学资源

MOOC 教学资源中最重要的是视频资源，其次是课件、文本、工具、其他素材资源。其中，教学视频应选择优秀教师来录制，内容应该选择教学重点、难点和连接点。教师在视频中可以露面，也可以不露面，一切按照具体内容需要来确定。视频要清晰、流畅、节奏适中，以"突出教学效果、进行有效沟通"为原则，不要故意炫耀技巧、过于花哨。在风格上以简洁为主，尽可能除去一切与内容传递、有效沟通无关的冗余信息，降低学习者的认知负荷。MOOC 课程通常是由许多单独的微课组成的，微课常常强调"短"而"精"。因此，在录制的时候，遵循"去除冗余信息，降低学习者认知负荷"的原则尤为重要。

MOOC 视频资源最好能支持手机播放，时间不宜太长，一般一节课不超过 20 分钟，以 5~15 分钟为佳。一般 MOOC 课程会配上字幕，同时提供文字稿本，以供不同习惯的学习者选择使用。课件、工具、文本、素材等资源应提供上传和下载功能。

(2) 平台模块

MOOC 的平台模块要根据平台的类型而定。大部分 MOOC 包含以下几大模块：

- 课程描述模块，一般对课程进行具体描述，如课程的目标、定位、主要内容等；
- 教师信息模块，一般会展示主讲教师信息，如所在学校、学院、研究方向、以前的教授课程等；
- 教学视频模块，一般是主讲教师对所要教授内容的视频呈现，是 MOOC 的核心部分；
- 其他资源模块，一般指和本课相关的背景知识呈现部分，如外语教学中的生词、短语、文化背景等；
- 讨论区模块，一般是为学生提供互动和协作学习的版块；
- 作业提交与成绩公布模块，这个版块可能是公开的，也可能只有每个学习者自己才能看到；
- 自测习题库模块，一般是为学生提供课后巩固和复习的部分；
- 个人作业展示模块，一般是激励优秀学习者，并给其他学习者以示范的部分；
- 意见、建议模块，一般是教师和学生为改进该课程而相互交流意见的部分；
- 相关链接模块，是为有兴趣进行拓展学习的学习者提供更多资源的部分。

(3) 教学活动

MOOC 教学活动的核心是开展在线练习、小组协作、作业评改、交流讨论、互动答疑等活动。如果是校内的 SPOC 课程，则可以与校内的面对面教学相结合，采用翻转课堂的教学模式，即学生在课外通过网络课程资源自主学习重点内容，课上则进行讨论、交流、练习、辅导等活动。MOOC 平台应该提供尽可能多的交流、互动、展示工具，甚至可以借助社交网络平台开展互动。

MOOC 的学习人数众多，主讲教师无法完成和所有学习者互动的任务，所以必须按照一定的比例配备助教，助教可以由青年教师和研究生担任，也可选拔优秀的学习者或已修过该门 MOOC 的结业者来担任。由于 MOOC 对大多数学习者和大多数学校来说都是新鲜事物，所以如何对助教团队进行管理、分工、考评与奖励，从而让 MOOC 课程真正能够可持续开展下去，是一个需要长期探索的问题。

(4) 教学流程

和传统的课程类似，MOOC 分为开课前的准备阶段、教学实施阶段和评价总结阶段。开课前，除了要做好课程设计、录制教学视频、在平台上开设课程之外，还要进行课程宣传，组织教学团队及技术支持团队。准备工作一般应提前数月甚至半年进行。

教学实施阶段时间一般不宜太长，一般控制在两三个月内为宜，时间过长容易引起倦怠，增加辍学率。教学视频的发布一般以周为单位，按照课程内容体系由易到难、循序推进，每周发布一段或多段类似微课的短视频，同时发布教师精选过的学习资源、作业练习、讨论问题、自测试题等。

(5) 课程评价

MOOC 的教学评价可采用多种形式，包括对学习者的评价和对课程教学本身的评价两部分。

MOOC 学习者的学习成绩主要由平时成绩与最后考核成绩两大部分构成。平时成绩所占比例一般比传统课堂教学要大，由平时作业、练习完成情况、讨论交流表现等方面来综合构成；最后考核可能是标准化考试或提交论文/设计，或者二者兼有。

作业的评改有机改（即计算机系统自动评卷）、教师和助教评改以及学员之间的互评等多种方式,其中学员之间的互评是一种解决大规模作业批改困难这一问题的常见方式。主讲教师和助教应事前制定好评价量规、范例、评分标准等,在合适的时候发给学员,以保证互评活动的顺利进行。同一名学员的作业和练习应接受2~3名同学的评价,每名学员一般要评价2~3名其他同学的作业和练习。主讲教师和助教应通过多种方式对互评活动进行指导、培训、检查和监督。

对于需要获得学习证书和学分的学习者,最后考核非常重要。无论是现场考核还是在线考核,都必须保证是学习者本人参加,以保证学分和证书发放的权威性。证书可分为电子证书和纸质证书两种形式。

对课程的评价可根据平台提供的学习者学习活动的各种数据、对学习者的问卷调查与深度访谈,以及网络和社会对课程的各种反映等多种形式进行,以利于在新一轮MOOC开课前对其进行必要的改进与调整。

四、MOOC与外语教学

MOOC课程,究其本质,是互联网多媒体发展到高级阶段的产物。它既创造了一种新的网络学习环境,又是宝贵的网络学习资源,同时还是教学方式和评价手段的开拓创新。MOOC课程和外语教学存在着非常紧密的联系。

以Coursera为例,它是目前最受欢迎的MOOC平台。根据胡加圣的统计[1],截至2013年12月15日,该平台共建有575门课程(含在建的课程),涉及艺术、生物、化学、教育、社会科学、统计与数据分析、教师教育等25个大类。截止到该统计时段,该平台共提供12种语言的课程,其中91%是英语课程,中文和法语紧随其后,分别为28门和19门。除了英文课程资源外,Coursera上还专门开设了针对英语写作的课程,例如,美国名校杜克大学的英语写作课。英语语言文学专业的学生可以修读英国Future Learn网络平台上提供的英国名校兰卡斯特大学的语料库语言学课程(Corpus Linguistics: Method, Analysis, Interpretation)。在我国,2014年9月24日,清华大学外语系的张文霞教授等开设了"宇宙中心英语听说课",标志着我国通识英语类的MOOC课程正式登上历史舞台。MOOC对我国的外语教学来说是一把双刃剑:大量的MOOC课程的上线给我国的外语教学,尤其是大学英语教学,带来

---

[1] 胡加圣:《外语教育技术——从范式到学科》,外语教学与研究出版社,2015年版,第229页。

了极大的挑战,但同时又给我国大学英语的深化改革带来了前所未有的机遇。

1. MOOC 对我国大学英语教学的挑战

MOOC 的出现为学习者提供了大量优质的语言学习资源:一方面,大量国际非语言专业的 MOOC(英语作为教学语言)正在陆续上线,这些课程相当于我国部分高校开设的"全英语专业课程";另一方面,英国文化处与 Future Learn 合作建设了一大批开放英语课程(English Language MOOC)来帮助人们提升英语水平,这些课程(英语语言 MOOC 课程)是英国文化处多年以来对全球学生和教师提供学习支持的经验总结,并已在 2014 年面向全球开放。这类英语语言 MOOC 课程给全球学习者用英语接受高等教育提供了广阔的选择空间,也给现有的外语教学带来了严峻的挑战。

(1) MOOC 对大学英语教学质量的挑战

MOOC 课程内容由四个环节构成:观看教学录像、完成指定的阅读、参与论坛讨论、完成相应作业。如果在任何一个环节遭遇语言障碍,学习者就可能会看不懂视频、读不懂文章或完不成作业,最终会导致放弃学习,半途而废。

果壳网 2013 年 10 月 9 日到 10 月 16 日对 6115 名中文用户(80%以上用户为大学在读或已经具备大学本科以上学历)的问卷调查出现:阻挠学习者完成 MOOC 课程学习的负面因素中,"语言障碍"(55%)和"缺乏毅力"(55%)并列排在了第一位。调查对象中,80%以上具有本科及以上学历(包括在校生)。①可见,我国很多高校的大学生完成大学英语课程的学习后(部分学习者正在学习大学英语课程),语言能力还达不到学习国际 MOOC 所需的要求。《大学英语课程教学要求》(2007)提出大学英语课程目标是"提高学生的语言综合运用能力",从 MOOC 课程的学习情况来看,大部分英语学习者并没有达到这一要求。

另一方面,MOOC 是典型的以学生为中心的教学设计课程,直接挑战了我国大学英语课堂的教学质量。MOOC 通过营造全英文学习环境、提供经典学习资源、实施师生在线即时交互和生生在线即时交互,能够逐步创建大量的优质外语课程。

(2) MOOC 对大学英语课程内容的挑战

《大学英语课程教学要求》(2007)对我国大学英语课程的定位是"培养学

---

① 胡加圣:《外语教育技术——从范式到学科》,外语教学与研究出版社,2015 年版,第 230 页。

生的英语综合应用能力,特别是听说能力,使他们在今后学习、工作和社会交往中能用英语有效地进行交际,同时增强其自主学习能力,提高综合文化素养,以适应我国社会发展和国际交流的需要"①。一般情况下,普通院校的大学英语主要由"综合英语"和"视听说"构成,在内容选材上偏重于培养学生的人文素养,对学生的个性化学习需求(如学术英语能力)训练明显不足,影响学生的学术能力发展。相比较之下,MOOC课程则具备很大的资源优势。在Coursera平台上已有486门英文课程,涉及多个专业,让学生很容易就能找到适合自己的、用英文讲授的专业课程。

(3) MOOC对大学英语评价方式的挑战

《大学英语课程教学要求》(2007)提出"对学生学习的评估分为形成性评估和终结性评估两种"②。但是实际上由于大学英语公共基础课的特殊性,普通本科院校很多大学英语老师都是同时给多个班上课,每个班的学生人数很多,过程性评价(形成性评估)质量不高。并且,从实际情况来看,许多高校期末考试(终结性评价)又要权衡全年级学生的过关率,没有很好地起到激发学生学习动机的作用。

此外,用人单位判断学生英语水平的主要标准还是四、六级考试的结果。这样一来,学生就需要用大量时间备考四、六级:机械背单词、做阅读理解、练习标准听力(标准语速、标准测试模式等)。在MOOC课程的真实语境中,习惯于四、六级考试测试的同学常常力不从心。由于财力、物力和人力的不足,目前大面积的口语测试并没有落到实处,对学生"说"的能力的培养很难得到落实。

2. MOOC为我国大学英语教学带来的机遇

MOOC的最大优势是使名校名师的优质课程全球共享,从而使学习者能够自定步调地学习课程内容。学有余力的在校学生亦可学习自己感兴趣的课程,完成作业,在全球网络社区讨论课程内容,交流自己的学习体验。在我国大学英语教学遭遇极大的发展困境的今天,MOOC给大学英语教学带来了难得的机遇。

(1) 依托国际MOOC课程,激发学生学习大学英语的动机。

如前文所述,调查发现,语言障碍是阻止55%的学生完成MOOC学习的主要原因。教师可以抓住这个机遇,鼓励学生通过学习国际MOOC来提高自

---

①② 教育部高教司:《大学英语课程教学要求(正式版)》,外语教学与研究出版社,2007年版。

己的英语水平。在需求导向语言学习中,教师可以激发学生学习大学英语的兴趣,鼓励学生将学习 MOOC 过程中遇到的问题带到课堂,通过与老师、同学讨论、协商解决这些问题,提高学生的批判思维能力。

(2)借力国际 MOOC 学习,提升学生的英语水平。

通过国际 MOOC 课程的学习,学习者不但可以进一步提升自己的语言水平,同时还可以提升自己的专业知识或人文素养。以 Coursera 平台为例,英语是学习这 486 门课程的唯一工作语言(部分授课视频提供中文字幕),各门课程还要求学习者用英语完成作业、用英语参与讨论。在整个课程的学习过程中,学习者完全置身于英语环境中。为了听懂课程内容,学习者需要反复观看视频、反复阅读英文文献、浏览英文帖子、用英语发帖和回帖。在整个课程的学习过程中,学习者在"感受"真实的英语,用英语思考,用英语交流,英语的工具性和价值会得到充分的展示。因此,学习者完成 MOOC 课程数量越多,英语水平提升越快。

高校在进行大学英语教学改革时,可以综合考虑本校学生的具体情况,把某些 MOOC 课程直接引进来为我所用(如转变为本校学分课程)。学生在课下自主学习某一门 MOOC,教师课上答疑,通过"翻转课堂"的教学模式来组织教学和考核。通过这种灵活运用的方式,可以将优质的海外课程资源与本校的实际发展情况相结合,真正实现 MOOC 的本土化。

3. MOOC 课程在重构大学英语教学体系中的作用

MOOC 是教育信息化在 21 世纪的集中体现,它对高等教育的影响不可估量。大学英语在我国高等院校人才培养课程体系中扮演着重要角色,但是,近年来,传统的大学英语课程不断遭到研究者、专家和学生的质疑。首先,大学英语教学费时低效。正如果壳网的调查结果显示的那样,当前大学英语课程体系培养出来的学生并不具备相应的综合英语应用能力。其次,传统的大学英语教育一直是以通识英语教育为主,注重培养学生的人文素养和跨文化交际能力,学生的英语学术素养没有得到体现,学生听英文报告、做英文演讲、撰写英文论文的能力几乎得不到锻炼,致使学生的 MOOC 英文课程学习困难重重。因此,蔡基刚等认为大学英语课程教学的内容重点应该转变到专门用途英语(ESP)和学术英语(EAP)上来①②,还有的老师提出"逐步实现国际MOOC'校本化'、大学英语'MOOC化',大学英语'选修化'、大学英语教师'专业化'"③的建议。

2014年12月,教育部高等教育司推出了《大学英语教学指南》(征求意见稿),提出"鼓励教师建设和使用微课、MOOC,利用网上优质教育资源改造和拓展教学内容,实施基于课堂和在线网上课程的翻转课堂等混合式教学模式",MOOC、微课、翻转课堂、混合教学、交互学习平台、移动学习等极具教育技术学特色的名词成为《大学英语教学指南》的热门词汇。

可见,以"MOOC、微课、翻转课堂、移动学习"为代表的现代教育技术不仅成为了我国大学英语教学改革的技术推手,而且得到了专家和教育权威部门的认可,成为了大学英语教学改革的利器。2014《大学英语教学指南》是网络多媒体和现代教育技术在外语教学中得以应用的进一步深化。纵观2007年《大学英语课程教学要求》,当时的提法是"基于计算机和课堂的大学英语教学模式",而在2014年《大学英语教学指南》中的提法则是"基于课堂和在线网上课程的翻转课堂等混合式教学模式",不但改革的措施和规定更加具体、深入,而且进一步表明了大学英语的教学改革一直秉承着和现代教育技术相融合的趋势。并且,随着网络多媒体技术的飞速发展,这种融合的范围不断加大,程度不断加深。

我国传统的大学英语课程一般执行教育部16个学分的规定,主要有两种课程设置模式:其一,综合教程2课时/周,视听说2课时/周,一共开设4个学期;其二,综合英语4课时/周,一共开设4学期。自2002年开始,教育部指导各高校进行大学英语教学改革,并组织了国内四家大型出版社开发新的大学英语教材和基于校园网的大学英语教学系统,其中包括上海外语教育出版社开发的"新理念大学英语(全新版)网络教学系统"、外语教学与研究出版社的"新视野大学英语教学系统"、高等教育出版社的"大学体验英语教学系统"和清华大学出版社的"新时代交互英语教学系统"。这四套教学系统在设计上都

---

① 蔡基刚:《误解与偏见:阻碍我国大学ESP教学发展的关键》,载《外语教学》,2013年第1期。

② 蔡基刚:《学业用途英语、学术用途英语及优质外语教育》,载《外语电化教学》,2014年第3期。

③ 马武林,张晓鹏:《大规模开放课程(MOOCs)对我国大学英语课程设置的启示研究——以英国爱丁堡大学EDC MOOC为例》,载《电化教育研究》,2014年第1期。

要求遵循现代外语教学理念,充分运用先进的现代教育技术,为学生创设自主式学习环境,从而培养学生的英语综合应用能力,特别是听说应用能力。使用这些网络教学系统的学生可以通过计算机网络自主完成视听说教程的学习任务(各个出版社均配有高质量的视听说网络教程),然后在综合英语课程上去完成阅读、写作的学习任务,并接受教师的指导和评价。这样一来,第三种课程设置模式应运而生:综合教程4课时(课堂面授)+视听说2课时(课后自主)。

经过十余年的发展,第三种课程设置模式逐渐成为大部分高校大学英语课程的主流模式。它部分地缓解了我国大学英语教学课程任务繁重和课时相对紧张之间的矛盾。但是,第三种课程教学模式和前面两种一样,还是无法满足当代大学生对英语语言学习的个性化需求。例如,学术英语作为双语课程和全英语课程的过渡课程,对985高校的学生非常重要,可是对于普通高校的大多数学生而言或许并不是必需的,但仍然有部分学生对学术英语有需求。普通高等院校由于受办学条件限制,没有能力给那些有特殊需求的学生开设他们需要的课程。MOOC的出现能够在很大程度上帮助缓解这一矛盾。

因此,基于MOOC的大学英语课程体系重建必须要考虑到各校的不同情况,因校制宜——根据各校的办学特色、资源(硬件、软件、师资和学生素质)等综合因素,并结合该校办学定位,综合分析大学英语课程在该校人才培养中的作用,重构大学英语课程体系。胡加圣提出如下建议。①

(1) 国家重点建设大学

国家和省(市)重点建设(如"985""211"工程)高校肩负着培养具有国际视野的国家精英人才的重任。由于这些高校的学生入校时英语基本功比较好,学生对通用英语需求不高。但考虑到此类学生以后的学习和工作都会对英语有很高的要求,结合国家、社会和学生三方需求,充分考虑大学英语的工具性和人文性,建议这些高校给一年级学生开设32~64学时(2~4个学分)的大学英语、跨文化交际(选修)课程和32~64学时(2~4个学分)的学术英语(必修)课程。学术英语由听、说、读、写、译五大版块组成,为培养世界一流复合型人才做铺垫,也为学生更好地学习国际MOOC课程、双语课程和全英语课程奠定基础。

同时,充分考虑到学习者的个性化需求,可以依托中国高校联盟,如"C9联盟",整合师资,联合开设学术英语专项技能课,如学术英语听、说、读、写和

---

① 胡加圣:《外语教育技术——从范式到学科》,外语教学与研究出版社,2015年版,第235~237页。

翻译、写作各类 MOOC 课程，以及不同的跨文化交际 MOOC 供学生选修，如英、美、澳大利亚、加拿大、新西兰各国文化 MOOC 课程等。

学习者也可以选择世界其他国家著名高校开设的相关学术英语 MOOC，如 A Beginners' Guide to Writing in English for University Study（英国雷丁大学）、Introduction to Public Speaking（美国华盛顿大学），以及一些跨文化交际课程，如 Greek and Roman Mythology（宾夕法尼亚大学）。学习者可以完全根据个人需要进行选修，也可以由教师向学生推荐和自己的研究领域相关的课程，并在课堂上帮助学生解答学习过程中遇到的问题。

（2）普通本科院校

普通本科院校情况较为复杂，学校所在地域差距明显，学科门类多，生源差异大，整体办学条件比"985/211 工程"高校相对要弱。从整体情况看，学生的英语基本功比国家重点高校学生薄弱。对普通高校学生而言，一方面需要继续加强其通用英语的学习，另一方面还要根据该校的人才培养目标，为学生开设相关专门用途英语（包括学术英语）课程，帮助他们提高学术英语能力和跨文化交际能力。对于此类学生，除选修国家重点高校开设的学术英语 MOOC、跨文化交际 MOOC 和国际知名高校 MOOC 外，还可以按需选择一门或多门本校"校本 MOOC"或"微 MOOC"。各高校可以自己组织本校优秀教师，建设校本网络课程。"校本 MOOC"或"微 MOOC"更适合本校学生的具体情况，课程内容可以是学术英语、专门用途英语、跨文化交际（英语）、人文素养课程（英文）等。例如，电力特色的学校可以建设电力英语类 MOOC，林业大学可以建设农林英语类 MOOC，政法类大学可以建设法律英语类 MOOC 等。

基于此，普通本科院校大学英语可以由"通用大学英语（8 学分）+大学英语后续课程（4~8 学分'校本 MOOC'/'国际 MOOC'）"构成。后续课程可以采用翻转课堂教学模式，让学生提前在课下观看教学视频，完成作业，参与在线讨论，并在课堂上接受教师面授，真正实现大学英语个性化、立体化教学。

（3）应用型本科院校

应用型本科院校在办学条件（软硬件）和生源方面均比国家重点大学和普通本科院校要弱。一方面，应用型本科院校师资力量薄弱，教师少，学生多，教师课程压力大，教师自我发展机会严重不足，开发建设高质量校本专门用途英语和学术英语课程存在很大困难。因此，比较现实的做法是这类院校直接引进部分高水平重点学校现成的 ESP（English for Specific Purpose）MOOC 课程和 EAP（English for Academic Purpose）MOOC 课程，实施翻转课堂教学。另一方面，应用型本科院校很多学生英语基本功较差，对大学英语课程兴趣低,因此必须从内容和模式两个方面来进行改革。在课程设置上可以实行"通用大学英语(4学分)+大学英语后续课程(4~8学分'校本MOOC'/'国际MOOC')+专门用途英语实训4学分"的模式。大学英语后续课程内容主要包括:通用英语4学分、专门用途英语/学术英语/人文素养英语/跨文化交际英语等课程4学分。程度较好、水平较高的学习者还可以自主修读国际MOOC课程。重构后的课程体系淡化了通用英语能力,强化了学生的专门用途英语和职场英语应用能力,从而使"网络自学+课堂辅导和翻转课堂"相结合的教学模式的优势得到最大程度的发挥。

MOOC设计理念给高校的ESP和EAP团队建设提供了一个全新的思路。由"外语教师+专业教师+技术人员"三方共同构成专门用途英语教学团队,借助"国际MOOC"和重点院校"校本MOOC"的优质课程资源,实施基于混合式教学和翻转课堂的教学改革,与2014《大学英语教学指南》(征求意见稿)的精神是完全一致的。

MOOC给我国大学英语教学带来了挑战,同时也提供了前所未有的机遇。然而,"MOOC并不是对高等教育进行革命,而是对现存教育原则和教育实践、优质资源普及、教育成本、教育质量和教育公平的推进,MOOC会进一步补充并完善而非替代高等教育机构"[1]。因此,大学英语教师大可不必对MOOC这种教学手段出现过分的"技术"恐慌,也没有必要去曲解MOOC的出现给大学英语教师带来的压力。正如2014《大学英语教学指南》(征求意见稿)里指出的那样,"大学英语教师必须主动适应高等教育发展的新形势,主动适应大学英语课程体系的新要求,主动适应信息化环境下大学英语教学发展的需要"[2],充分提高"现代教育技术运用能力"[3]。三个"主动适应"、一个"现代教育技术"勾勒出新的《大学英语教学指南》对大学英语教师未来发展的规划和展望。现代教育技术素养和应用能力一直是大学英语教学发展的短板,只有依靠三个"主动适应"的精神,才能够突破教师自身发展的瓶颈;只有依靠"现代教育技术",才能改变当前大学英语课程费时低效的被动局面。

---

[1] 胡加圣:《外语教育技术——从范式到学科》,外语教学与研究出版社,2015年版。
[2][3] 教育部高教司:《大学英语教学指南》(征求意见稿),2014。

第二节 微课与外语教学

一、微课概述

自从进入被称为"MOOC 元年"的 2012 年以后,"MOOC""微课""翻转课堂"这三个概念似乎已经成为外语课堂教学的三驾马车,甚至已经形成了"言必称微课,行必往 MOOC"的局面。事实上,对于这些来自"教育技术学"领域的热词,大部分外语教师和研究者都停留在不完全认知的层面上,或是对许多概念的理解仅浮于表面,没有深入到本质,或是对两个近似的概念认识含糊不清,在应用时发生混淆。因此,本节首先要澄清人们在对微课的认识上存在的两个误区。

1. 微课的概念

关于微课的概念,是本节需要重点加以论述的第一个认识误区。在当前的教学实践或相关文献中,立足不同的视角、根据不同的应用实践,许多研究者常把微课与微课程、微视频等概念混用,这样就很容易让人误以为这三者之间可以画上等号。事实上,在这三个概念当中,微视频与微课、微课程的区别是显而易见的,前者属于技术概念范畴,本身与教学没有直接关系,同后两者不是一个维度的概念。再来看后两个概念,微课是一个教学论的概念,重点强调学习者以微视频资源为介质,与教师之间产生直接和间接交互的过程。而微课程却是一个课程论的概念,重点强调与"微目标、微教案、微讲义、微练习"等课程要素共同构成一个完整课程。苏小兵等对比总结了国内学者对微课的不同定义,并将其归为三类:(1)对应"课"的概念,突出微课是一种短小的"教学活动";(2)对应"课程"的概念,包括课程计划(微教案)、课程目标、课程内容(学科知识点)、课程资源(微课、微练习、微课件);(3)对应"教学资源"的概念,如在线教学视频、数字化学习资源包等。[①] 尽管不同学者对于微课的定义在表述上有差异,但在内涵上却有共同点,即"目标单一、内容短小、时间很短、结

[①] 苏小兵,管珏琪,钱冬明,祝智庭:《微课概念辨析及其教学应用研究》,载《中国电化教育》,2014 年第 7 期。

构良好、以微视频为载体"①。目前在中小学实践或各类微课大赛中所出现的"微课"也基本符合这些特征。从媒体形式上来看,微课是一段简短的、与教学相关的视频。但是,如果这些微视频没有提供给学生使用,即缺乏学习主体,就不会产生老师与学生的交往过程,只能称作是微视频,而不能称为微课。因此,微视频本质是一种支持教师教和学生学的新型课程资源。当它与相匹配的"微目标、微教案、微讲义、微练习"等课程要素一起时,就共同构成"微课程",成为一个课程论的概念;当学习者通过微视频开展学习时,学习者就以微视频为介质,或者与教师之间产生间接的交互,或者通过在线讨论、面对面辅导等不同形式进行直接交互,从而就构成了"微课",成为一个教学论的概念。虽然笔者在这里对微课的概念从教学论、课程论和媒体资源三个方面进行了清楚的划分,但是由于大部分研究文献和媒体在使用微课这一概念时并没有考虑到这三个角度的区别,因此,对微课概念的准确把握仍然需要结合具体的情景和使用场合。

2. 微课的产生背景

本节需要重点论述的第二个认识误区,是关于微课产生的时间和相关背景。在"言必称微课,行必往 MOOC"的外语教学改革浪潮影响下,部分教师误以为微课和 MOOC 是同一时期出现的两个平行的概念。其实,相对 MOOC 而言,微课的出现要早很多。微课的雏形最早见于美国北爱荷华大学学者 McGrew 所提出的"60 秒课程"概念,而现今热议的"微课程"(Microlecture)概念是在 2008 年由美国新墨西哥州圣胡安学院的教学设计导师 David Penrose 提出的。他认为建设微课程分为五个步骤:罗列课堂教学中试图传递的核心概念、写出一个 15~30 秒的介绍和总结、录制 1~3 分钟以上的内容录像或音频、设计能够指导学生阅读或探索的课后任务、将教学视频和课程任务上传到课程管理系统。David Penrose 还在该校"职业安全"在线课程中大力推广了微课的应用。

在我国,研究者们也从不同的角度对微课进行了界定和研究。例如,"微课是微型教学视频课例,它是以教学视频为主要呈现方式,围绕学科知识点、

---

① 苏小兵,管珏琪,钱冬明,祝智庭:《微课概念辨析及其教学应用研究》,载《中国电化教育》,2014 年第 7 期。

例题习题、疑难问题、实验操作等进行的教学过程及相关资源的有机结合体"①。还有的研究者从应用角度进行定义,"微课是为支持翻转学习、混合学习、移动学习、碎片化学习等多种学习方式,以短小精悍的微型教学视频为主要载体,针对某个学科知识点或教学环节而精心设计开发的一种情境化、趣味性、可视化的数字化学习资源包"②。

事实上,微课可用于在线学习、面对面教学或者混合学习等多种学习场景,可以构成教学主题的一部分,或者对所学习主题进行聚焦,或者作为学生自主学习的资源。针对教学中的一些关键概念、解决问题的过程、重难点知识,可以利用微课帮助学习者在课前、课中、课后对学习内容进行回顾。微课形式简短、主题集中,非常适合当前"数字原住民"时代学习者碎片化学习的习惯。微课允许学习者自主控制学习速度,学习者可以自主掌握音视频的播放进度,可以根据自己的需求来重新点播、重复观看某些教学片断。

简而言之,"微课程的核心价值在于'微':微内容、微故事、微问题、微研究,课程内容直指具体问题……将知识进行碎片化、情景化、可视化处理,使之为智能手机、平板电脑等各种便携式终端提供内容服务"③。

二、微课的制作

微课一般由教师来制作,或者由教师来牵头起草一个初步的教学脚本,然后交给专业技术人员来进行具体制作和编辑。微视频一般包含三种基本要素:背景知识的引入与概述、相关概念和最后总结。微视频的制作需要借助技术手段,包括多媒体等相关"硬"技术和教学设计等相关"软"技术,最后使用摄像头、麦克风以及其他录入设备来完成微课的录制过程。教师可以出现在微视频中进行讲解,也可以只录下教师的声音,通过教师的声音对一些视觉信息如PPT、动画、解题过程等进行同步讲解。微视频制作完成以后,可以上传到教学管理系统、MOOC网络课程、公共视频网站等,供学习者使用。

现今国内微课的制作通常采取两种形式:一是对已有的优秀教学课例(优

---

① 胡铁生:《"微课":区域教育信息资源发展的新趋势》,载《电化教育研究》,2011年第10期。

② 郑小军. 我对微课的界定[EB/OL]. 2013. http://blog.sina.com.cn/s/blog_4711a0210102e6ge.html.

③ 黄建军,郭绍青:《论微课程的设计与开发》,载《现代教育技术》,2013年第5期。

质课录像)进行加工编辑(如转录、切片、合成、字幕处理等),再配备相应的辅助教学资源(如教案、课件、反思、习题等),进行"微课程化"处理;二是根据具体要求,录制全新的"微课"。新微课的制作一般遵循如下流程:选题设计—撰写教案—准备素材—制作课件—实施拍摄—后期制作—教学反思。

在国外,以可汗学院(Khan Academy)和 TED-Ed 为代表的教育机构制作了许多优秀的公开微课程。可汗学院是由印度裔美国人萨尔曼·可汗(Salman Khan)创立的一家非营利性质的教育组织,旨在向全世界的网络学习者提供免费的高品质学习资源。目前可汗学院在线图书馆的微型教学视频涵盖数学、历史、金融、物理、化学、生物、天文学等科目的内容,并采取由易到难的进阶学习方式将相应微视频课程衔接起来,每个课时还配置了相应的练习。

TED 是 T(Technology,即技术)、E(Entertainment,即娱乐)与 D(Design,即设计)三个英文字母的组合,由 Richard Saul Wurman 在 1984 年发起。2012 年,TED 推出了其教育频道 TED-Ed(TED Education),为全世界的观众提供了大量富有教育意义、主题鲜明、形式简单的动画影片和微视频。绝大部分 TED-Ed 频道中的微视频短于 18 分钟,融合图像、字幕、交互式问答系统于一体,并且允许世界各地的教师与学生自由编辑。微视频上的"Flip"的数量就是被共同编辑过的数量。TED-Ed 频道号称"邀请全球的教师提交他们最棒的课程"。教师们提交的课程一旦被接受,工作人员将与教师本人一起压缩、提炼课程信息,经过剪辑加工等多种后期制作以后上传到 TED 服务器上。每个课程视频都包含字幕,另配有互动式脚本,点击以后可直接跳转到视频里的关联时间段。近两年来,TED-Ed 在全世界的网络课程中发展很快,享有良好的声誉。

在我国,微课的制作和教学实践首先在中小学中起步。2010 年 11 月,佛山市教育局启动了首届中小学新课程"优秀微课"征集评审活动,内容覆盖小学、初中和高中各学科的教学重点、难点和特色内容,教学形式多样。参赛微课的制作方式主要是对原有的教学资源库的重新加工改造,使其转变成最新意义的微课。2012 年 3 月,华南师范大学与凤凰卫视集团联手推出微课,6000 多个网络视频课程免费开放,内容涵盖基础教育、文化、家庭、医疗保健、商科法律、宗教、自然、工程等各个领域,尽量满足社会大众多样化的学习需求。在内容制作方面,华南师范大学携手凤凰卫视将教学资源与媒体资源相结合,运用新媒体技术对视频内容进行二次开发,使微课资源能够兼容多种移动终端,完全符合移动学习的需求。2013 年 4 月,教育部教育管理信息中心主办了第一届中国微课大赛,全面推动微课程探索与实践在中小学一线教师中的持续发展。

　　随着 MOOC 课程带来的数字化教育热潮,微课也发生了一系列变化。中国教育技术学界不失时机地对 MOOC 进行了本土化改造研究。2014 年以来,以外语教学与研究出版社为代表的外语类四大出版社、以北京外国语大学网络学院为代表的高等院校和以顾曰国、董剑桥、胡加圣等为首的外语教育技术研究专家联合起来,举办了学术交流、专家培训和微课大赛等活动,旨在推动 MOOC 课程的中国化道路,使之更加适合中国的外语学科发展规律和课堂教学体制,促进了一大批如前所述的微 MOOC 和网络私播课程(Small Private Online Courses,简称为 SPOCs,或 SPOC)的出现。外语教学与研究出版社开发的 Unipus 平台,尝试把 MOOC、SPOC、微课以及翻转课堂教学模式结合起来,从而推动教材研发、课程设置、教学培训、电子出版、科研提升等方面的有机整合,为我国外语课程的数字化、信息化、网络化以及 MOOC 和微课的推广应用作出了巨大的贡献。近年来,微课逐渐成为了网络多媒体外语教学的常规元素。自 2013 年起,外语教学与研究出版社已经连续三年举办了外研社"教学之星"大赛,全国累计有 600 多名教师参加过比赛,两万多名高校外语教师参与过现场观摩。2015 年,外研社"教学之星"大赛由教育部高等学校大学外语教学指导委员会、教育部高等学校英语专业教学指导分委会和外语教学与研究出版社三方共同举办,在比赛形式上继续创新,将主题设定为"微课与翻转课堂",探索微课的设计、制作及其在翻转课堂教学模式中的应用。初赛采取网络公开赛的形式,参赛教师可在指定时间登录大赛官网,按要求报名参赛并上传参赛微课视频。经过观众投票和专家评审产生复赛选手。参加复赛的教师采用现场讲课形式,展示"微课"这种新型教学模式在翻转课堂中的应用。类似这样的微课大赛为推动微课等现代教育技术在中国的应用起到了积极作用。例如,在 2014 年外研社"教学之星"大赛中,有位老师的参赛题目是"咖啡的历史"。该微课视频主要呈现了咖啡怎样被发现、怎样被制作出来的过程。课程视频的设计者非常用心,在互联网上找到了非常精美的相关视频,通过剪辑等后期手段制作成为大约 15 分钟的微视频。主讲教师的形象出现在视频的最前端,为视频内容提供同步讲解,并配有相应的英文字幕。该教师在屏幕上的形象一直根据场景而不断变化,或是农场里采摘咖啡豆的农家少女,或是炼制咖啡的工厂里的女工,或是饭店里漂亮的女招待,整个微课视频呈现类似一部个人制作的咖啡宣传广告片。事实上,虽然该微课视频创意独特、制作精美,但是过分注重形式,反而没有凸显出教学重点。视频中的女主角频繁更换服装和造型,反而干扰了学习者的注意力,给学习者带来了额外的认知负荷。通过微课大赛之类的活动,广大外语教师会逐渐了解微课的形式、内容、设计原则和教学方法,从而能够更好地熟悉、了解和接受现代教育技术,提高自身的现代教育技术素养,为进一步推动大学英语教学改革创造更好的内部环境。

三、微课的优势

随着手持移动数码产品和无线网络覆盖的普及,微课在移动学习、远程学习、在线学习、泛在学习等领域大放异彩,为全民学习和终身教育体系的构建提供了优质、丰富的资源和环境。

1. 微课的形式更加契合移动学习的特征

从知识的呈现方式来看,微课的内容聚焦于特定的知识板块,或包含若干更细化的知识点。微课所承载的知识虽然有限但形式完整,知识体系被细化成知识分子甚至原子,化繁为简,变抽象为形象,从而使知识体系变得更加生动、具体,使教学过程更容易操控,使学习过程更加轻松、愉悦。当学习者从一个微课进入下一个微课时,知识得以渐进积累,语言习得体系和技能逐步得以发展。如果教师希望了解学生是否掌握了某个知识点,可以布置微课程作业,让学生通过作业来呈现他们的学习情况。例如,教师可以指导学生随时随地拍摄自己的口语报告和小组互动情况,然后上传到教师管理终端,接受教师和同学的评价。

2. 微课形式简短,更加容易融入其他的学习环节

教师可以将微课用作传统课堂的预习材料,可以将其作为课程开始之前的课程主题引入,可以将其作为呈现知识点的工具,也可以将其作为课堂活动或者课后作业的一种呈现形式。因为形式简短,教师随时可以对微课资源进行修改。当前,平板电脑、智能手机等移动、高效终端设备基本普及,电子形式的微课视频与之高度契合,学习过程自然而然地融入学生生活,学习不再局限于教室,指尖上的课堂成为新的趋势。因此,学习过程具备高度情境化、建构化、自主化的特征,充分体现了人本主义的教育理念,具有高度的科技含量和鲜明的时代感。

3. 微课有利于培养学生的自主学习能力

微课有助于培养学生的自主学习能力与反思能力,这是因为微型教学资源的设计是模块化、工具化的,学生必须根据自己课堂上的学习情况来确定自己需要学习的内容,自主选择学习资源,进行专题化的、模块化的学习,并针对自己的薄弱环节进行相应训练。因此,微课的引入可以极大地促进学生自主学习能力的提高。

4. 微课能够节省大量的教育资源

微课以数字视频的形式传播,便于复制。因此,微课是一种可重复利用的资源,在不同的时间和地点,可以无限制地被使用。如果将对一个问题的讲解制作成视频,那么教师只需要讲一次,学习者就可以在需要的时候进行随时、随地播放,这样就可以在一定程度上避免重复性的劳动,减轻教师的负担,便于教师集中精力,对学生进行个性化的指导。

5. 微课能够聚合最优秀的教育资源

微课的制作意味着优势资源的集中和整合。可以邀请学校里各个领域的专家对他/她最擅长的领域,尤其是该领域最前沿和核心的问题进行解答,并以微视频的形式呈现给学生。这样一来,微课就聚集了各个方面最优质的教师资源,并能够方便地供学生随时随地调用,充分体现了现代教育技术带给用户的方便和快捷。

四、外语类微课程制作案例

本节以西北师范大学英语专业的"英国文学史"微课程制作为范例①,介绍微课制作的一般理念和原则,展示微课在外语类课程中的实际应用。文学史类课程普遍存在"赶进度""满堂灌"和"重史轻读"现象,学生很少有时间去阅读原著,也很难有创新的想法和思维。在网络环境的影响下,学生更喜欢"快餐阅读",无法静下心来去欣赏经典作品。要切实提高学生对文学课程的兴趣,提高其对作品的赏析能力,有效途径之一就是开发微课程、建设

---

① 靳琰,胡加圣,曹进:《慕课时代外语教学中的微课资源建设与翻转课堂实践——以西北师范大学〈英国文学史〉为例》,载《现代教育技术》,2015年第3期。

MOOC、采用翻转课堂的教学模式。在西北师范大学"英国文学史"课程改革中,设计者将微课、MOOC 转变为传统课堂的延伸和补充,将翻转课堂作为培养学生主动学习和批判思维能力的主战场,逐渐形成了模块化、结构化、立体化的教学模式。

1. 课程内容设计

该微课程设计团队教师根据文学体裁将教学内容划分为八个版块:英国文学史概览、诗歌、散文、戏剧、现实主义小说、现代主义小说、后现代主义小说和总结,每个版块由课程视频、课程课件、课程微课、纵深阅读、练习与实践、在线互动平台构成。"课程视频"为课程核心,"课程课件"为内容概要,"课程微课"是课程的重难点,"纵深阅读"和"练习与实践"是课程实践,"在线交流"是课堂的延伸,也是师生互动的场所。设计团队教师根据作家、作品、体裁或重难点,撰写微视频脚本,搜集素材,并和专业技术人员一起制作若干相对独立的微视频。同时,根据教学内容,要求学生观看相关的 TED 演讲视频,阅读原著,在网上提交作业,根据在线题库开展自我检测。总而言之,"英国文学史"微课程给学生提供了大量可持续开发的学习资源,非常适合在多模态形式下开展教学。其基本设计制作流程如图 6-1 所示:

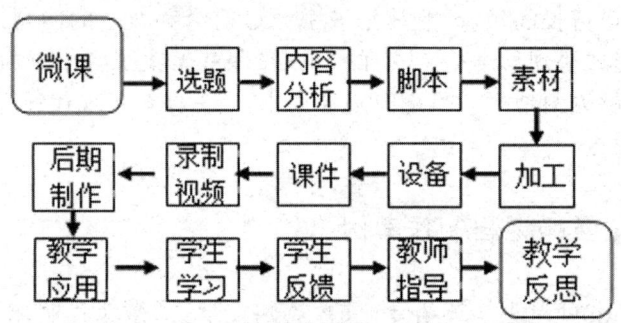

图 6-1 微课程制作流程图

该设计团队根据教学内容的特点,制作了四类微课:说明型微课,旨在让学生了解该课程的基本内涵、设计原理与方法、测评标准与依据;呈现型微课,利用关键文学知识节点,如作家关系等设计制作微课,使学生对文学史有一个框架性的认识;讲授型微课,旨在通过微视频向学习者进行知识的可视化呈现,扩展其工作记忆,便于其对知识的管理,增强其逻辑思维能力;任务/活动类微课为深入浅出、活泼有趣的教学活动,主要包括微戏剧表演、微剧本创作等。每类微课的设计都会充分考虑到该部分内容的特点,展示它的特色。例如,呈现类微课的微视频设计包括脚本、片头、片尾、主体四部分内容,通过电子黑板、文字呈现、画外音、作家肖像、动漫、音乐分别展示作家的文学成就,画面动静结合,充满趣味。讲授型微课大量使用图形、动画和视频,采用自然图像思维,使抽象的概念、理论形象化、具体化,易于学习者的认知和接受。例如,在讲授英国诗人彭斯和其诗作 *A Red, Red Rose* 的时候,教师们利用"SmartDraw"和"Camatasia Studio"设计制作了微视频,对诗人和其重要作品进行了简介,完成了诗歌难点讲解、文体特征分析、韵律和节奏分析、头脑风暴和讨论、纵深阅读、诗歌吟唱等教学活动。

2. 基于微课的翻转课堂教学

微课作为一种融合了新媒体和教育学概念的学习资源,在外语教学中的使用常常和翻转课堂联系在一起。基于微课的翻转课堂教学,首先要明确学生必须掌握什么内容,然后设计制作教学视频;其次,应考虑个体差异,灵活安排学习任务的容量和进度;再次,组织高效课堂活动,让学生在具体环境中应用所学内容,开展探究式、任务型学习。该设计团队在设计翻转课堂教学模式时,依据了以下设计原则:(1)激发学生的学习积极性,促使学生完成文学知识的建构和内化;(2)实现分类指导,允许学生灵活选择文学学习资源,反复观看视频;(3)创建舒适、轻松的学习环境,让学生在课前下载微课件,观看微视频、TED 演讲、国际公开课程。在课上,教师组织学生借助思维导图工具开展大脑风暴,将知识节点有机结合起来,通过视觉与听觉刺激,使学生把握知识点之间的联系,强化其学习及记忆效果。

MOOC 背景下的外语教学不仅限于理念,更多是行动。要不断将现代教育技术融入我们的教学过程中,要转变师生的教学和学习理念,克服技术"敷衍"感与技术"恐惧"感。讲课视频放在网络上,人人都可以进行点评并提出意见或建议,教师可以不断反思自己的教学效果。MOOC、微课与翻转课堂理念与文学课程的深度融合构建了"以媒体者为主体、教学资源为支撑的相互融合的教学环境"[①]的教学模式,实现了以教师为主导,课内、课外互动空间的无限扩大。

微课是一种建立在短小视频基础上的课程和资源,也是课程的模块化、数

[①] 靳琰,胡加圣,曹进:《慕课时代外语教学中的微课资源建设与翻转课堂实践——以西北师范大学〈英国文学史〉为例》,载《现代教育技术》,2015 年第 3 期。

字化、知识集成化的展示。作为一种和 MOOC 紧密联系的微型封闭课程,无论在教学模式还是课程形态上,微课对外语教学都具有深远的意义。但是,如何更好地发挥其长处,尤其是如何通过微课有效缓解知识传授和学生紧张的课堂学习时间之间的矛盾,以及如何处理与控制学生的课堂学习行为与效率、如何增强师生的人文交流等问题都有待研究者去探索和验证。在微课录制和课程内容设计等方面,也需要融入更多实用性、人文性的考虑,这一切还有待在实践中反复提炼。

第三节　翻转课堂与外语教学

一、翻转课堂产生的背景

2007 年,在美国科罗拉多州落基山的一个山区学校"林地公园高中",两位教师改变传统的课堂教学模式,将教室"翻转"过来,让学生在课下利用课程录像进行自学,在课堂上针对不同学生的要求进行个性化的学习指导,收到了明显效果。两位老师的实践在美国引起了很大的关注,并因此获得了"数学和科学教学卓越总统奖"。无独有偶,美国密歇根大峡谷大学数学教师 Robert Talbert 在大学课堂改革中也开始了同样的思考和尝试。他将学习过程分为两个阶段:知识传授阶段和知识内化阶段。在传统教学中,教师在课堂里向学生传授知识,学生在课外预习、完成作业。事实上,学生在课外吸收和内化知识时,往往会遇到许多问题,需要得到教师的指导,但教师却因为不在场而不能提供任何帮助。因此,他大胆设想:如果将知识传授和知识内化的环境颠倒过来,学习的效率是否能大大提高?他将这种课堂命名为"颠倒的课堂",也就是今天我们常说的"翻转课堂"(Flipped Classroom)。

翻转课堂是相对传统课堂的教学过程而言的。在传统教学过程中,教师在课堂上传授知识,而把知识的内化过程留给学生课下独立完成。课堂本来是师生互动、同伴交流协作的最好场所,因为被教师一个人占用,仅仅起到了呈现知识的作用。在典型的中国式课堂中,学生在长达 45~50 分钟的时间内,被动接受老师的知识灌输,或者始终处在"听课"和"记笔记"的状态中。传统课堂的弊端在于,有些学生由于害怕遗漏重要知识,精神会高度紧绷;有些学生因水平较低而对学习内容理解不好,就会逐渐失去学习的兴趣。在课下的作业和思考环节,学生由于缺少教师和同伴的帮助容易产生挫败感,继而丧失进一步学习的热情和动机,无法将知识内化到其认知结构中。

翻转课堂作为一种新兴的教学模式,颠覆了传统的教学过程。它将知识传递过程放在课堂外,让学生借助教师制作的教学视频和开放网络资源自主完成知识的建构,而课堂则成为他们完成作业、探讨问题或得到个性化指导的地方。因此,在翻转课堂中,学生摆脱了被动接受知识的限制,主动完成知识的建构,从而成为了教学过程中的主体。

二、翻转课堂的基本流程

翻转课堂一般包含两个基本流程:

1. 课下"知识获取"过程

教师依据教学目标及学生实际情况制作一些形式简短、信息明确的教学视频,每个视频针对一到两个特定的问题,供学生课前观看。学生则依据自己的实际知识水平选择观看视频的内容、次数和速度,完成信息的主动加工。当他们遇到知识难点时,可以随时后退并反复观看视频,或借助于网络上的相关资源拓展思维,或在交流平台上与教师、同学交流讨论。学生完成"知识获取"后,可以在网络平台中完成一定量的课前针对性练习,检查自己对于知识的掌握程度,巩固以前的学习内容,同时提交练习结果。这样一来,教师在上课前就可以了解到学生对学习内容的大致掌握情况,从而确定课上应创立怎样的问题情境来帮助学生达到对知识的深入理解和灵活运用。

2. 课上"知识内化"过程

在课堂上,学生可以就自己在课前知识建构过程中产生的疑问向教师请教,接受教师的启发和个性化指导。由于学生的提问带有很强的目的性,因此效率会很高。教师则会根据课程内容和学生在课前观看视频、完成练习的情况,总结出共性的、有探究价值的问题,进行解惑答疑。在探究问题的过程中,教师可以指导学生采用自主探究和小组协作相结合的方式,培养其积极探索的精神和独立学习的能力。

三、翻转课堂教学流程设计原则

翻转课堂作为一种新兴的教学模式,与传统课堂相比,有着颠覆性的变化和典型的特征。因此,设计者一定要在深刻把握翻转课堂内涵的基础上,结合教育信息化的发展要求,对教学设计的流程进行重新规划。一般来说,翻转课堂的教学流程设计需要遵循以下两大基本原则。

1. 以学生为主体的原则

由于教学过程完全颠倒,翻转课堂中教师与学生的角色和地位发生了根本性的变化。首先,教师由"知识传授者"转变为"教学活动的组织者"。在翻转课堂中,学生获取知识的主要渠道是教师制作的教学视频资源和各种网络资源。因此,教师不再承担"传授知识"的绝对主体角色,而是作为课堂教学活动的组织者来设计探究型教学活动,帮助学生开发创新思维能力。教师还应该在学生"完成作业""探究讨论""知识内化"阶段给予个性化的指导帮助,从而确保每位学生将所学习的知识完全吸收掌握。其次,学生由"被动接受者"转变为"主动探究者"。在现代教育技术支持下的翻转课堂中,学生是知识意义的主动建构者,他们可以自定步调,制定学习的时间和速度,碰到难以理解的知识时可以反复观看教学视频或搜索相关教学资源,而不是被动等待教师的"直接告知"。在课堂上,学生不仅需要独立完成作业,而且还要参与到教师设计的课堂活动中,在与教师、同伴交互协作的过程中掌握知识,提高能力。因此,翻转课堂的教学设计应当以学生为中心,视学生为教学活动的主体,教师只对学生的意义建构起帮助和促进作用。

2. 课堂互动交流有效性的原则

在翻转课堂的教学过程中,教师要对课堂互动交流有准确的定位和深入的理解,不能简单地认为"提问等同于交流",或"交流越多越好"。翻转课堂的核心是课堂交流互动的质量。教师要根据学生的课前知识掌握情况,有针对性地提出探究问题,与他们展开讨论,确保课堂互动交流的有效性。

由于现代教育技术的飞速发展,信息及知识的累积速度加快,没有人可以在传统意义的物理课堂空间中完成知识获取和能力培养的目标。在现代教育技术高速发展的背景下,学会求知就成为未来教育首要考虑的目标。因此,翻转课堂的教学设计不是简单的"授人以鱼",而是"授人以渔",尽可能为学生提供自主学习和探究活动的情境,培养他们的探究思考精神和能力。

四、翻转课堂教学流程设计步骤

如前所述,翻转课堂教学设计的内容主要包含课前知识获取和课堂知识内化两部分,丁建英等设计的教学流程如下(参看图 6-2)[1]。

1. 确定教学目标

教学是促使学习者朝着目标所规定的方向产生变化的过程。教学目标是否明确、具体和规范,直接影响到教学能否沿着预定的、正确的方向进行。[2]因此,在教学设计中,首先要分析确定教学目标。

2. 分析学习者特征

成功的教学设计必须要考虑学习者具备哪些因素和特征,这样才能设计出符合学习者特点的个性化课堂方案。学习者特征分析的目的主要是要了解学生的现有知识水平、现有心理发展水平及学习风格。

3. 选定教学内容,设计教学资源

通过对教学目标和学生现有知识水平的分析,确定学生起始能力和终点能力之间的差距,设计合适的教学资源,填补学生学习前后的差距,达到既定的教学目标。

4. 设计自主学习环境,支持学生的课下学习过程

翻转课堂中学生获取新知识的主要渠道是其课下的自主学习过程,因此有必要对其自主学习的环境进行设计,支撑学生顺利完成课下的知识获取。

5. 课前学习效果评价

以教学目标为依据,设计课前练习题目,供学生学习视频后完成,并运用

---

[1] 丁建英,黄烟波,赵辉:《翻转课堂研究及其教学设计》,载《中国教育技术装备》,2013 年第 21 期。

[2] 董金玲:《新课程背景下高中地理教学目标的设计》,载《教书育人》,2011 年第 29 期。

一切有效的技术手段,对学生的学习活动过程及结果进行测量,给予评估,以检测其知识掌握的程度。

6. 课堂探究情境设计

根据学生课前知识的获取情况,设计有探究意义的问题情境,供学生在课堂上探究学习,以促进其知识的内化吸收。

7. 学习成果交流展示设计

设计成果交流展示活动环节,促使学生将自己的探究结果以及探究收获与全班同学进行交流,实现思想和学习结果的交互。

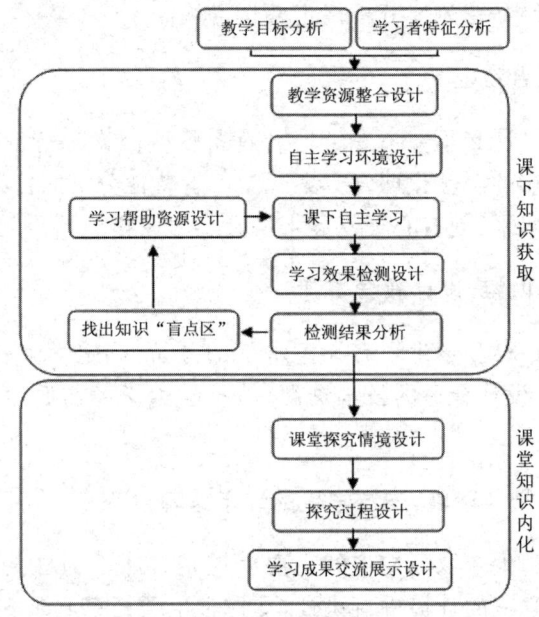

图 6-2 翻转课堂教学设计过程

五、翻转课堂教学平台设计案例

在翻转课堂教学设计的实践过程中,现代教育技术是学生"课下知识获取"和"课堂知识内化"得以顺利实现的有力杠杆。① 只有在现代教育技术的支持下,学生才可以在课外随时获取教学资源,与教师、同伴"零距离"沟通,避免盲目、效率低下的学习,实现知识的有效内化。教师可以随时获取每个学生的学习进度和知识掌握程度,从而为课堂上探究情境设计做好准备,通过课堂探究活动促进学生的知识吸收与内化。

丁建英等研究者设计的翻转课堂教学平台包括以下 4 大模块:资源发布共享模块、交流互动功能模块、学习检测跟踪模块、资源推荐功能模块(具体参看图 6-3)。②

1. 资源发布共享模块

教师是教学资源的管理者,负责在系统上发布提前录制好的教学视频以及与学习内容相关的其他资源,供学生下载学习。教师还应该帮助学生将各主题的相关知识点有机结合起来,构建知识地图,或形成结构化的知识网络,帮助学生从整体上把握知识点的内在联系,方便学生对知识点进行搜索。学生在学习过程中若寻找到有用的信息资源,也可以上传到平台中,经教师审核成功后发布,与其他同伴共享。

2. 交流互动功能模块

交流互动功能模块支持在线发帖、实时语音、视频通话功能。当学生在课下的自主学习过程中对某一知识点产生疑惑时,可以与教师、同伴进行"无缝"交流讨论。此功能减少了学生独自学习时的孤独感和遇到难以解决的问题时产生的挫败感,可以促进学生对知识的高效获取。

3. 学习检测跟踪模块

学习检测跟踪模块使教师能够随时获取学生的课下学习进度信息和知识掌握程度信息,以便根据学生的知识获取情况安排设计课堂上的探究活动,帮助学生完成知识的内化与应用。学习检测首先需要构建正确的检测结果模型,使计算机能够自动分析怎样的解答是正确的,怎样的解答是错误的。学生

---

① 张金磊,王颖,张宝辉:《翻转课堂教学模式研究》,载《远程教育杂志》,2012 年第 4 期。

② 丁建英,黄烟波,赵辉:《翻转课堂研究及其教学设计》,载《中国教育技术装备》,2013 年第 21 期。

观看教学视频后,开始进行在线知识测验。系统将学生的检测结果数据与正确检测结果模型对比后,自动分析统计出学生每一题的正确率并反馈给教师。教师可以登录到系统查看学生学习的进度和知识点掌握的"盲点区"。

4. 资源推荐功能模块

资源推荐功能模块根据学生的知识检测结果数据,分析学生学习的难点和知识掌握的"薄弱区",为其推荐个性化的学习资源,以促进学生对知识的深入理解。

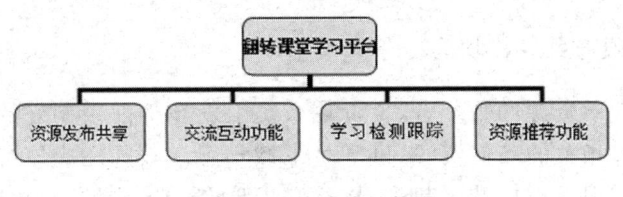

图 6-3　系统功能结构图

六、我国的大学英语翻转课堂建设

近年来,大学英语课程在许多高校都遭遇到了压缩学时、缩减学分的尴尬境地。许多学校将学分压缩到 12 学分,还有的学校甚至压缩到 8 个学分。同样还是一周 4 课时,开课的时间就相应缩减为 3 个学期,或者 2 个学期。在这样的课程设置下,凭借仅有的 4 个课时,很多高校根本无法完成"大学英语综合教程"的教学内容。这在层次越高的学校越明显。① 课堂时间有限,如果教师还坚持传统的教学方法,必然无法覆盖学习输入和语言输出运用两个环节。因此,翻转课堂教学模式十分符合当前外语教学的现实需求。根据文秋芳提出的外语课堂教学"输出驱动——输入促成假设",输出既是语言习得的动力,又是语言习得的目标。② 输入是完成当下产出任务的促成手段,同时为培养理解能力和增加接受性知识服务。学生要成功完成产出任务,必须认真学习输入材料,从中获得必要的帮助。由此,建立基于 MOOC 或微课的大学英语翻转课堂教学模式,就成为许多学校的必然选择。一般来说,大学英语的翻转

---

① 王守仁,王海啸:《我国高校大学英语教学现状调查及大学英语教学改革与发展方向》,载《中国外语》,2011 年第 5 期。
② 文秋芳:《输出驱动假设在大学英语教学中的应用:思考与建议》,载《外语界》,2013 年第 6 期。

课堂教学,通常是和微课、MOOC、SPOC结合在一起,采用"网络资源+网络互动+普通课堂"的跨媒体模式进行,对学生的学习过程进行重构。学生可以以小组为单位制作课件和微课,用"iebook"制作电子书,在网络上进行讨论。课内,教师检查阅读情况,为学习者解答问题,并引导学习者参与讨论。翻转课堂对学生的学习过程进行了重构。网络平台不仅提供微课视频以及其他资源,还提供在线辅导。课堂上学生通过与教师的互动来完成"吸收内化"。具体如图6-4所示。

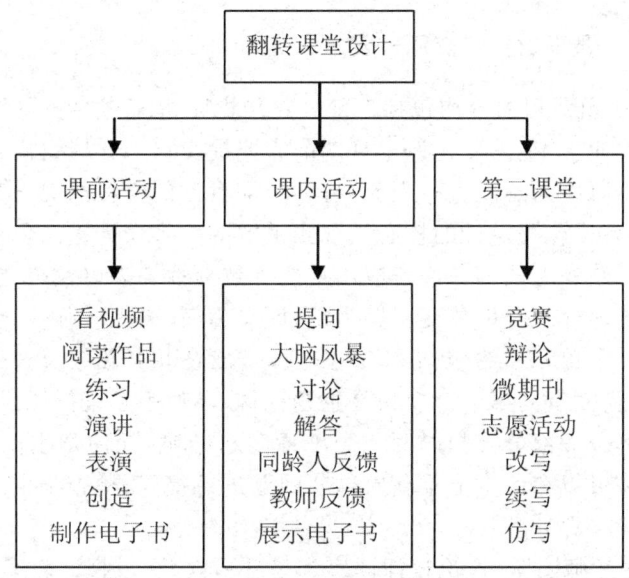

图 6-4　翻转课堂教学活动设计图

近年来,借力MOOC和微课来改革大学英语课堂的理念逐步得到了许多研究者和一线教师的认同。如前所述,MOOC、微课和翻转课堂作为教育技术学热门词汇还被写入到2014年12月刚推出的《大学英语教学指南》(征求意见稿)中。以"翻转课堂"和"大学英语"同为关键词在中国期刊网中搜索,截至2015年8月,一共有81篇文章,其中66篇发表于2015年,15篇发表于2014年。可见,对大学英语翻转课堂的研究是近两年的最新趋势。胡杰辉和伍中杰曾经在一所"985"高校开展了一项基于MOOC的校本翻转课堂模式改革实践活动。① 实验课程内容是基于大学英语校本教材自主开发设计的外语MOOC课程,学生可以通过计算机网络平台和智能手机 App 两个终端来进行网络自学,同时配套设计了8个主题单元共32学时的翻转课堂教学活动。课程教学组织按照 MOOC 自主学习和课堂教学的混合式教学模式展开。课程评价采用 MOOC 在线自动评价和课堂形成性评价相结合的方式。课程对象是约1000名有过6年正规英语课程学习经历的大学一年级新生。整个教学实验体现"基于设计的研究"的特点,核心设计包括以下两个方面。

1. MOOC 课程设计与资源开发

MOOC 视频课程内容均包括三部分:(1)视频讲座:学生可以反复观看学习;(2)在线作业:学生需要在设定日期前完成提交;(3)在线讨论和进度查询:学生可以就学习中的疑问进行交流,自动查询自己的学习情况。其中,授课视频创作是 MOOC 课程设计的核心。视频讲解的内容设计重点包括:英语语言知识(如词汇、修辞方式等)、语言应用技能等技巧性知识以及跨文化交际和学习策略知识。内容安排以单元主题为纲,课文为序,模拟教师辅导某个学生的自学过程。每个单元大约包括20段视频,每段视频长度在3~6分钟之间。一般来说,每篇文章的第一个视频是主题挖掘,其他视频是按照段落顺序安排的知识点讲解。大部分视频以两三个思考问题结尾,促使学生反思并总结所学内容。教师可以在课堂上重新对这些问题进行提问,检查学生的学习情况。

具体设计步骤如下:
(1) 组建教师团队,讨论授课内容和呈现形式,形成授课教案模板;
(2) 教师分工合作,按照模板分单元撰写授课文本,再集中团队智慧集体定稿;
(3) 选取优秀教师,根据讲稿录制讲解音频;
(4) 利用相关视频编辑软件,按照讲稿设计的呈现方式,制成微视频;
(5) 将微视频按顺序命名并上传至网络平台,供学生点击观看学习。

2. 课堂教学与评价活动设计

课堂教学和评价活动设计是按照基于 MOOC 的自主学习活动方式来开展的。每个单元都以小组口语报告和个人书面写作两种形式完成一个项目,

---

① 胡杰辉,伍忠杰:《基于MOOC的大学英语翻转课堂教学模式研究》,载《外语电化教学》,2014年第6期。

由教师记录学生单个项目成绩,体现出形成性评价的特点。如某单元主题为 Approaching Giants,课堂教学活动就包括基于 MOOC 的视频和在线作业的单元主题问答和讨论、单元词汇互动听写、单元优秀作文反馈分享等,最终学生需要完成单元主题小组口语报告:*An Interview with A Great Person* 和单元个人书面写作:*A Great Person I Admire*。完成微视频制作并上传至网络平台后,学生需要登录在线课程网址,查找课程后点击注册,并按照课程系统单元进度要求完成自学任务。该课程平台是在基于 Edx 课程的开放源代码的基础上,由实验学校进行校本平台改造搭建而成。为了方便学生进行移动学习,平台支持学生利用手机扫描 App 二维码,通过手机移动学习完成相关课程内容。学生完成相关内容的学习后,可以参加 MOOC 在线测试,包括三种题型:选择、填空和写作。检测的内容为单元词汇等语言基础知识和书面写作产出能力,答案的判断主要通过自动批改完成,成绩自动记录。

为了全面调查学生对基于 MOOC 的翻转教学模式的态度,研究者对学生分别进行了定量和定性数据调查。

对于 MOOC 教学设计,学生反映"能方便、反复地学习课文知识,灵活度很高",满足了学习者的个性化需求;"想停就停,能更多地学习单词",学习时间和空间更加灵活;授课视频使"预习中遇到的问题得到解决,帮助分析了文章内容",课程内容的学习方式更加有效;并且"没有实际课堂的压力",满足了部分学生的情感学习策略需求。在 MOOC 课程设计的缺陷方面,学生反映"网上学习让人觉得很轻松,但对自律性较低的我来说,这很困难",自主学习能力是 MOOC 有效学习的前提;"MOOC 授课视频学习需要花费太多的时间,在线作业完成时间不够",MOOC 自主学习作业量要统筹控制;"某些填句子的题目答案太固定,无灵活性",MOOC 平台的功能有待改进才能契合语言灵活多变的本质特征;"手机上看屏幕过小,不太舒服",后续的 MOOC 课程设计需要重点考虑基于 PC 端学习资源和基于 App 移动终端的学习资源的兼容问题,发挥移动学习"高度情境化""个性化""利于持续学习"等的多种优势。[①]

对于翻转课堂的教学模式,学生反映,"超越了传统的词汇等知识的学习,加深了对文章的理解,交流了多种意见","课堂讨论能够锻炼听力和口语,情境交际丰富有趣",使学生在语言知识和技能层面收获巨大;"多了许多和教师的互动,生动的课堂更能让我产生学习的动力","深切体会到了课前准备的重要性,逐渐有了在课堂上发言的勇气",强化了学生的学习动机,满足了其情感

[①] 田剪秋:《移动语言学习的发展现状和趋势》,载《外语电化教学》,2009 年第 2 期。

需求;"网上学习只能听,而自己说的不知对不对",充分认可课堂的评价功能;"自己上课时发言不够积极,减弱了学习效果","小组活动因准备不足,单纯当成了普通作文式作业",课堂评价与 MOOC 课后任务相结合促进了学生的反思性学习。对于该翻转课堂教学设计的缺陷,学生反映"课堂全英文教学难免有听不懂的地方,不如网上可以反复观看","课堂活动收获的知识较少,主要看课下",提示我们课堂教学和课后自主学习必须协同起来进行,二者不可偏废任何一方,才能优势互补,真正实现课下增加输入、课堂拓展输出的设计思路,实现语言知识输入和输出技能的同步提高。①

在胡杰辉、伍忠杰的这项研究中,MOOC 和翻转课堂学习均得到了学生的高度认可。他们借用了一位学生的评价作为对这项研究的总结:"通过网络 MOOC 课程,我能够完成预习和复习的学习,掌握课文与新词汇,而课堂教学则锻炼了我的口语表达能力,是实际英语运用能力的练习与提升。我认为,这两种学习方式相结合是很好的一种搭配。"他们认为,该学生的评价为教育技术和外语教学的融合模式提供了非常生动的诠释。② 胡杰辉曾经在 2014 年 8 月外语教育与研究出版社组织的"计算机辅助英语教学"研修班上专门和参会的大学英语教师们讨论过本项"基于 MOOC 的大学英语翻转课堂教学模式"实验。他提到了他所在的电子科技大学在 MOOC 开发和设计上的优势,以及聚合优秀教师,制作微视频和录制过程中遭遇到的种种困难。事实上,这两个方面正好反映了当前许多学校的大学英语教学资源和教学模式改革中的两大困难:技术困境和资金不足。电子科技大学是典型的工科院校,在 MOOC 视频的早期录制和后期编辑、制作等工作中,具有技术上的先天优势。事实上,MOOC 授课模板的形成、各单元授课文本的撰写以及反复的视频录制和修改需要大量的技术和资金投入。没有一定数量的资金和技术支持,很难完成这项技术含量高、任务重的工作。需要指出的是,虽然该门课程平台是在基于 Edx 课程的开放源代码的基础上由实验学校进行校本平台改造搭建而成的,但是,它具备让学生进行网上练习、参与讨论、自动给出反馈等 MOOC 课程常见的功能。并且,在它的课程设计中,还兼容了 32 个学时的翻转课堂教学时间,由教师来主导学生进行讨论、学习、评价。它的课程教学组织其实是"MOOC 自主学习+课堂教学"的混合式教学模式,课程评价也是"MOOC 在线自动评价+课堂形成性评价"的混合评价模式,因此,从 MOOC 的一般定义

---

①② 胡杰辉,伍忠杰:《基于 MOOC 的大学英语翻转课堂教学模式研究》,载《外语电化教学》,2014 年第 6 期。

上来讲,该门实验课程更加契合"微视频＋翻转课堂"的教学模式。出于这个考虑,笔者将这个案例当作是"翻转课堂"的例子放在了本章的第三节,而没有将它当作"MOOC"的例子放在第一节。胡加圣曾概括过出现在我国外语教学界的这一新现象:"……2014年下半年开始,中国教育技术界和现代教育技术与课程融合最为密切的外语教育界,一批出版社、高等院校和教育技术研究专家等,开始通过进行学术交流、专家培训、微课大赛等等活动,主动吸收、研究和改造 MOOC,使之更加适合中国的学科发展规律和课堂教学体制……。"①

多媒体网络技术为数字化课程的普及提供了技术支持,泛在学习为即时学习提供了技术动力,翻转课堂为 MOOC 创立了现实版的网络课程标本。MOOC 的学习对象、教学形式、课程内容与教育理念具有高度的开放性,其课程组织方式、内容、学习方式、评价方式具有高度的创新性。在大数据和云技术的支撑下,MOOC 还允许学生随时随地地主动学习,并由网络记录和学习相关的数据和档案。

微课的特征是主题明确、内容短小精悍、资源丰富多样及结构相对独立。微课从本质上来看更接近于一种课程资源,而 MOOC 是在创建网络平台的基础上将微课的资源集合起来。MOOC 和微课都具有"资源多元、受众面广、自主参与"等特点。从形式上来看,MOOC 是同一课程下的微课群,是微课在一定的逻辑和形式下的聚合体。借助 MOOC 平台推进微课的开放与共享,是充分发挥微课作用、提升其影响力的重要手段。

翻转课堂是一种课堂组织方式,属于教学论的范畴,并常常和微课以及 MOOC 资源结合起来使用。在中国的传统外语教育中,大部分情况下是教师引导学生来学习课本上的语法知识,引导他们练习听、说、读、写四项技能,在自主学习能力和学生批判性思维的培养上存在严重的不足。因此,建立基于 MOOC 和微课的翻转课堂教学模式,在教学过程中充分考虑 MOOC、微课、翻转课堂与媒体技术的关系,既能够发挥互联网媒体在学习情境构建中的优势,又能够解决当前外语教学,尤其是大学英语教学课时不足、课程负担过重的问题,真正切合我国当前大学英语教学结构性调整的需求,为我国大学英语教学改革的深化作出历史性贡献。

---

① 胡加圣:《外语教育技术——从范式到学科》,外语教学与研究出版社,2015年版,第238页。

第四节　BYOD 情境下的外语教学

一、BYOD 概述

BYOD（Bring Your Own Device）学习（即自带设备学习）是移动学习的一个特例。2011 年,美国新媒体联盟的地平线报告（Horizon Report）指出,六大新兴技术给我们的教育界带来了翻天覆地的变化,其中以笔记本电脑、智能手机、平板电脑等为代表的移动设备荣列首位。[①] 这些移动设备正逐步渗入我们日常的生活和学习,在为我们提供娱乐的同时也传递了有用的资料与信息。近两年来,美国部分中小学开始鼓励学校师生,尤其是学生自带设备学习,通过这种媒介来加强教、学交互感应,从而优化教学效果。这项具有时代意义的改革极大地冲击了传统的学习方式,为美国的基础教育注入了蓬勃的生命力。[②] 本节主要论述 BYOD 在未来多媒体外语教学中的应用前景和价值。

1. BYOD 的内涵

BYOD 是英文 Bring Your Own Device 的缩写,字面意思是"自带设备"。这一概念最先起源于 IT 企业,是指企业允许员工在工作期间利用自己的移动设备接入企业内部网络以获得信息来支持自己的工作进程。Audin 等研究者认为,BYOD 并不是某种单一的信息化产品,也不是某种单一的信息应用方式,而是代表这样一种情境：企业不再像在传统情境下那样拥有或发放信息终端设备,而是为员工提供一种信息应用与分享的场景,允许员工利用自己的信息终端设备接入信息网络。[③]

---

　① Johnson, L., Adams, S. and Witchey, H. *The NMC Horizon Report: 2011 Museum Edition*. Austin, Texas: The New Media Consortium, 2011.
　② 李卢一、郑燕林:《美国中小学"自带设备"（BYOD）行动及启示》,载《现代远程教育研究》,2012 年第 6 期。
　③ Audin, G., Wyant, A. and Shumate, W. *Fifteen Steps to Conquering BYOD*. 2012.

由此可见,BYOD 在本质上是一种面向新型信息服务理念、信息设备与技术深入应用以及资源有效整合的综合性信息服务模式。近两年,BYOD 受到了国内外越来越多 IT 企业的重视,BYOD 的引入也被认为是变革企业信息服务模式、提高企业员工工作效率的重要契机。一方面,IT 企业需要明确承认 BYOD 的优势所在,并最终接受 BYOD;另一方面,企业也需要面对 BYOD 带来的挑战,学会管理 BYOD,控制其可能带来的风险,如 BYOD 可能给企业的生产力、安全性、隐私保护、规范性等带来负面影响。①

2. BYOD 的特征

作为一种信息服务模式,BYOD 具有三个关键特征:一是用户驱动性,BYOD 用户按照他们自己的偏好和常用的个人信息终端设备主动获取、分享和应用信息,整个信息服务过程由用户来主动激发和驱动;二是信息设备多样性,BYOD 的标志性特征就是允许用户使用他们自己的信息终端设备,由于用户以及数字化、网络化信息设备产品的多样性,BYOD 情境下的信息设备便具备了多样性的特征;三是情境整合性,由于用户能够在工作情境下整合应用自己在日常生活中使用的信息终端设备,从本质上看,这一过程将工作情境与生活情境进行了有机融合。

二、BYOD 在教育中应用的依据

1. 理论依据

BYOD 虽为科技的产物,然而细寻其精髓思想和哲学渊源,在教育学领域仍然有根可寻。杜威(John Dewey)的实用主义教育哲学影响了美国乃至全世界的教育领域,他提出的"教育即生活""从做中学"等著名的教育论断和 BYOD 理论有着深厚的历史渊源。

杜威认为:"人们最初的知识和最牢固地保存下来的知识,都是关于怎么做的知识。"②这与 BYOD 教育模式鼓励学生自己参与学习的教育思想不谋

---

① Audin, G., Wyant, A. and Shumate, W. *Fifteen Steps to Conquering BYOD*. 2012.

② Miller, M. J. *Where Is BYOD Heading*? [OL]. http://forwardthinking.pcmag.com/apps−and−websites/304801−where−is−byod−heading.

而合。知识是活动、情境和文化的共同产物,知识唯有在活动中不断凭借"实践"之手,才能求得更大的发展和传承。因此,BYOD模式鼓励学生进入活动情境当中,通过亲身体验来创造知识。

BYOD的第二个理论依据来自于终身学习的理论。1965年,联合国教科文组织终身教育局局长保罗·郎格朗(Paul Lengrand)首先提出"终身教育"的理念。之后,他所倡导的"建立终身学习化社会"的理念一度占据教育类网页的热搜榜。吴遵民认为,终身学习强调的基本特征是将学习场所拓展至家庭、学校外的文化中心或企业以及一切可利用的教育设施及资源。① 孙立会提出,终身学习体系构建于信息技术环境之上,信息技术是形成终身学习体系的催化剂,是终身教育的发展、学习型社会的根本保障,从而成为构建终身学习型社会的首选。BYOD学习积极响应终身学习的号召,打破学习场所的局限,延长学习时间,利用学生已有的移动设备资源,将学习纳入生活,使学习者终生在任何地方、任何阶段都能进行学习。②

2. 基于BYOD的课堂和学习模式在中国高等教育领域应用的可行性分析

当前,我国大部分高校校园网的无线网络建设日益完善,还有更多的学校正在加大对服务器管理和信息安全方面的投入,越来越多的师生开始利用无线网络进行教学和科学研究活动。③ 张渝江和殷海军等研究者认为,若借助学生的私人信息设备资源,高校可以将更多的精力投放至无线网络设备的搭建以及服务器管理方面,为学生的移动设备提供更加安全稳定的网络环境,这就为BYOD在高等教育中的应用提供了良好的条件。④ 此外,根据汪丽、冯建斌等研究者2015年对100名大学生的调查发现,在被调查的100名大学生中,96人拥有个人笔记本电脑,89人拥有智能手机,41人拥有平板电脑,剩下36人有其他多媒体移动设备。从调查中可以看出,大学生的移动设备普及率远在90%以上。同时,调查者还发现,在这100名调查对象中,仅有25人明确表示曾利用移动设备进行学习,超过50%的学生使用移动设备均是为了社交聊天,近80%的学生更倾向于玩游戏。数据表明,大学生对移动设备的使

---

① 吴遵民:《现代国际终身教育论》,上海教育出版社,1999年版。
② 孙立会.数字化学习情境下终身学习力的构建研究.东北师范大学,2010.
③ 尚群,王竹威:《大学校园的无线网络建设》,载《中国教育网络》,2007年第12期。
④ 张渝江,殷海军:《BYOD开创学校的1:1世界》,载《中国信息技术教育》,2011年第13期。

用仍然处于表层的娱乐阶段,还不能够将其作为新的学习方式来获取知识。因此,基于BYOD的高校课堂和学习新模式的研究和开发是大有可为的。①

三、BYOD在美国的发展历程

BYOD在教育中该怎样应用呢?要想回答这个问题,我们可以把目光投向BYOD运动的发源地——美国。在美国,BYOD在教育领域的应用最初是从小学开始的。Rath在 *Are You Ready for BYOD*?一文中列举了美国各州目前正在实施BYOD行动的典型学区,主要包括宾夕法尼亚州的Hanover学区、犹他州的Jordan学区、密苏里州堪萨斯市的Park Hill学区、加利福尼亚州洛迪市的Loth学区、佛罗里达州Holy Trinity Episcopal Academy学区等。② 这些学区都在实践如何有效地将师生,尤其是学生个人的信息终端设备融入学校教育系统,变革学校师生利用信息设备获取和使用信息的方式,并有效整合校内外的学习情境,以达到优化教学效果的目标。虽然不同的学区在具体的实践过程中根据实施条件和面向对象的不同而选择不同的技术方案和教学应用策略,但各学区整体上的实施理念、途径与目标都是一致的。下面将以宾夕法尼亚州Hanover学区的BYOD行动为例来说明美国中小学BYOD实施的基本情况。③

1. Hanover学区的BYOD实施理念

Hanover学区在推行学校的BYOD行动时始终坚持的基本理念是:充分把握21世纪新媒体时代学习的本质特征——学生不仅仅是信息的消费者,还是生产者。Hanover学区认为BYOD可以为学生和教职员工创建一种新型的21世纪课堂与学习的信息化环境:允许师生利用他们的个人移动设备接入学区的无线网络;允许学生在教室利用自己的移动设备接入互联网络以及与其他学生合作;允许学生在校园利用他们熟悉和偏爱的技术手段,提高他们利

---

① 汪丽,潘建斌,冯虎元:《基于BYOD的高校课堂新型教学模式研究》,载《现代教育技术》,2015年第1期。
② Raths, D. *Are You Ready for BYOD*? [DB/OL]. [2012-08-14]. https://thejournal.com/articles/2012/05/10/are-you-ready-for-byod.aspx.
③ 李卢一,郑燕林:《美国中小学"自带设备"(BYOD)行动及启示》,载《现代远程教育研究》,2012年第6期。

用技术获取成功的机会;允许学生主动生成并分享信息。

Hanover 学区认为该校已经具备实施 BYOD 行动的客观条件:一是许多信息应用可以通过网页浏览器的方式实现,这样就不需要统一学生电脑上的软件配置与安装程序,也不需要安装 Office 软件,直接使用 Google Docs 就可以浏览网页,这为 BYOD 行动提供了技术保障;二是近年来兴起的云计算技术允许学生利用任何一种计算机浏览器接入他们的信息网络;三是知识经济时代的到来要求采用独特而有效的策略去确保每一个学生都有公正、平等地获取在线资源的机会。

2. Hanover 学区的 BYOD 实施现状

Hanover 学区从 2011 年 10 月开始开展 BYOD 行动,最初仅以 500 名高中生为实验对象,现在已逐渐在整个学区推广,并完成了学区 BYOD 行动网站的建设。学生在 BYOD 行动中可以使用笔记本电脑、iPad、安卓平板电脑、智能手机、iPod 以及其他移动设备。在实际的课堂学习中,是否能够使用移动设备以及能够使用哪些移动设备等具体问题则由任课教师根据实际教学需求进行指导(尤其需要注意教学资源与教学设备的兼容性)。为了保证教学效果,Hanover 学区特别提醒学生要依照教师的规定来选择使用移动设备。校方要求 BYOD 用户能够客观看待移动设备的作用:智能手机等小型移动设备具有便携性强、操作简单、可以随时随地接入网络的优势,但功能相对有限;笔记本电脑类设备比较笨重,但允许学生制作文档、视频或其他多媒体信息,功能更加强大。

Hanover 学区的 BYOD 用户主要通过浏览器和用户名以及密码的方式接入学区的无线教学资源网。在使用 BYOD 资源的过程中,教师和学生必须严格遵守该学区的《技术使用协议》。Hanover 学区从 20 世纪 90 年代开始就非常重视信息技术在教育教学过程中的有效应用,并在 1997 年制定了本学区的《技术使用协议》。在 2012 年 4 月的修订版《技术使用协议》中,多个条目都是针对如何在教学过程中有效利用移动设备及网络资源的。

3. Hanover 学区 BYOD 行动与数字公民素养培养

BYOD 不仅仅是一种利用信息设备与技术辅助教学的活动,更是一种转变学生的学习方式、培养数字时代信息素养的变革。Hanover 学区不赞成因可能存在的风险而完全禁止学生在学校使用数字设备的做法,而是将 BYOD 活动当作培养数字公民的一种重要途径。Hanover 学区认为,BYOD 的引入有助于培养学生作为数字公民的 9 项基本素养:利用数字设备接入数字社会和参与社会活动的数字接入(Digital Access)素养、利用数字化方式实现商品交易的数字商务(Digital Commerce)素养、数字交流(Digital Communication)素养、使用数字技术手段的基本素养(Digital Literacy)、数字礼仪(Digital Etiquette)素养、数字法律(Digital Law)素养、数字权利与义务(Digital Rights & Responsibilities)素养、数字健康(Digital Health & Wellness)以及数字安全(Digital Security)素养。

4. Hanover 学区 BYOD 实施的支持资源

Hanover 学区在实施 BYOD 行动过程中始终关注对相关支持资源的建设与利用。

首先,为了保障 BYOD 与教学的有效整合,学校专门为教师提供了技术论坛与相关外部资源,如每周二例行开展的技术论坛,专门讨论 BYOD 的技术接入与课堂教学应用技巧,为教师提供学区教育技术资源,同时推荐相关外部资源网站,让教师和学生能够更快熟悉基本、实用的 BYOD 技术与技巧。

其次,Hanover 学区认为,不断提高学校无线网络的质量对于保障 BYOD 的行动效果至关重要,因此该学区一直在加强无线网络建设。Hanover 学区一直是美国 1:1 学习环境建设的积极践行者;2009 年开始采用世界知名的 Ruckus 无线网络技术,增加无线用户接入点;实施 BYOD 行动以来一直使用专门的 Nighthawk BYOD 学区无线网络,保障 BYOD 资源得到最充分的使用。

Hanover 学区也非常善于利用信息技术公司的专业支持,如 2011 年开始引入的思科公司(CISCO)的学校 BYOD 技术支持方案。CISCO 公司近年来在中小学实施 BYOD 行动中投入了大量的资金和人力。该公司有专门的技术人员、教学开发人员及相关研究人员致力于学校 BYOD 行动方案研发,是目前推动美国中小学 BYOD 行动实施的先行者。同时,该公司积累了众多学校的 BYOD 行动实施案例与经验,为 Hanover 学区 BYOD 行动提供了有力支持。

四、BYOD 在我国外语教学中的应用前景

美国 BYOD 教学模式改革极大地冲击了传统的学习方式,为美国的基础教育注入了蓬勃的生命力。从某种意义上来说,BYOD 教学模式开启了美国数字化学习的新时代。而对于高等教育来说,BYOD 同样提供了无限广阔的改革契机。我国外语教学研究一直走在信息化教育改革的前列,外语教育界灵敏的感知力使其对新事物具有良好的吸收能力。在我国外语教学,尤其是高校的外语教学中,移动设备的普及率要远高于小学和中学;BYOD模式在高校外语教学,尤其是大学英语教学中具有广泛的应用空间。

1. BYOD符合外语课堂的本质和内在要求

20世纪80年代早期,美国二语习得研究者Krashen提出了"输入假设"理论,又称为"i+l"理论。该理论强调学习者必须根据自身的语言水平,有选择性地接受尽量多的语言输入,从而实现语言能力的习得。① Krashen的语言输入理论涉及了外语学习的本质,该理论在第二语言或外语习得中的重要性已得到了普遍认可。但是,Krashen的"输入假设"弱化了语言输出的重要性,过分强调对目标语言的理解,忽视了目标语言的使用。因此,针对语言"输入假设"的不足,二语习得研究者Swain在1985年提出了以使用语言为基础的"语言输出假设"(The Output Hypothesis)。Swain认为,尽管理解输入语对第二语言学习很重要,但并不能保证学习者在语法准确性方面达到近似本族语者的水平,学习者只有通过大量的语言输出才能达到这一目标。输出能给学习者提供反馈信息,让学习者了解到自己的语言使用还存在怎样的问题,重新修正那些使用不恰当的语言形式和结构,从而产出准确恰当的语言。②无论是Krashen的"输入假设",还是Swain的"输出假设",都是在二语习得的范畴内提出的理论假设,没有牵涉到具体的语言教学和学习过程。

我国学者文秋芳在Swain的"输出假设"理论的基础上,针对我国第二语言教学的效率问题,进一步提出了"输出驱动假设"(The Input-Driven Hypothesis)。文秋芳认为:(1)就教学过程而言,输出比输入对外语学习的内驱力更大,输出驱动不仅可以促进接受性语言的知识运用,而且可以激发学生学习新语言知识的欲望;(2)就教学目标而言,培养说、写、译等表达性语言技能更符合社会需求,因此学习者可以根据社会就业的实际需要,从说、写、译中选择一种或几种输出技能作为自己的学习目标。文秋芳的"输出驱动假设"其实是一个教学论范畴上的概念,它挑战的是"输入促输出"的教学顺序和听、

---

① Krashen, S. *The Input Hypothesis: Issues and Applications.* London: Longman, 1985.

② Swain, M. "Communicative Competence: Some Roles of Comprehensible Input and Comprehensible Output in Its Development". In Gass, S. and Madden C. *Input in Second Language Acquisition* [C]. Rowley, MA: Newbury House Publishers, 1985.

说、读、写、译能力均衡发展的教学目标,目的在于提高我国第二语言教学的效率。①

综合以上三大假设,我们可以发现,成功的外语学习要尽可能同时提高可理解性输入和输出的数量和质量。在学习过程中,学习者还要根据自身的需求,自主选择说、写、译等技能,进行有目的的强化学习。多媒体计算机和网络技术手段的出现为提高输入和输出的数量和质量开拓了广阔的空间。借助多媒体计算机和网络技术手段,学习者能够接受到海量的、真实的语言学习资源,同时,还能够借助多媒体协作学习平台,加强与教师的互动以及与其他学习者的互动,触发数量更多、质量更高的语言输出。在基于 BYOD 的教学和学习模式中,教师和学生可以使用自己的笔记本电脑、iPad、安卓平板电脑、智能手机、iPod 以及其他移动设备,借助无线网络,随时随地接入学习资源,可以随时随地录入自己的报告、演讲、与同学的对话,还可以在笔记本电脑和 iPad 上进行写作和翻译练习。总而言之,BYOD 教学模式为拓宽语言输入和输出的途径和质量开拓了广阔的发展空间,基于 BYOD 的教学模式完全符合三大假设的精神实质。高校外语课堂建设的目标应该是以学生为中心,借助网络多媒体等多样化的媒介手段,创建生动有趣的课堂情境,降低学生的认知焦虑,最大限度地拓展他们的学习方式和学习空间。从这个层面来看,BYOD 完全符合现代教育技术支持下的外语课堂的本质和内在要求。

2. 基于 BYOD 的教学模式能够增强现代外语学习者的学习兴趣

基于 BYOD 的教学模式对学生有更大的吸引力。传统的教学方法在调动学生自主学习的积极性方面给教师带来了极大的挑战:教师需熟练掌握特定的教学策略,在教学过程中严格遵守特定步骤,应用某些专业技能,吸引学生的注意力,促使学生主动参与到课堂活动当中。基于 BYOD 的教学模式则克服了这一缺陷。首先,BYOD 新型教学模式借助的是学生自身的移动设备,这种多媒体化的信息工具本身就具有娱乐作用。学生在学习时,还可结合相关的应用软件,通过一些简单有趣的操作,亲身体验知识的获取过程。BYOD 教学模式一改往常学习的枯燥乏味,摒弃了传统意义上繁琐僵化的学习程序,为教学增添了更多的趣味,"游戏式"的教学完全不用借助特定教学程序就可以使学生保持高度的注意力。同时,由于学习者使用的是自己的移动设备,便于产生较强的熟悉感,情感上更易接受,操作上也更为简练,从而能够

---

① 文秋芳:《输出驱动假设与英语专业技能课程改革》,载《外语界》,2008 年第 2 期。

节省时间,提高学习效率。

3. 基于 BYOD 的教学模式具备更强的情境性

基于 BYOD 的教学模式结合了真实情境,知识在真实的情境中传播更为有效。如 Bransford 所言,学习效果容易被其发生的情境所影响。①因此,为学生提供一种结合真实情境的学习方式定会提高其学习效率。在真实的学习情境中,学生利用移动设备记录自己对知识的认知理解,包括对情境的真实感知、对实时声音的收录等。学习者还可利用设备的定位功能,和周边处于同一情境的学习者们进行交流和分享。自带设备的便携性能够轻松实现学习环境的动态延伸,教室、实验室、学生宿舍等都能成为教学场所,能够再现教学情境。例如,许多智能手机都有电子词典的功能,如金山词霸、有道词典等,学生在课堂上遇到难词难句可以及时进行查询。再例如,在教师讲解有关莎士比亚、马洛等剧作家的生平和主要著作时,可以引导学生随时通过百度、Google 等搜索引擎来查找相关的图片信息和文字资料,使学生完全融入到学习情境中。

4. 基于 BYOD 的教学模式更加适合移动学习的趋势

BYOD 是一种非正规的学习模式。所谓非正规的学习主要是区别于传统意义上的局限于"教室、书本、教师"的"老三套"学习模式,它跳出地点、时间的限制,在自然的状态下发生。当学习发生在这种自然状态下时,会比受控的传统学习更为高效,这种"返璞归真"的状态也是学习的"最高境界"。在 BYOD 模式中,学生使用的是自己的移动设备,结合的是具体情境,因此他们几乎意识不到学习的发生。教师将不再苦恼于使用何种策略才能保持学生的注意力集中。调动了学生的积极性,学习就变成一件自然发生的事情,不再需要刻意为之。而正是这种"非正规"打破模式,开创了教育领域的新纪元,也找到了教育最本真的回归。在外语课堂中,教师经常让学生作口头报告,这对许多内向型学生是一项严峻的挑战。如果允许学生利用自己的手机拍摄下自己的口头报告,随后上传到网络平台,就在很大程度上降低了学习者的焦虑程度,为学习者循序渐进地提高口语表达能力和技能赢得了时间。

---

① Bransford, J. D., Brown, A. and Cocking, R. *How People Learn: Mind, Brain, Experience and School*. Washington DC: National Academy Press, 2000:131~132.

5. 基于 BYOD 的教学模式完全符合我国当前大学英语教学改革的实际

在第五章中，笔者对网络多媒体在外语教学中的应用进行了详细的论述。从笔者和同事 2014 年对 8 所高校语音室情况的调查报告中可以看出（参看附录 1），因其维护成本过高、升级和更新换代不方便，所调研的大部分高校已经不再大规模建设语言实验室之类的大型多媒体外语教学硬件设备。当前比较通行的做法是购买外研社、外教社、高教社和清华大学出版社这四家大型出版社的外语教材，并引导学生使用它们的网络教学和学习平台来开展混合式学习。据作者了解到的情况，只有部分学校的英语专业保留了具备专门用途功能的语言实验室（如同声传译实验室），来满足英语、翻译等专业的学生所必需的大量的听、说、读、写训练要求。由于学习大学英语的学生数量过多，各校现有的语言实验室建设完全无法满足需要。建设基于 BYOD 的大学英语教学模式为这个问题的解决提供了新的思路。

既然互联网上有广阔的免费可使用空间、无处不在的便捷视听资料来源，用户也可以方便地随时随地进行下载，那么，未来的多媒体外语教学，可以完全将重点放在 BYOD 的建设上来，让学生利用自己的计算机、手机、iPad 等互联网终端，在无线 WiFi、蓝牙、云技术的支持下，随时获取适合自己的学习材料，完成既定的学习任务。基于 BYOD 的大学英语教学完全符合 2014 年《大学英语教学指南》（征求意见稿）所倡导的"基于课堂和网上在线课程的翻转课堂等混合式教学模式"和"移动学习"的改革方向。我国大学英语教学改革的 BYOD 趋势是完全符合现实需求的。

五、基于 BYOD 的外语学习模式探索——关于大学生使用智能手机 App 进行英语学习的情况调查

在智能手机功能越来越强大的今天，手机 App（Application，即应用程序，简称为 App）在生活、学习和娱乐中发挥着越来越重要的作用，运用智能手机 App 来学习英语也是移动学习的重要形式。为了了解这一领域的概况，2015 年 5 月，作者对华北电力大学的 296 名学生进行了问卷调查。作者将问卷的电子版本上传至目前较为通用的"问卷星"在线问卷调查平台，然后借助手机微信转发问卷链接和现场扫描微信二维码的形式向学生发布问卷，在四周左右的时间内共有 296 名学生参与了本次问卷调查（其中男生 161 名，女生 135 名）。本调查没有采用传统的纸质问卷，因此问卷的题目数量不多，语言表述

也尽量贴近当代大学生的语言习惯,让他们能够在轻松熟悉的心态下完成所有的问题。问卷主要是想要了解学生使用手机 App 进行英语移动学习的习惯,以及他们对英语学习 App 的认识和想法。调查结束后,研究者根据问卷调查的情况就部分问题对被调查者进行了访谈。

问卷分为四个部分:学生个人信息、对使用手机 App 进行英语学习的看法、使用情况、使用效果,共有 14 道选择题(单项选择题和多选题)和 2 道开放型简答题。①

1. 问卷调查的基本情况

参与调查的学生基本情况如下:

一共有 296 名华北电力大学的学生参与答卷,其中男生 161 名(54%),女生 135 名(46%)。从专业来看,主要为工科生(63.85%),其次为文科生(14.19%),数量最少的为外语系学生(2.01%)。从年级构成来看,大部分为大二学生(48.99%),其次为大一学生(36.49%),基本上代表了该校大学英语学习的主体。

问卷调查的部分数据如下:

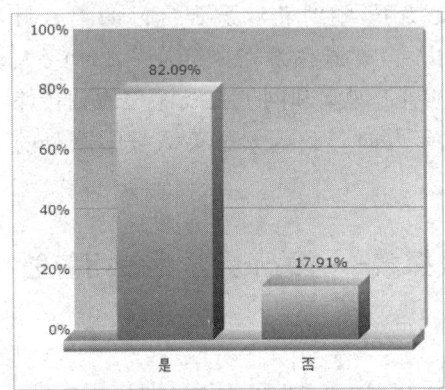

图 6-5　是否使用过手机 APP

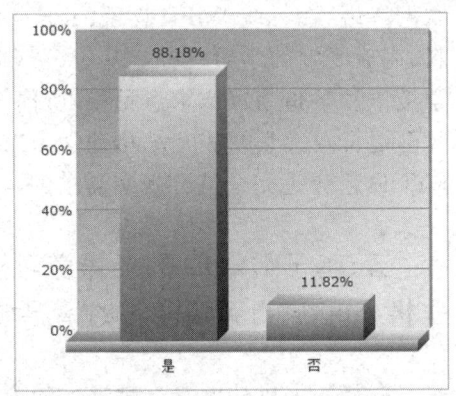

图 6-6　是否愿意使用手机 App

从图 6-5 和图 6-6 可以看出,88.18% 的学生"愿意"使用手机 App 进行英语学习。此外,82.09% 的学生"已经"使用了手机 App 来进行学习英语。可见,对于 App 在英语学习中的使用,绝大部分学习者持积极乐观的态度,并

---

① 具体参看附录 2

在过去的学习中进行过类似的尝试。

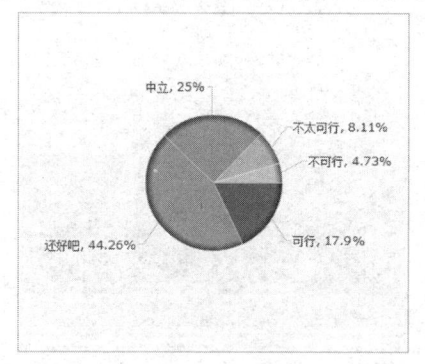

图 6-7　用 App 进行英语学习是否可行

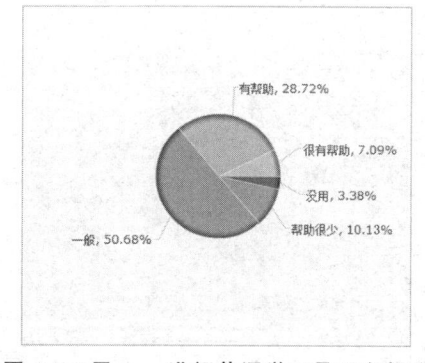

图 6-8　用 App 进行英语学习是否有帮助

从图 6-7 和图 6-8 可以看出,约 1/3 的被调查对象认为手机 App 对英语学习"有帮助",认为"很有帮助"的学生只占 7.09%,约一半的学生(50.68%)对 App 的使用效果持中立态度,认为效果"一般"。

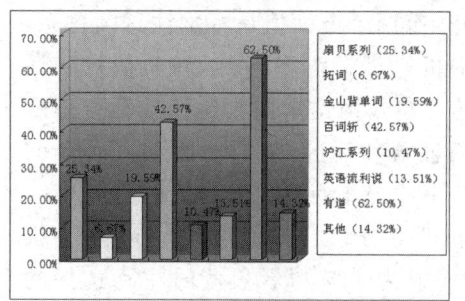

图 6-9　你选择手机 App 的种类

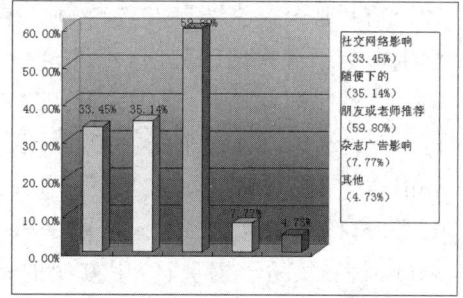

图 6-10　你选择手机 App 的原因

从图 6-9 和图 6-10 来看,接受调查的学生中使用有道词典的占到了六成以上(62.5%),百词斩的使用率达到了四成(42.57%)。近六成(59.8%)学生表示使用这些手机 App 的原因是因为朋友或老师的推荐,社交网络在他们选择手机 App 的过程中产生了重要影响(33.45%)。同时,非常值得注意的是,在学生选择 App 的过程中,随机性也占据了很大比例,1/3 以上的学生曾经有随机下载英语学习 App 的经历。

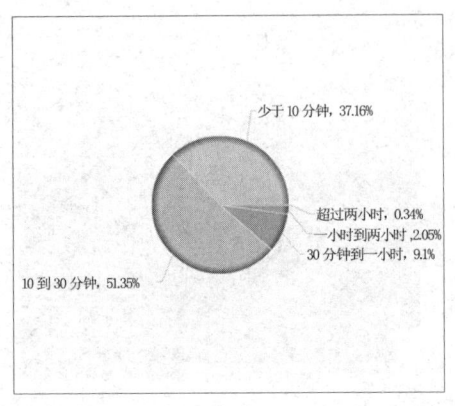 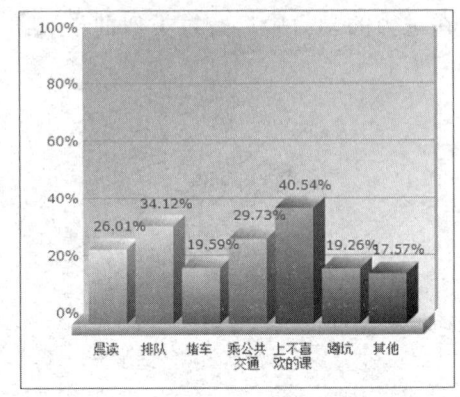

图 6-11　每天使用手机 App 学习英语的时长　　图 6-12　使用手机 App 学习英语的时段

　　从图 6-11 和图 6-12 来看,一半左右的学生使用手机 App 进行外语学习的时间基本上在 10~30 分钟,使用频率比较高的时段基本上集中在打发时间的时段里。最典型的三个时段依次为"上不喜欢的课"(40.54%)、"排队"(34.12%)和"乘公共交通"(29.73%)。在这里,有两个方面值得特别注意。首先,学生在上不喜欢的课程时,可能会使用手机来进行学习、娱乐和其他社交活动。这就提醒我们,基于 BYOD 的移动学习模式构建对课堂的监控和管理提出了新的要求。如何对学习者的学习进行监督和评价,是未来基于 BYOD 的外语教学不可忽视的重要问题。其次,图 6-12 还显示,接近三成的学生(26.01%)选择了在晨读的时候使用手机 App 进行有意的英语学习,这说明手机 App 因轻便、易于携带、使用方便的特征而成为了学习者晨读时主动选择的学习工具。因此,基于 BYOD 的学习模式在当前多媒体网络技术高度发达的今天具有广阔的发展空间。

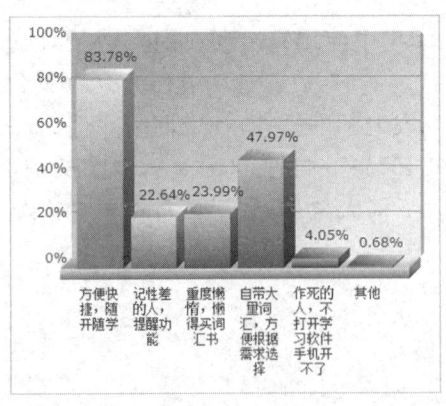 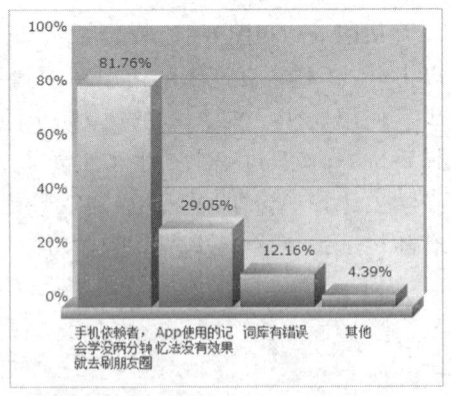

图 6-13　手机 App 英语学习的优点　　　　　图 6-14　手机 App 英语学习的缺点

从图 6-13 和图 6-14 来看，学生喜欢使用手机 App 进行英语学习的最主要原因是它比较方便快捷，可以随开随学，其他优势还有词汇量大、省时省力等。手机 App 英语学习的最大缺点是学生在进行外语学习时容易分心，"没学两分钟就去刷朋友圈"。可见，学生的自主学习、自我监督、自我管理功能还亟待提高。

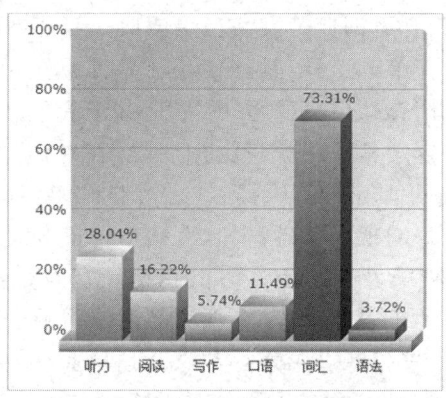

图 6-15　手机 App 对哪部分的英语学习带来了提升

从图 6-15 可以看出，接近 3/4 的学生（73.31%）认为手机 App 外语学习能给词汇部分带来提升，接近 1/3 的学生（28.04%）认为能给听力部分带来提升。这说明，被调查对象应用手机来进行移动的英语学习还停留在初级阶段。事实上，作者在第五章详细介绍过互联网上现有的大量英语学习资源（包括英语文字、英语图片、英语视频、英语电影等），以及大量具备高度交互性、智能化的数字英语学习平台，这些都可以成为学习者基于 BYOD 进行移动英语学习的有力支撑。

2. 问卷调查的结论与启示

通过为期四周的问卷调查以及后期访谈，调查者得到如下几个认识：第一，智能手机几乎是学生们不离不弃的生活必需品，学生使用智能手机的频率相当高；第二，随机接受调查的 296 名学生，绝大部分对使用智能手机 App 学习英语持乐于接受的态度，超过八成的学生曾有过使用智能手机 App 学习英语的经历；第三，学习者通过智能手机 App 学习英语主要集中在词汇和听力两个方面；第四，采用智能手机 App 学习英语，会让手机的使用时间进一步延长，容易造成视力下降，这是学生普遍担心的一个问题。

本调查和汪丽、潘建斌的调查结论不同的地方在于,80%以上的调查对象表示愿意或曾经使用过智能手机 App 来学习,这可能是因为外语学习一直与现代教育技术紧密相关。早在 20 世纪 90 年代,许多商业科技公司都推出了电子词典,如卡西欧、文曲星等,因为其词库量大、便于携带在上个世纪末和本世纪初几乎是每个外语学习者的必备工具。随着网络速度的飞速提升,学习者开始使用金山词霸、有道词典等网络在线词典。与此同时,网络上还能够找到大量的视听资源和背单词工具,具体使用哪些工具是由学习者的偏好和选择决定的。对比两个调查结果我们可以看出,基于智能手机的移动学习在外语学习中的应用趋势较之其他的学科更加明显,在外语学习中引入移动学习和 BYOD 的模式具备更加充分的依据。两份调查都显示出 BYOD 模式在大学阶段的开展具备良好的现实基础:大学生移动设备普及率高(90%以上),使用时间长(每日时常在 10 小时以上)。同时,两份调查数据都表明,大学生对移动设备的使用仍然处于表层阶段,表现为经常使用手机打游戏、进行社交聊天,每日的学习时间不长(10~30 分钟左右),还容易使注意力分散。大部分学生还不能够将移动学习当作正式的学习方式来获取知识。同时,第二份报告显示出了 BYOD 学习模式可能会出现的问题,如学习者监控问题、学习者设备兼容性问题、学习者设备性能问题等等。总而言之,对基于 BYOD 的外语课堂和学习新模式的研究和开发刚刚处于起步阶段,但是其潜力和发展前景不可限量,值得外语教师和研究者花大力气去进行深度探索。

第五节 学习分析在外语教学中的应用趋势

一、学习分析概述

近年来,随着越来越多的学习者和研究者将现代化计算机网络技术应用于教育和学习,海量的大数据应运而生。这些大数据大部分为学习者在和网络学习环境发生交互时所产生的"电子面包屑"。人们相信这些数据能够揭示学习者的学习行为,增进人们对学习风格和学习习惯的了解,因此,越来越多的研究者开展了对这些数据的分析。一种新型的科研方法——学习分析(Learning Analytics)从此诞生了。究其本质,学习分析并不是真正的新鲜事物,而是教育数据挖掘、学业分析、行动研究、个体自适应学习等理念共同作用的结果,是当前大数据在教育中应用和发展的必然产物。

1. 学习分析产生的历史背景

学习分析的产生是社会经济、科技和教学法的发展共同作用的结果。首先,教育大数据的产生是学习分析发展的第一推动力。大数据是"数量大到传统的数据处理软件无法捕捉、存储、管理和分析的数据群"①。在商业上,商家利用大数据来找到顾客的行为模式,并据此投放广告,给顾客推荐商品。例如,亚马逊网站曾经通过邀请名家撰写书评的形式来进行书本的促销,可是这种方法并不奏效。后来,他们改变方法,充分利用网站存储的读者已购买书籍数据,向读者推荐其他顾客购买过的书籍,反而取得了很好的效果。因此,在大数据分析的基础上,人们依据"已经发生了什么"来推断"下一步该怎么做",而没必要去研究"为什么会发生"。在 Blackboard、Moodle 等学习管理平台(Learning Management System,简称为 LMS)中,研究者根据学习者遗留在平台上的数据来了解他们的学习行为,并据此进行评估和管理。这是利用数据来进行学习者管理的典型例子。学习管理平台每天都要处理大量的交互数据、个人信息、系统信息和学业信息。当然,学习者遗留的信息的开放程度并不相同。无论如何,我们可以说,大数据是学习分析产生的第一大推动力。

利用网络多媒体来进行学习给人们带来了许多便利,但是许多问题也伴随而来。首先,当学生缺乏与教师和同伴的交互时,他们到底感觉如何?学生是否会感觉到孤独、缺乏动机?教师怎样在"看不见真人"的情况下去评估学生的参与度呢?学生某个时刻的状态会不会是感觉枯燥乏味、困惑、完全无助甚至早已离开了电脑屏幕呢?仅仅通过在电脑前去阅读一篇篇学生在论坛上的发言,教师就能公正地评价学生在某门课程中的参与度和学习质量吗?网络学习环境该怎样达到最优化的效果呢?这一切就需要人们利用学习分析这一工具去一一解决。因此,学习分析产生的第二推动力来自人们试图优化网上学习环境的动机。

在许多国家,以美国为例,政府投入了大量资金来提高全民的教育程度和水平,因此,人们需要对教育机构的表现进行衡量和展示,这是学习分析产生的第三推动力。

---

① Manyika, J. *Big Data: The Next Frontier for Innovation, Competition, and Productivity* [EB/OL]. McKinsey Global Institute, 2011. http://www.mckinsey.com/insights/business_technology/big_data_the_next_frontier_for_innovation.

当然,政府、教育机构和教师/学习者三股力量的利益和诉求存在交叉的地方,例如,教育机构本身也需要提高自己的教育水平,改善自己的教育环境。总而言之,学习分析是社会经济、科技和教育发展到一定阶段的产物。

2. 学习分析的概念

2011年,在第一届学习分析和知识国际会议上,研究者们将学习分析界定为"衡量、搜集、分析和报告学习者数据和环境的工具,目的是理解并优化学习者的学习效果和学习环境"①。该定义其实涵盖了两个假设:学习分析利用的是已经存在的、可机器阅读的数据;学习分析处理的对象是用手动方法无法处理的大数据。2014年,第四届学习分析和知识国际会议在美国印第安纳州召开。会议上,研究者们将教育心理学、教育管理、工程学、教育数据挖掘、计算机算法、数据可视化等相关方法引进来,将学习分析的理论和实践研究落到了实处。2014年9月,在美国奥兰多召开的 EDUCAUSE② 年会上, EDUCAUSE 主席戴安娜·亚伯林格(Diana Oblinger)③在接受我国教育技术研究专家郑旭东博士的采访时指出,在 EDUCAUSE 当前议题委员会推出的 2014 年度"十大新兴技术"报告中,学习分析与业务智能名列榜首。

---

① Siemens, G.: *1st International Conference on Learning Analytics and Knowledge* [EB/OL]. 2011. https://tekri.athabascau.ca/analytics.

② EUDCAUSE 是由两个成立于 20 世纪 60 年代的信息化专业协会,EDUCOM (Interuniversity Communications Council,简称 EDUCOM)和 CAUSE(College and University System Exchange,简称为 CAUSE)于 1998 年合并而成,现已成为美国最权威的高等教育信息化专业组织之一,也是一个在世界范围内居于领导地位的高等教育信息化专业组织。目前 EDUCAUSE 麾下拥有来自 43 个国家的 2316 所高等院校,其中美国高校 2040 所,涵盖了几乎所有类型的高等教育机构,具有最广泛的代表性。EDUCAUSE 下设的"当前议题委员会",每年都针对高等教育信息化实践进展中的重大问题向各成员院校负责信息化工作的资深专业人士进行大规模问卷调查,在高等教育信息化领域拥有广泛影响。EDUCAUSE 当前议题委员会的工作记录了美国高等教育信息化从产生、发展到壮大的整个历史进程。该协会每年发布的研究报告已成为人们了解美国高等院校信息化发展现状的窗口,指引着世界各国高等教育机构利用信息技术进行高等教育信息化的变革。

③ 戴安娜·亚伯林格(Diana Oblinger),2004 年加入 EDUCAUSE,担任副主席,2008 年至今一直担任 EDUCAUSE 主席一职,在美国高等教育信息化领域具有丰富的经验和广泛的影响。

Oblinger 还反复强调了学习分析在高等教育信息化中的美好前景。①

在学习分析的研究者中,George Siemens 的影响很大。他认为,学习分析的目的是利用数据挖掘的成果,借助学习者产生的数据和分析模型探究信息和社会之间的联系,并且对学习作出预测和建议。②我国学者顾小清认为学习分析主要是围绕与学习者的学习信息相关的数据,运用不同的分析方法和数据模型来解释这些数据,并根据解释的结果来探究学习者的学习过程和情境,发现学习的规律;根据数据阐释学习者的学习表现,为其提供相应的反馈,从而促进更加有效的学习。③

3. 学习分析与其他媒体的关系

学习管理系统是学习分析的重要数据来源。从学习管理系统中,人们可以了解学习者的基本学习行为,例如,浏览过的内容、发表评论的次数、学习时间的长短。研究者发现,成功的学习者和失败的学习者在参与学习的时间和次数上存在明显不同。④学习管理系统是学习分析中很常见的一个工具,因为从学习管理系统中捕捉的数据是结构化的数据,能够反映学习者与系统之间的交互状态。但是,学习分析的数据不能涵盖学习者在现实世界中的互动。例如,大部分学习管理分析模型不能够捕捉到学习者在学习管理系统之外的学习行为信息(如 Facebook、Twitter、各种博客、微信等)。同样,大部分分析模型也不能捕捉或利用学习者在现实课堂中的学习数据,例如图书馆的使用情况、能得到的学习支持情况、学业建议情况等。近年来,移动设备,如智能手机、平板电脑、iPad 等的广泛使用在数字世界和现实世界之间搭建了一座便捷的桥梁。智能移动设备能够随时更新位置和活动状态,因此,教室里的学习者和网络上的学习者能够通过点击按钮交换数据、轻松互动,从而为学习分析

---

① 具体参看附录 3,本书作者依据郑旭东博士对戴安娜·亚伯林格的采访录音所整理的文字资料。

② Siemens, G. and Long, P. *Penetrating the Fog: Analytics in Learning and Education* [EB/OL]. EDUCAUSE Review, 2011. http://er.educause.edu/articles/2011/9/penetrating-the-fog-analytics-in-learning-and-education.

③ 顾小清,张进良,蔡慧英:《学习分析:正在浮现中的数据技术》,载《远程教育杂志》,2012 年第 1 期。

④ Morris, L. V., Finnegan, C. and Wu Sz-Shyan. "Tracking Student Behavior, Persistence, and Achievement in Online Courses", *Internet and Higher Education*, 2005, 8(3): 221~231.

研究开启了一个新方向。MOOC 的出现给学习分析研究带来了新的挑战。MOOC 是一种去中心化的、分散的教学和学习网络,MOOC 状态下的数据分析和获取需要依赖云存储技术的进一步发展。

学习分析在传统课程资源中的应用给研究者们带来了观念上的更新。任何领域的知识、态度和技巧都可以看作是相互联系的关系网络。① 人们可以绘制知识地图,通过与知识地图之间的关系来评估学习者的行为。传统意义上的评估在学习分析中被发散了,它不再是课程结束时的一种活动,而是学习者展示他/她对特定概念和观点掌握到哪种程度的一种实时的活动(可参看图 6-16)。学习内容也不是以传统的、打包好的书本的形式出现,而是以数字的、时刻变化的形式出现。也就是说,学习内容是依据学习者的学习档案、学习目标、学习者已经掌握的知识领域来随时更新的。

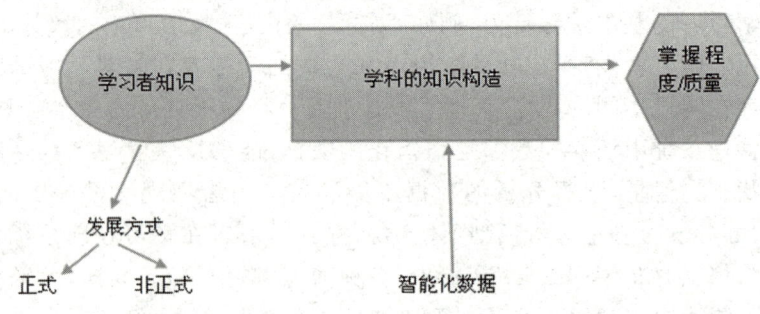

图 6-16　学习分析与评估

二、学习分析在高等教育中的应用和研究

学习分析以席卷一切的态势延伸到高等教育的方方面面,对高等教育的管理、研究、教学和支持资源建设都产生了重要影响。有了学习分析工具,大学和各大高等教育机构都转变成为有目的的、在智能数据支持下的智能化的组织。George Siemens 和 Phil Long 认为学习分析在高等教育的以下领域逐

---

① Siemens, G. and Long, P. *Penetrating the Fog: Analytics in Learning and Education* [EB/OL]. EDUCAUSE Review,2011. http://er.educause.edu/articles/2011/9/penetrating-the-fog-analytics-in-learning-and-education.

渐显示出它的价值。①

（1）学习分析能够提升教育管理决策水平和组织资源分配水平；

（2）学习分析能够对学习困难的学生进行危机预警——通过分析学生发布的讨论信息、作业完成情况以及在学习管理系统中捕捉到的其他相关信息，学习分析能够帮助教师锁定目标学生，并通过教师的干预降低学生中途退出的概率；

（3）学习分析能够通过数据透明化的方式让组织机构中的全体人员了解本组织所要取得的成绩和当前所面临的困难；

（4）学习分析能够促进大学组织方式、学业模式和教学方法的变革；

（5）通过社会网络、技术手段和信息网络的整合，学习分析能够将复杂的问题进行相对简单的处理；

（6）学习分析能够帮助决策者分析各种意外情况，帮助他们认识到复杂学科中的多种因素（降低成本、留住学生等），从而进行全盘考虑；

（7）学习分析能够提供最新的信息和最快的反馈，从而提高组织的生产力和效率；

（8）学习分析能够帮助决策者认识到机构活动中硬性的价值（科研、专利等）和软性的价值（名誉、形象、教学质量等）；

（9）学习分析能够帮助学习者认识到自己的学习习惯并向其提供改进建议。

EDUCAUSE 在官方网站上发布了大量的文章和报告，极大地推动了学习分析的发展。根据 EDUCAUSE 的统计，最早开展学习分析研究的机构有美国凤凰城大学、美国卡佩拉大学和美国公立大学联盟系统，而且许多研究都取得了丰硕的成果。例如，在美国，亚利桑那大学使用了学习导航系统，可以追踪学习者在课堂中的表现，给学习者提供建议。圣莫尼卡学院利用玻璃课堂收集和分析学生学习过程中的数据，使教师能够随时了解学生的学习情况，及时调整教学计划。George Siemens 和 Phil Long 系统介绍了学习分析在高等教育中的应用，以及该如何运用网络分析工具来处理在线数据。②

---

① Siemens, G. and Long, P. *Penetrating the Fog: Analytics in Learning and Education* [EB/OL]. EDUCAUSE Review, 2001. http://er.educause.edu/articles/2011/9/penetrating-the-fog-analytics-in-learning-and-education.

② Siemens, G. "Learning Analytics: Envisioning a Research Discipline and a Domain of Practice", *International Conference on Learning Analytics & Knowledge*, 2012:4~8.

巴西里约热内卢萨拉多学院的研究者们发现学习者早期的成绩并不能可靠预测学习者的最终成绩,所以,他们研发了最新的学习分析工具,记录下学习者登录的频率、学习的速率、学习者在论坛中的参与度等,并将这些指标当作最终成绩的可靠预测。在哈佛大学,McLeod Lang 博士开设了专门的课程,名为"教育中的数据科学:大数据,学习分析和信息时代",引导学生对大数据时代背景下的学习分析工具应用研究开展多样化的学习和探索。①

还有的研究者关注学习分析在教育中兴起的深层次原因、学习分析与其他相关学科的关系(教育数据挖掘、学业分析等)、学习分析的目标、学习分析的受益者、学习分析的方法、学习分析行为的动机等等。学习分析研究还和学习者档案建设、个人学习模式、社会交往分析、观念分析和情感分析密切相关。

在中国,大部分学习分析的研究者们来自教育技术学和信息化教学研究领域。根据马秀涛的统计,截至 2014 年 5 月,中国知网收录的学习分析研究文献仅为 26 篇,主要包括以下三个方面的内容。②

(1) 学习分析的一般性介绍

对现有的与学习分析相关的中文文献进行分析,对它的概念、发展脉络、设计框架、应用模型等进行阐述。此类研究占当前研究总体的大多数。③

(2) 学习分析的应用研究

学习分析的核心是观察和理解学习行为,通过数据挖掘、数据解释和数据建模来提高学习效率。研究者对学习分析在信息感知和资源推送方面的应用进行探讨,或者是探讨学习分析案例,或者是挖掘网络教育平台中的大数据,探索学习分析对网络教育平台的促进作用。④⑤

(3) 学习分析技术的平台开发

---

① Lang, M. [EB/OL]. Harvard University Homepage, 2014. http://www.gse.harvard.edu/course/fall—2014/t510s—data—science—education—big—data—learning—analytics—and—information—age—fall.

② 马秀涛,张小莉:《国内学习分析研究现状的文献分析》,载《中国教育技术装备》,2014 年第 14 期。

③ 吴永和,等:《学习分析技术的发展和挑战——第四届学习分析与知识国际会议评析》,载《开放教育研究》,2014 年第 6 期。

④ 孙洪涛:《学习分析视角下的远程教学交互分析案例研究》,载《中国电化教育》,2012 年第 11 期。

⑤ 祝智庭,沈德梅:《学习分析学:智慧教育的科学力量》,载《电化教育研究》,2013 年第 5 期。

此类文献数量最少,仅为2篇。1篇研究通过对Akai学习平台进行二次开发来实现自适应系统的各种功能;另外1篇尝试运用学习分析方法,开发出一套适合我国现有教育水平的分析框架,从而应用于教育实践。①②

自第四届学习分析与知识国际会议召开之后,我国研究者对学习分析的研究全面铺开。2014年下半年到2015年初,学习分析研究的数量大幅增长,研究深度明显增加。截至2015年8月,在中国知网上以"学习分析"为关键词进行搜索,相关研究论文已达125篇。其中,吴青、罗儒国等研究者从学习科学的角度对学习分析进行追踪和把握,力图立足学习科学历史发展的大背景,借助学习分析来实现信息技术未来发展的创新和突破。③ 马晓玲、邢万里等研究者尝试构建开放的、全面的学习分析系统模型,探索学习分析系统和数据的时空与交互演化过程。④ 总而言之,我国的学习分析研究呈现出"起点较高、发展迅猛"的特点。然而,笔者通过对中国知网的检索发现,目前我国研究者还较少尝试将学习分析研究与具体课程相结合。在外语教学领域,只找到1篇研究论文,该论文尝试将学习分析技术引入计算机辅助英语教学的语料库建设之中。⑤

三、学习分析在外语教学中的应用前景

2003年4月,教育部正式启动"高等学校教学质量和教学改革工程",将外语教学改革列为"质量工程"的重中之重。在接下来的八年时间中,教育部按照"整体规划、分步推进"的思路,遴选出三批共100所外语教学改革示范点项目学校,进行改革试点。2007年,教育部制定和出台了《大学英语课程教学要求》(正式版),探索基于计算机和课堂的大学英语教学新模式,明确了大学

---

① 朱珂,刘清堂:《基于学习分析技术的学习平台开发与应用研究》,载《中国电化教育》,2013年第9期。
② 杨庆安,赵伟男,张海:《大数据在教育领域应用的学习分析框架构建》,载《软件导刊·教育技术》,2013年第5期。
③ 吴青,罗儒国:《学习分析:从缘起到实践与研究》,载《开放教育研究》,2015年第1期。
④ 马晓玲,邢万里,冯翔,吴永和:《学习分析系统构建研究》,载《华东师范大学学报(自然科学版)》,2014年第2期。
⑤ 张欣:《计算机辅助语言学习最新进展研究》,载《读与写(教育教学刊)》,2014年第5期。

英语课程信息化改革的方向。随后,《全国大学英语四、六级考试改革方案》出台,开始逐步推广大学英语四级网考。自此,基于计算机和网络的信息化大学英语教学成为了大学英语教学改革的未来趋势,并取得了一系列丰硕的理论和实践成果。近年来,随着信息与网络技术的发展,在线学习正以势不可挡之势席卷全球。各级精品资源共享课的建设、独立运行或与外语教材相配套的网络教学平台的日臻完善、教学辅助性网络应用(例如辅助听说教学的"畅言"、辅助写作教学的"冰果""批改""体验"等)以及在线测试系统的日益普及,极大地推动了外语教学改革的进程。微信、Youtube、Facebook、Twitter 等新型社交工具对传统的信息传播方式和学习方式的冲击、大数据时代知识传播和学习方式的颠覆性变革、云技术的日新月异、MOOC、翻转课堂进入人们的视线,这一切都引领着外语教学的最新方向。2014 年 10 月,中国英语教学研究会计算机辅助外语教学专业委员会成立,第四届计算机辅助外语教学国际会议随后召开。来自美国、英国、中国、马来西亚等国家的专家和学者在会上共同探讨了 CALL(Computer-assisted Language Learning)的最新发展趋势和改革方向。大会主席顾曰国教授正式宣布建立大数据语言学习研究中心,对我国语言教学和学习中的数据挖掘、数据整理、数据解读等相关问题展开研究,这标志着我国外语学习研究正式进入大数据时代,无疑为学习分析在外语教学中的应用开辟了广阔的发展空间。①

教育技术学和学习科学的发展给学习的变革带来了无限广阔的发展空间,深化外语教学改革必须要深刻把握时代变迁的步骤和脉搏。将学习分析这一新型工具带入外语教学研究,有助于改变外语教育技术学研究长期存在的贫血和拼盘现状,有助于推动我国外语教学改革的结构性调整。学习分析将会给外语教学带来巨大的变革,具体表现在以下几个方面。②

学习分析系统能够为外语教学科研提供海量的大数据,原有的外语教学科研方法会发生很大的改变。首先,现在的科研方法能够分析更多的数据,有时甚至是关于某个现象的全部数据,因此,外语教学科研可能不必再依赖于抽

---

① Yu, Qinglan. "Learning Analytics: The Next Frontier for Computer Assisted Language Learning in Big Data Age", *Proceedings of 2015 International Conference on Modern Economic Technology and Management*. Hong Kong: Asian Academy Press, 2015.

② Yu, Qinglan. "The Value and Practice of Learning Analytics in Computer Assisted Language Learning", *Studies in Literature and Language*, 2015, 10(2).

样调查。其次，人们拥有的数据如此之多，所以不再热衷于追求精确度，而是适当忽略微观层面，在宏观层面上有更好的洞察力。有了这两个变化，人们可能不会再热衷寻找因果关系，而是更加注重相关关系，关注的焦点也从"为什么"转变为"怎么做"。因为能够方便地从学习者、学习环境和学习材料中获取大量的数据，因此，研究者们可能不会再热衷于大规模的教学实验。这样一来，研究者和教师的决策过程就是建立在真实情况而不是实验的基础上，因而会更加准确。

(1) 优化外语学习过程

在学习分析工具的帮助下，课程和教学大纲的制定更加"人性化""智能化"。在智能学习分析系统下，传统的课程、知识、态度和技巧转变成为一系列相互关系的网络。学习管理工具功能强大，可以随时对决策和内容进行调整。学习内容也不是以纸质书本的形式呈现，而是以可随时调整的网络化、信息化的文本方式呈现，为学习者提供切合自身学习水平、学习目标以及已有知识领域的学习资源。因此，借助学习分析系统，学习的内容和形式能够在最大程度上实现个人化和最优化。例如，在安排学习任务的时候，教师可以根据学习者最近的学习成绩、登录次数、重复学习的次数、学习过程中的困难等数据信息进行个性化的安排。这样一来，每个学习者的学习任务都可能是不同的。因为学习者的学习任务都是根据各自已有的知识水平灵活、精确安排的，这样就能节约大量的时间，避免在已经掌握的内容上浪费时间。同样，系统也能根据学习者对某一语法现象或语言点的掌握情况为其推荐巩固练习，从而使练习的效率得到较大幅度的提升。

(2) 促进形成性评价的实现

早期的计算机辅助外语测试针对的主要是一些容易在计算机上打分的项目，例如单项选择题、多项选择题、简答题等，并且它们大部分是以线性方式在计算机屏幕上呈现。在未来强大的学习分析工具的帮助下，被测试者需要应对更加接近真实世界的测试任务。另外，他们也需要回答更多的开放式问题。这样一来，计算机辅助外语测试的标准界定和软件设计就成了多媒体外语教学的一大挑战。近几年来，批改网（www.pigai.org）逐渐在高校中拥有了越来越多的用户。批改网是由专门的科技公司开发的英文写作自动批改网络平台，教师可以缴费、注册、登录、生成写作任务号，然后将任务号发送给学生。学生完成写作任务后可以在批改网上提交，接受计算机的自动评分，同时也会收到计算机的批改建议。教师可以在批改网上修改学生得分，提出新的修改建议，或者直接对文章进行修改。

学习分析系统在数据分析的深度和广度上都会是一个新的飞跃。首先,它能够记录下学习过程的所有细节,包括学习者话语/句子平均长度、学习者的语速、学习者每次作业的分数、学习者修改作业的次数、学习者的平均得分等等。学习分析工具能够根据这些细节对学习者的状态做出实时评估。学习者语言能力的发展程度能通过折线图等形式形象地展现出来,学习者的登录频率、登录时间、提交次数、参与讨论次数等变量的变化过程也能够一一显示出来。同时,教师对学习者语言能力的评估会更加客观,因为再也没有所谓的"印象分"或"同情分",形成性评价的特点能够得到更好的体现。

(3) 通过学习者档案袋为学习者提供诊断性建议

在数字化学习实践中,学习档案袋的使用能够大幅度提高学习者的学习自主性。在数字化学习中,学习档案袋中包含以超媒体、声音、录像和其他数字化形式存在的学习情况记录。在学习分析系统中,学习档案袋的创建过程、结构以及平台的技术支持方式都和早期的计算机辅助外语学习阶段有所不同。学习分析诊断在外语学习中的前景在于,它能够使用新的方法和工具来对学习者进行需求诊断,从而为更好地适应学习者需求提供个性化的指导。学习档案袋能够根据学习者的个人学习经历,向其提供建设性的诊断建议,而不是简单地将学习者分成"行为主义方式的学习者"和"交际法的学习者"。学习分析层面上的学习档案袋能够根据学习者的学习风格,如视觉型/听觉型/触觉型/运动型/群体型/个体型等来提供诊断性的建议,从而帮助学习者做出正确决策。根据学习分析提供的诊断性建议,学习者可以了解自己在语言学习中最大的问题和困难是什么,从而方便教师针对这些缺点和不足进行早期干预。

如前所述,学习分析在外语教学中的研究还处在起步阶段。在未来,我们可以将研究聚焦在下列问题上:数字化外语教学学习分析研究的内涵是什么?外语教学学习分析研究具备哪些可行性途径?该如何进行外语教学学习分析研究?如何进行外语教学研究的数据挖掘、数据解释和数据建模?外语教师在大数据学习分析研究中应该承担怎样的角色?利用数据挖掘技术来促进外语教学研究的语料库建设具备哪些可行性途径?

总之,将外语教学研究放置到大数据学习分析的现实背景下进行,一定要将教育技术学研究的优势融入传统的外语教学科研之中,充分发挥跨学科研究的优势,为外语教学研究增加途径、拓宽思路。同时,在学习分析的研究中,一定要全盘考虑线上学习与线下学习、正式学习和非正式学习、传统学习和碎片化学习的优势和劣势,弥补单纯电子数据挖掘的不足,探索未来外语学习分析研究之路。

第七章 对我国现代教育技术支持下的外语教学的反思

从本书前六章的论述中我们可以看出,无论是多媒体外语教学,还是人们提得更多的计算机辅助外语教学,或称为CALL,其体系选择和模式发展都日臻完善。总而言之,现代教育技术的引入极大地促进了外语教学理论研究的深入和实践的发展。因此,基于理论研究和实践教学的现实,有研究者又重新提出了外语教育技术学范畴和构想。同时,也有研究者对当前几乎全盘依靠现代教育技术来支撑的课堂教学进行了深刻的反思,并结合中国传统文化的要素,提出了G-learning的构想,以期从根本上改变当前工业文明所导致的高度异化、厌学情绪严重的学习文化氛围,重构积极、健康、快乐的课堂。从总体上而言,本章是对前面六章所高度倡导的多媒体外语教学技术化发展成果的理论总结,同时也是对或是技术恐惧、或是技术泛滥这两种极端做法的深层次反思。

第一节 外语教育技术学的形成

纵观多媒体外语教学的发展历史,可以毫不夸张地说,外语教学的发展深受现代教育技术的滋养,这尤其体现在基本语言技能(如听、说、读、写、译)的教学环节中。在现代外语教学中,尤其是大学外语教学实践中,这些环节,从教材、教师、课本、学生到教学环境,都和现代教育技术有不同程度的关联和融合,都可以借助教育技术学的某些教学理论和教学设计的指导和帮助,并取得理想的教学效果,从而为逐步推动外语教育技术学的形成提供理论和现实的契机。

一、概念提出的背景

在中国外语学习热和现代教育技术发展两股力量的推动下,社会上出现了大批的技术含量很高的外语教学类产品,如大批的网络化、多媒体化、数字化的大学外语教材(例如外研社的新视野教材),各种类型的语料库(如中国学生英语口笔语语料库)①,各种层次的语言教学平台(如北京邮电大学大学英语试验教学与评估平台),以及各种外语(包含公共外语以及外语专业)机考、网考网站(如雅思官网)、写作网络平台(如句酷批改网)、助学网站(如沪江英语),以及近期出现的各种智能化的英语助学 App(如有道词典 App)等,这一切无不充实和丰富着现代外语教学的课堂。以计算机网络为主的现代教育技术通过高速甚至超高速的数字化输入、运算、储存和呈现的各种技能,以及模块化、智能化的设计手段,其实已经在无形中使所有的教学环节发生了质的变化。它不仅仅是一种物理上的软、硬件和技术实体的组合,而是已经成为一种教学方法、理念、意识,并逐渐形成一种成熟的学科范式。

然而,和实践的发展盛况形成鲜明对比的是,这一领域一直没有形成完整的理论体系。无论是人们常说的"计算机辅助语言学习",还是"多媒体外语教学",在这一领域里,理论繁杂、定义缺乏、术语随意、概念混杂,严重影响了其学科定位和发展。多年的发展中最常见的是从一种方法到另一种方法的"走马灯"式的炒作,没有形成自己的理论基础,也没有形成具有中国特色的外语教学学科框架。并且,由于教师教育背景、教师发展、学科建设背景等种种历史和现实的原因的限制,相关的外语教学理论研究一直缺乏"技术转向"的勇气。换言之,外语学术界的主流研究在极力强调各种"主义"或"学说"的同时,却有意无意地忽视或冷落了对外语教学"技术化"特点的关注,尤其是忽视了对外语"教育技术"的研究,表现出"强调理论流派的引进、忽视理论的实践应用",或者"强调理论的归纳分析,但忽视理论与技术的具体结合"的特点。这种忽视的直接结果是,相关人员一直偏重于对教学理论的哲学化研究,使外语教学成为一门漂浮在哲学、社会学、语言学、二语习得、教育学、心理学等多学科理论交织的迷雾之中的学科。大部分研究者没有深入到大学外语教学大规模计算机化的现实实践,淡化了对以实践性为主要特征的外语教学的本体论

---

① 文秋芳,王立非,梁茂成:《中国学生英语口笔语语料库》,外语教学与研究出版社,2005年版。

的研究。最终结果就是把富有实践研究成效的外语教育技术学研究边缘化,使其处于"技术工具+手段"的尴尬地位。因此,令人眼花缭乱的理论"盛宴"并没有解决外语教学费时低效的问题。①

同时,从幼儿园一直延续到博士研究生的中国外语教学,由于多年来对教育技术的忽视,无形中也忽视了对教学过程和教学要素等实践因素的研究。作为一门学科的外语教学论,虽然在不断进行着各种理论学说的探索,但却忽略了对其理论范式的关注。在缺乏理论范式的情况下,教育实践得不到有效的指导,最终造成了这样的局面:技术成为现实课堂或真实教学的点缀,PPT则成为课堂上最为华丽的炫影。大多数研究著作都只是将它作为其学说体系的一个附加部分或者最后一个章节一带而过,使一种规模宏大的教学实践沦为各种皇皇巨论的点缀或补缺。一种对技术表象的恐惧或偏见,使外语教育实践中几乎无处不在的技术化学科研究方法被异质化、边缘化。② 长此以往,中国外语教育发展仍将难以克服理论和实践研究脱节的缺憾,外语教学理论研究本身也难免流于空洞和虚化,不会形成实实在在的本体论意义上的学科理论成果。所谓的理论体系只能处在其他理论基础知识的外围,没有形成自己独立的理论体系或灵魂,也没有取得突破性的进展。

二、外语教学技术学的主要构想

鉴于外语教学理论研究中"技术缺席"的难题,我国学者胡加圣重新提出了"外语教学技术学"这一学科范式。之所以有"重提"的说法,是因为早在20世纪80年代,中国第一本外语教育技术专业期刊《外语电化教学》创刊之初,就有有识之士撰文呼吁研究和发展外语教育技术,如《英国教育技术百科新辞书问世》③《现代教育技术漫谈》④《中国外语教育技术的回顾与展望》⑤等。后来的发展却令人出乎意料,研究者对"外语教育技术"这一概念的关注越来

---

① 胡加圣:《外语教育技术——从范式到学科》,外语教学与研究出版社,2015年版,第3页。
② 胡加圣:《外语教育技术——从范式到学科》,外语教学与研究出版社,2015年版,第8页。
③ 施行:《英国教育技术百科新辞书问世》,载《外语电化教学》,1979年第2期。
④ 吴定柏:《现代教育技术漫谈》,载《外语电化教学》,1979年第2期。
⑤ 陈振宜、戴正南:《中国外语教育技术的回顾与展望》,载《外语电化教学》,1991年第1期。

越少,因此它慢慢地淡出了人们的视野,取而代之的是现在人们经常提到的"多媒体外语教学""计算机辅助外语教学""CALL""网络外语教学"等概念,这不能不说是外语教育学发展的一大遗憾。在这里,我们可以简单对比一下这几个非常熟悉的概念。首先,"计算机辅助外语教学"(即 CALL 的中文名称)是以分句的形式出现的,包含着动词的性质,将其强行作为名词来命名一个学科是不合适的。同时,"辅助"一词将计算机在外语教学中的作用固定在"次要的""从属的""边缘的"地位,这与当前计算机网络与外语教学的生态化整合现状是不一致的。其他的几个词语,"多媒体"是"教育技术"范畴的子概念,是其外延之一。相比较而言,"多媒体"一词的指向相对细致、集中、明确,但是它也不能作为站在学科范畴的高度来统率整个外语教育技术领域的核心词汇。

因此,胡加圣重新提出了"外语教学技术学"这一学科范式。他尝试用外语教育技术学的概念来指代和包含这一领域的一系列其他概念,例如"计算机辅助外语教学(CALL)""多媒体外语教学""外语教育学""新外语教学论""信息技术与外语教学""语言技术与教学""外语电化教学""外语教学技术"等。他的主要目标是要找到一个概念来作为一门实践性学问的总结,并将核心始终聚焦在"谁教、教什么以及如何教"上。2014 年,他先后分别在外研社组织的计算机辅助外语教学研修班和北京工业大学承办的第四届 China CALL 国际会议上介绍了外语教育技术学的理论基础、研究内容、研究对象、研究方法论以及对外语教育技术学专业建设的初步设想。2014 年 11 月,其著作《外语教育技术学——从范式到学科》一书出版。该书系统地梳理了外语教育技术学范式的观点,并且尝试"以技术哲学和教育技术哲学思想为指导,以技术范式的发展转移为主线,分别从外语教育技术的理论基础、学科基础和现实基础入手,来尝试考察中国外语教育技术发展的另一条技术化研究思路,探寻一套适合中国外语教学发展实际要求的技术化、本体化、实用化和特色化研究的方法论体系……并且从理论框架、学科基础、学科属性、实践基础、研究内容、研究方法、研究流派以及发展前景等等几方面进行总结,力图勾勒出外语教育技术学科理论体系的主要轮廓……"[1]。事实上,这本著作的目标是要深度触及外语教学的学科本质,并引发深层次的变革。因此,我国教育技术学专家南国农,著名外语研究专家胡壮麟、陈坚林都对这本著作给予了高度的评价。

---

[1] 胡加圣:《外语教育技术——从范式到学科》,外语教学与研究出版社,2015 年版,第 9 页。

这本著作中提到的"外语教育技术",不是人们以前认为的仪器、工具或物件,而是一种具有经验性、技巧性、艺术性和技术性的关于创造、使用、整合和管理外语教学资源和教学过程的实践与理论研究。它横跨技术运用和语言教学知识,是综合外语教学、外语研究、人才培养、师资培训、理念转变、沟通交流、教育技术、教育传播的跨学科的理论与实践平台。这一研究立足实践成果的现实土壤,对外语教学的学科价值和理论依据进行了完善和补充。可以说,"外语教育技术学"这一范式是能够改善多年来这一领域"理论庞杂、技术缺席"局面的一种开创性的方案。

首先,从外语教育学科发展的角度来看,外语教育技术学的构想关系到一个新的研究方向、研究领域和学科的产生,也关系到外语教学研究这一现有学科的发展。外语教育技术学的研究可以吸收各种教学理论精华,将其纳入教育技术学的理论精髓,补充现代教育技术环境下的外语教学设计等实践研究环节,从而重构富有现代教育技术背景和特色的新型外语教学理论体系,实现对传统的外语教学研究的拓展和超越,对于补充、丰富、拓展和完善外语教学论具有重要的理论突破和创新意义。

其次,教育技术学体系中的"学科教育技术"也急需找到自己学科的逻辑依据和坚实的学科定位。没有"学科教育技术"支撑的"教育技术"学科只有务虚的理论研讨和学科概念,找不到学科建设和学科发展的实践依据,也没有指导学科教学的发力点。教育技术学科体系中一直缺乏学科教学论的逻辑支撑。虽然外语教育技术研究到底属于外语教学范畴还是教育技术学范畴仍属悬而未决的问题,但如果承认外语教育技术的跨学科属性就不难找到答案。跨学科研究,或者叫学科互涉研究,是现代科学发展的基本规律。外语教育技术既是现代外语教学暨应用语言学研究的基本方法论,也是现代教育学和教育技术学学科体系中的学科教学论。作为学科,它有自己成立的基本条件和构成要素,有自己存在的理由和价值。外语教育技术这类具体学科教育技术学框架的搭建,能够给教育技术学的发展提供充分的学科依据,使教育技术学获得源源不断的生命力和学科发展动力,坚定自己的研究方向和学科定位。明确学科归属研究,不仅能有效指导教学实践,避免造成教学实践的费时低效,也能使相关学科相互交融、相互支持,从而促进外语教学事业的全面进步与和谐发展。

再次,一个基于技术范式的新的外语教学理论体系的建立能够解决大学外语教学现实层面相当一部分研究者的身份定位问题。外语专业教师群体里面越来越多的现代教育技术爱好者和使用者、外语教育系统所谓的"教辅"人员暨教育技术人员中绝大部分的研究者和管理者,以及教育学学科序列里面一部分学科教学论研究者,从此有了明确的学科方向以及研究和发展的生存空间,可以专注于自己的研究领域。

最后,一个跨学科的新的外语教学理论体系的建立对外语教学实践具有重要的指导意义。这不仅关系到外语教学整个研究范式的转变,也关乎国家外语教育战略和人才培养的全局问题,将直接影响到国家外语政策的调整、大学外语教学实践的兴衰以及高等教育的质量。

胡加圣关于外语教育技术学的主要理论和观点如下。①

1. "外语教育技术学"概念的划时代意义

基于现代教育技术的外语教学是现代语言教学的主要方式和方法,是有目共睹的宏大实践。如果对基于现代教育技术的外语教学理论研究或外语教育技术缺乏应有的关注,会造成外语教学方法的落后和教学效率的低下。因此,梳理外语教育技术的理论和实践、构建外语教育技术学科框架是外语教育现代化、信息化、技术化发展的自然结果,是外语教育学科发展的逻辑必然。

2. 外语教育技术学是外语教学研究的新范式

关于外语教学范式的研究文章并不多见。迄今为止,笔者从中国知网只找到 1 篇从教育学的视角去研究外语教学范式转换的文章,该文章认为外语教学研究应该从"应用语言学"研究范式转换到"教育学研究范式"②。事实上,现代教育技术与外语课程整合具有天然的关联性。现代教育技术支持下的外语教学是一种新的教学范式。这种范式的转换,按照库恩历史主义"科学革命"的条件来衡量,成为了一门新的学科——外语教育技术学确立的前提。基于计算机和课堂的大学英语教学模式的实施是信息化外语教学范式形成的基础。这一范式的形成和转换标志着外语教育技术学学科的产生。外语教育技术学具有特定的学科思想、学科理论和学科属性,有比较成熟的教学理论、教学模式、研究方法、研究对象、研究内容、研究成果、研究团体和力量,有长期的、大规模的教学实践,以及专业期刊、学术会议、学科建设和人才培养等现实性学术环境和教学环境的支撑,这一切都标志着外语教育技术学学科的雏形

---

① 胡加圣:《外语教育技术——从范式到学科》,外语教学与研究出版社,2015 年版,第 18~21 页。
② 戴忠信:《论外语教学研究的"教育学范式"》,载《中国外语》,2005 年第 6 期。

已经基本形成。

在胡加圣重提"外语教育技术学"的概念以后,这一领域的研究对其反响不一。在中国知网上输入关键词"外语教育技术学",截止到 2015 年 8 月,研究文章为 6 篇,主要刊登在《外语电化教学》《现代教育技术》等核心期刊上,这说明该领域的研究尚在起步阶段,关注者和受众对象并不多。但可喜的是,自 2014 年下半年后,许多学术期刊的文章作者开始将自己的方向定位为"外语教育技术学",取代了已经不再能概括这一领域实践和理论研究盛况的"外语电化教学""计算机辅助外语教学"。这说明部分从事信息化外语教学研究的人员找到了明确的学科方向以及研究和发展空间。我们期待更多的研究者能够接过外语教学技术学研究的接力棒,并在未来取得令人惊喜的突破。

当然,深藏在外语教学和研究人员骨子中的"技术恐惧"仍然是这一学科研究深化发展的巨大障碍。论及技术与外语教学的关系,人们将"技术不会取代教师,但是使用技术的教师可能会取代不使用技术的教师"(Technology won't replace teachers, but teachers who use technology will probably replace teachers who do not.)当作信奉的至理名言。遗憾的是,许多一线外语教师和研究者只记住了这句话的前半句(技术不会取代教师),并将其作为故步自封的借口。但是,正如胡加圣所说,"无论承认与否,技术一直在善恶的论辩与道德的困惑中前进"[①]。我们期待着外语教育技术学的迅猛发展能突破当前理论庞杂和技术缺席的尴尬现实,找到外语教学研究真正的灵魂和生命力。

第二节　E-learning 与 G-learning 的共存

随着现代教育技术在社会生活和教育领域的应用和普及,一场学习的变革正在我们身边悄然兴起。20 年前,在领导当代教育技术发展潮流的西方文化土壤中,不同学科背景的研究者汇聚在一起,共同创造了学习科学(Learning Science)这一学习研究的新天地。近 20 年来,研究者们在从不同角度研究学习模式的创新发展时,提出了一系列具有鲜明的信息时代特色的新名词、新理念,如 E-learning、M-learning(Mobile Learning,即移动学习)、B-learning(Blended Learning,即混合学习)、H-learning(Hybrid Learning,即

---

①　胡加圣:《外语教育技术——从范式到学科》,外语教学与研究出版社,2015 年版,第 2 页。

混合学习)、U-learning(Ubiquitous Learning,即泛在学习)、C-learning(Cyber Learning,即赛博学习)等,对推动学习方式的历史性变革产生了广泛而深刻的影响。这些借助互联网迅速传播的英文名词也成了中文网络上时髦的高频词,并为中国教育研究者,尤其是中国教育技术学和教育学研究者津津乐道。以 E-learning 为例,我们可以来了解一下这些具有信息时代特色的学习方式的主要内涵和特征。

一、E-learning[①] 的内涵、发展与演变

E-learning 的英文全称为 Electronic Learning,中文译作"数字(化)学习""电子(化)学习""网络(化)学习"等。

美国教育部 2000 年《教育技术白皮书》中对 E-learning 给出了比较全面的解释:E-learning 是一种学习者接受教育的方式,包括新的沟通机制和人与人之间的交互作用。这些新的沟通机制主要包括:计算机网络、多媒体、专业网站、信息搜索工具、电子图书馆、远程学习、网上课堂等。总而言之,E-learning 指的是通过因特网进行的教育及相关服务,它让学习的随时随地性成为现实,从而为终身学习提供了更大的可能性。从学习者的角度来看,在 E-learning 的模式下,学生是以一种全新的方式进行学习。从教师的角度来看,E-learning 能够改变教师的作用和师生之间的关系,从而改变教育的本质。从微观层面来看,E-learning 也是提高学生批判性思维和分析能力的重要途径。从与传统教育的关系来看,E-learning 能够很好地实现某些教育目标,但不能代替传统的课堂教学。E-learning 不会取代学校教育,但会极大地改变课堂教学的目的和功能。[②]

关于"E-learning"一词的翻译,目前有三种不同的方法:网络化学习、电子化学习和数字化学习。不同的译法代表了不同的观点:"网络化学习"的译法强调基于因特网的学习;"电子化学习"的译法强调电子化;"数字化学习"的译法强调在 E-learning 中要把数字化内容与网络资源结合起来。事实上,最初

---

① 为了和后文的 G-learning 趋势形成鲜明对比,本书的作者没有对这些信息化的学习方式做细微的区分,目的是突出两种截然相反的学习方式的对比。作者将前文提到的所有具备现代信息化共性的学习方式统称为 E-Learning。

② 张俐蓉,译.美国教育部教育技术白皮书[Z].选自《现代教育资源精选(一)》.上海市教科院现代教育实验室,2001. http://www.docin.com/p-82683329.html.

的 E-learning 本来是指网络化学习（强调基于因特网的学习），其主要特征是在网络学习环境中，汇集了大量数据、档案资料、程序、教学软件、兴趣讨论组、新闻组等学习资源，形成了一个高度综合集成的资源库。但在实际应用中，人们有时又把基于多媒体资料的数字化学习也包括在 E-learning 的范畴中。例如，美国教育部前部长赖利（Richard W. Riley）在 2000 年 12 月向美国国会递交的"国家教育技术计划"[1]中，就是以 E-learning 作为整个计划书的总标题，但是在该计划书的四章内容中又在多处提到基于多媒体资料的数字化内容（这类内容包括 CD-ROM、数据文件、计算机模拟、数字音视频等），并强调在 E-learning 中要把数字化内容与网络资源结合起来。在赖利部长的计划书中，E-learning 不仅仅是指"网络化学习"，而且还指"数字化学习"。由于"电子化学习"的概念过于广泛，所以笔者认为把"E-learning"翻译为"数字化学习"是比较适当的。同样，如果强调 E-learning 的数字化特征，那么它的内涵就应该扩大到数字化的内容。因此，我国学者何克抗将其定义为："E-learning 是指通过因特网或其他数字化内容进行学习与教学的活动，它充分利用现代教育技术所提供的、具有全新沟通机制与丰富资源的学习环境，实现一种全新的学习方式；这种学习方式将改变传统教学中教师的作用和师生之间的关系，并从根本上改变教学结构和教育本质。"[2]

E-learning 的出现很快带来了远程教育的变革。首先，它实现了远程的面授教学（Teaching Face-to-face at a Distance），补偿了远程学习（Distance Learning）的一些先天不足。在技术层面上，它可以使用卫星电视、视频会议系统、计算机网络等先进技术。E-learning 在全世界上取得了令人瞩目的成就，英国的开放大学、中国的广播电视大学在 20 世纪八九十年代都采用了这些技术，并取得了很好的教学效果。

随着互联网速度的进一步升级，E-Learning 在网络教学和培训中发挥了重要的作用。一般来说，E-learning 依据的网络教学平台会包含以下几个方面：CMS（Content Management System，即内容管理系统）、LMS（Learning Management System，即学习管理系统）、LCMS（Learning Content

---

[1] Riley, R. W. *E-learning：Putting a World-class Education at the Fingertips of All Children（The National Educational Technology Plan）*. Office of Educational Technology, U.S. Department of Education, 2000.

[2] 何克抗：《E-learning 的本质——信息技术与学科课程的整合》，载《电化教育研究》，2002 年第 1 期。

Management System，即学习内容管理系统）、LAMS（Learning Activity Management System，即学习活动管理系统），以及 PLE（Personal Learning Environment，即个性化学习环境）。

　　E-learning 曾经在美国的企业培训中得到了广泛的应用。但是，随着时间的推移，人们发现，E-learning 只能解决企业培训过程中的部分问题，而在培训效果方面，因为缺乏课堂效果的营造和积极的教学互动，效果比不上面对面的培训。为了进一步优化 E-learning 的应用，提升 E-learning 的培训效果，国际教育技术界在对网络化学习深入思考后提出了"混合式学习（Blended Learning）"的构想，由最优秀的教师为 CD、DVD 提供教学内容，或者直接在课堂中讲课，通过直播的方式展示给计算机网络环境下的学习者。教师结合 CD、DVD 的内容，或者根据网络直播的内容，再进一步开展现实课堂中的教学。通过这样的教学设计，现场的学习和非现场的学习就能有机结合起来。并且，教师可以根据学习者的需要，选择一次或者多次播放教学 CD 或者 DVD 的内容，将课堂教学的优势和远程教学的优势进行合理的协调。

　　随着科技的不断进步和网络技术的进一步发展，又有研究者提出了 M-learning（Mobile Learning，即移动学习）的概念。这是 E-learning 理念进一步深化发展的结果。M-learning 强调可以随时随地进行自由的学习。它采用的技术是移动通讯设备和 Bluetooth、IEEE 802.11 等无线通讯协议。2005 年，随着功能不断增强的播客（Personal Optional Digital Casting，即个性化的可自由选择的数字化广播，简称为 Podcasting）的出现，学习者可以随时随地利用融合文字、书签、图片和视频片段等资源进行学习。也就是说，任何用户都可以将网络上免费发布的各类节目下载到本地的计算机或者 iPod、MP3 等数字移动终端进行收看（听），不再受时间、地点的限制。Podcasting 成为继博客（Blog）之后一个迅速发展的新媒体。自此，学习者将不再需要紧紧地和自己的电脑及网络相连，他们可以在登山时学习，在海滩漫步时学习，或者在城市街道慢跑时学习。

　　而另一个概念——泛在学习（U-learning，即 Ubiquitous Learning），是数字学习（E-learning）的延伸，它克服了数字学习的缺陷或限制。泛在学习，顾名思义，就是指无时无刻的沟通、无处不在的学习，是一种任何人可以在任何地方、任何时刻获取所需的任何信息的方式，也是利用现代教育技术让学生可以在任何地方随时使用手边可以取得的科技工具来进行学习活动的 4A（Anyone，Anytime，Anywhere，Any Device）学习。

　　赛博学习是在"数字原住民（Digital Natives）"出现之后提出的数字化学

习概念。现代教育技术的发展深刻改变了人类社会的基本面貌,还孕育了一代新人,即"数字原住民"。他们花在看电视、打电话、玩游戏、发送电子邮件、看视频、阅读网络新闻上的时间远远超过他们花在传统意义上的读书的时间。他们每天浸润在具有极高参与性的网络文化中,使用各种各样的软件工具、开放教育资源、移动设备和宽带网络。因此,对他们来说,大量的学习发生在校园之外的开放性、非正式的环境之下。面对这一情势,美国国家科学基金会(National Science Foundation)召集了一批知名的教育信息化专家和学习科学研究家,于2008年6月推出了主题为"推进网络化世界中的学习:赛博学习的机遇和挑战"的战略咨询报告,正式提出了Cyber-learning的概念和一系列战略构想。① 美国国家科学基金会将赛博学习定义为"以网络化计算机和通讯技术为中介的学习",其主要愿景如下:在赛博学习时代,教育不再是稀缺资源,学习机会唾手可得;家庭、社会和学校共同编织了一张无处不在的学习之网,各种数字内容就像纸张和书本一样普遍易得;学习者从远程虚拟实验室或者从远程传感器下载实时数据并对其进行可视化分析,进行创造性的问题解决;各种各样的数字设备使他们虽然身处校外也可以随时随地展开交互,使用移动技术获得开放的学习资源;在虚拟环境中利用各种各样的技术设备对学习者的轨迹进行持续的实时追踪和记录,对其学习成绩做出准确和及时的评估,并给出必要的指导。②

近两年来,MOOC、翻转课堂和碎片化学习(F-Learning,即Fragmental Learning)又成为了教育技术学研究的热门。可以说,信息化的学习方式一直是一个"江山代有才人出"的领域。

我们可以看到,从数字化学习到碎片化学习,每个概念的提出都是在现代教育技术和互联网技术发展的基础上对上一个概念的创新和突破。但是,每个概念之间并不是单纯的替代关系,它们同生共存,在内涵上互为补充,在外延上有所重叠,但又在不同的侧面有所突破。例如,数字化学习和赛博学习有许多类似的地方,它们都是建立在互联网技术基础上的学习方式。但是相比较而言,赛博学习更多侧重于学习的非正式性和开放性,更强调学习场景和生

---

① 郑旭东,余青兰,严莉:《赛博学习:学习科学创新发展的新战略支点》,载《现代远程教育研究》,2011年第4期。

② Cox, J. *Education in 2015:Cyberlearning for Digital Natives*[J/OL]. Network World,2008. http://www.networkworld.com/news/2008/103008-cyberlearning-2015.html.

活场景的融合。在这一点上,赛博就更加接近于以 4A 为特征的泛在学习。而泛在学习本来就包含了移动学习的特征:既然学习是随时随地发生的,那自然需要能够时刻跟随在学习者身边的移动设备。

从数字化学习到碎片化学习,每个口号的提出都立足于不同的时代背景,有不同的侧重点。但是,站在中国教育信息化的实践中反思以上多个源自西方文化教育土壤的数字化学习新概念,我们突然发现,它们几乎都是站在学习之外对学习的研究和表述,应用的是西方近现代科学实证主义、科学主义的思维方式和研究方法,注重分析,追求客观,在某种程度上极有可能导致主客分离、事实与价值分离、科学与人文割裂。因此,它们没有,也不可能包含对学习活动及其后果的价值判断,尤其缺乏对学习主体内在身心健康的关注和人文关怀。

20 年前,国际互联网掀起的"数字化生存"浪潮开始改变人们的工作方式、生活方式和学习方式。当时很多现代教育技术的崇拜者曾乐观地预言:电子屏幕上的 E-learning 将会取代书本学习,计算机将代替老师,将颠覆课堂与学校……。结果,尽管 E-learning 在大众传媒、医疗卫生、企业培训、军事训练、文化生活等领域高歌猛进,却在学校课堂面前喜忧参半。尽管学校为师生配置了计算机、架起了互联网、实现了"校校通"甚至"班班通",但究其本质,许多学校大量配置的数字化设备仅仅被用作"黑板搬家"和"教科书搬家",与仍旧是教师为中心的课堂讲授一起构成"人灌+机灌"的被动局面,反而加剧了学习的异化。"三中心"(以书本知识为中心、以教师为中心、以课堂讲授灌输为中心)的学校教育中厌学之风愈演愈烈,学习者的电子游戏沉迷、网络上瘾等现象无一不呈现出"电子鸦片"惊人的魔力。现代教育技术"双刃剑"的负面影响使家长和教师望而却步,在数字化王国中诞生、成长的新一代学生也对 E-learning 时代的学校教育产生了严重不满。

的确,现代教育技术是一把"双刃剑"。对于 E-learning 之类数字化学习方式所导致的学习变革必须从人类文明发展的大视野中对其进行深刻的价值评判,并组织教育系统、引导社会公众自觉地趋利避害。在立足中国思维方式和东方学者文化直觉和未来使命感的前提下,桑新民等研究者提出了一个融合东西方文化色彩的学习概念——绿色学习,即 Green Learning,简称 G-learning。[①]

---

① 桑新民,等:《媒体与学习的双重变奏——教育技术学的生成发展与国际比较研究》,南京大学出版社,2014 年版,第 308 页。

二、G-learning 的概念形成和主要构想

扎根于中国的文化土壤,创造适合中国国情以及民族心理的学习方式,挣脱、克服现实中严重异化的教育文化土壤,在返璞归真中努力找回健康、快乐学习的本来面貌,实现人类共有的对健康、美好、高效学习生活的期盼与愿景,桑新民等研究者们提出了"G-learning"的学习概念,其主要内涵如下。①

1. G-learning 是遵循学习规律、使学习生活走向健康的理想追求与价值导向。

G-learning 所提倡的绿色应该是人类学习之本色。在东西方文化中,绿色蕴含着生命力、纯真、希望等意义,还意味着逆境中的成长、艰难中的奋进、成功中的从容与喜悦等一切积极向上的精神力量。而这些本来也是人类的学习行为应该具备的本质特征,即学习意味着专注、克服困难、积极向上、收获知识、促进人类的身心成熟、促进社会的进步和发展。然而,这一切本该属于学习的特质在今天的学校、家庭、社会等各种形式的学习活动中越来越稀少。学习在许多学生的心目中从来不是绿色,而是灰黑、苍白、暗淡。与这些异化的学习色彩相伴随的学习心态则是紧张、焦虑、孤独、烦恼、恐惧、悲观……这些寄生于异化学习环境中的色彩与负面心态如同瘟疫一样蔓延,甚至让学习变得妖魔化。G-learning 概念的提出就是要坚定不移地向这些异化的学习色彩与情绪挑战,使学习恢复其自然、健康、积极的本来面貌。这可能会是一个艰苦、漫长的过程,但其美好的愿景和永恒正确的导向值得人们毕生去追求。

2. G-learning 是高效率的学习,是能够激发学习者强烈兴趣和动力的学习,是使学习者成为学习的主人的学习。

G-learning 概念起源于在数字化时代中国文化对东西方学习理念兼容并包的初衷。"乐学"理念在东西方教育史上由来已久。我国大教育家孔子在《论语》中开篇提出"学而时习之,不亦说乎?"②,意在强调学习本身是一种内在的快乐和享受,这种学习智慧可被称为最早的 G-learning。西方 17 世纪的

---

① 桑新民,等:《媒体与学习的双重变奏——教育技术学的生成发展与国际比较研究》,南京大学出版社,2014 年版,第 308~310 页。

② 孔子,等:《论语》,中华书局,2006 年版,第 12 页。

捷克教育家夸美纽斯曾在被奉为西方教育圣经的《大教学论》扉页上写道:"我们这本《大教学论》的主要目的在于:寻求并找出一种教学的方法,使教员因此可以少教,但是学生可以多学;使学校因此可以少些喧嚣、厌恶和无益的劳苦,多具闲暇、快乐和坚实的进步。"①从中我们可以看到,"快乐"同样是夸美纽斯所要强调的关键词,这段话也可以称得上是早期西方 G-learning 理念的宣言书。遗憾的是,中外教育家不约而同所共同倡导的这种美好学习的理念和理想,却逐渐被三百多年由西方工业文明引领的文化生态所扼杀。孔子和夸美纽斯所期盼的那种高效、快乐的"绿色"教学模式并未出现,与工业流水线如出一辙的"三中心"教学模式(以书本知识为中心、以教师为中心、以课堂讲授灌输为中心)却牢牢控制着西方的学校课堂,并且以进口舶来品的优势,很快与深受科举制度影响的功利主义的中国教育一拍即合,造成枯燥无味、千人一面的中国学习文化,与孔子所向往的"不亦说乎"的学堂和夸美纽斯极力倡导的"快乐学习"完全背道而驰。现代教育技术的降临为超越这种异化、非人性学习的文化带来了新的希望。在现代教育技术创造的数字化生存空间中,各种崭新的学习手段、学习环境、学习模式正如雨后春笋般涌现,这正是倡导古今中外教育家 G-learning 的美好理想的最佳时机。

3. G-learning 是应用现代教育技术所创设的学习新时空、新环境和新资源,是学习走向人性化、个性化、自主化、团队化、智能化、生活化、艺术化的必经之路。

在此以个性化为例作简要说明。在我国的教育中,"因材施教"一直是广大教师和教育研究者所共同信奉的准则。教育必须尊重每个学生的个性特征和性格差异,理想、高效的学习一定是个性化的学习,最好的教育一定是符合每个学习者个性特征的教育。然而,在传统的教学模式中,一个老师面对着众多学生,每节课要讲授的知识内容都有明确规定,个性化学习的实现几乎完全没有可能。但是,随着信息时代的到来以及互联网庞大资源库的出现,各种交互式、智能化学习社区和环境的构建为个性化的高效学习创造了新的空间,也让自主学习、研究性学习、协作学习在虚拟与现实相结合的学习环境中越来越普遍。教师的作用也随之发生变化,从原来的"中心"隐退为现在的"主导",学生的创造性学习能力在新环境中得到了前所未有的肯定。站在 21 世纪世界教育改革的前沿阵地,现代教育技术支持下的个性化学习新模式正在破土而

---

① 夸美纽斯:《大教学论》,教育科学出版社,1999 年版,第 5 页。

出、茁壮成长，健康的 G-learning 正慢慢成为可能，同时还为个性化、自主化、团队化、智能化、生活化、艺术化学习的构建提供了无限发展的可能。

4. G-learning 是学习研究中科学方式与艺术方式的内在统一。

如果将学术研究方法进行一般性的区分，可简单分成两种：一种是科学的方法，一种是艺术的方法。这两种方法截然不同，却又同存共荣，共同创造着纷繁复杂、精彩绝伦的学术世界。桑新民等学者所提出的"绿色学习"概念中，"绿色"是形容词，不是名词，因此"绿色学习"不是一个科学方法的概念，而是一个艺术方法的概念，是对学习方式的艺术化的描述、提炼、总结和向往。它的重点是在思考、争辩和统一中推动学习朝着有益于人类个体、群体、民族、社会的方向健康和谐地发展。绿色学习包括个体、学校、社会、家庭中的各种正式与非正式、自觉与不自觉、有意识与无意识的所有学习活动与学习行为。在人类文明和教育的历史发展中，对于牵涉到不同集团、不同利益且又具有模糊性特点的异常复杂的社会问题，综合采用这种艺术化的概念和提法往往会比孤立地使用科学方式更加有效。艺术化的处理方式能够依靠情感和想象的力量，使赤裸裸的利益纷争边界变得模糊，从而巧妙地避开不同个体、群体、集团之间相互冲突的利益关系。在当今社会复杂问题的研究和解决中，这种艺术化的方法论不仅被广泛运用，而且已经与各种科学方法越来越紧密地融为一体，如联合国"绿色和平组织"、印度"绿色革命"之奇效、跨国边境上的"绿色通道"等。环保研究和行动中绿色更是无处不在。近十年来，绿色环保理念已在校园的基建、节能减排中深入人心，但是低效、枯燥、充满厌学情绪、缺乏创造力的课堂是对人力资源和学习资源的巨大浪费。倡导绿色学习，就是要将校园文化建设中的绿色环保观念带入学校教育变革的基础和关键地带，并由此引发家庭、社会教育全方位的变革和可持续健康发展。

G-learning 与 E-learning、M-learning、F-learning 等西方创造的学习概念的不同之处在于：它是一个具有鲜明价值导向、兼顾科学与人文内在统一并带有东方哲学与思辨色彩的学习概念。其英文构词形式采用了与 E-learning 类似的构同法，表现出数字化时代学习新概念共同的特征，因此容易为西方学者和公众所理解和接受，也很容易像 E-mail 一样成为中国学习者广泛接受的外来词汇。G-learning 是一个明显携带健康学习文化价值取向的新概念。如果它能够作为一个学习科学范畴的新概念被人们广泛接受，那么它所倡导的"21世纪学习新文明"的文化精神、价值导向、情感态度也就能随之广泛传播开来，并会对未来的学习模式产生长远而深刻的影响。

当然，G-learning 概念的提出是用艺术化的方式处理具体工作问题的一种实践尝试，目前该概念的提出者并没有提出可操作的具体政策和措施。要将 G-learning 落到实处、取得实效，需要将其与科学方法结合在一起综合运用，生成较为系统的概念、原则、方法和流程，从而使之超越纯粹艺术构想的范畴，具备实际的、可操作性的特征。当然，G-learning 与纯粹科学的严格计划和基础设施建设中的工程项目有很大的区别，后者往往是线性的、封闭的，而前者则是开放的、不断生成的。G-learning 方式有助于在实施过程中最充分地调动各方面的积极性和创造性，使开放的计划不断丰富和完善。总而言之，G-learning 理念的提出和探索是从学习的本质出发对工业文明导致的异化学习文化土壤的反思，是在数字化时代人类生产、生活方式变革视野下对学习方式变革和学习研究方法论创新的一种突破，对 G-learning 学习理念和学习智慧的探索和研究具备广阔的发展前景。

三、G-learning 与多媒体外语教学

在本章的最后一节，笔者重新回到多媒体外语教学的视角，来探讨 G-learning 构想在未来现代教育技术支持下的外语教学理论和实践中的意义。从起源上讲，多媒体外语教学是指基于听、说、读、写、看、触、思等多种感觉功能，运用学习者的眼、耳、嘴、手、脑等多种感觉器官，借助信息技术的多种音、视频语言教学信号的录制、播放、传输、使用、欣赏等功能和过程的语言实践互动。后来，随着语言实验室、网络教学平台以及当前大规模网络在线课程的发展以及便捷丰富的外语教学资源的建设，这种教学模式成为了迄今为止运用最多、形式最为普遍的外语教学模式。由于现代多媒体外语教学中包含着模拟技术、数字技术和网络技术等特征，因此笼统地讲，所有的现代外语教学模式都可以理解为多媒体外语教学。所以，对这一技术形态的研究也最为广泛、普遍，这也是本书选择这一主题进行研究、探讨的原因。同时，多媒体的概念在当下的外语教学语境研究中已经和"多模态"外语教学紧密联系起来。从语言研究到语言教学，多媒体的概念内涵不断扩大，并且逐渐形成了专门的"多模态"语言教学研究以及"多媒体""多模态""多语境"等"三多"外语教学研究学派。[①]

可见，多媒体外语教学表现出内涵更加广泛、理念更加丰富、过程更加复

---

① 顾曰国：《教育生态学模型与网络教育》，载《外语电化教学》，2005 年第 4 期。

杂、技术更加先进的趋势。但是，前文所提到的当前数字化教学的弊端在外语教学中同样存在：复杂多样的数字化设备仅仅被用作"黑板搬家"和"教科书搬家"，课堂讲授变成了"人灌+机灌"，学生来到课堂似乎只是为了拷贝某个课程的PPT。

我国研究者于海和钟晓华2007年对上海市12所高等院校（其中部属3所，市属9所）的1615名大学生进行了抽样调查，结果显示，在外语、计算机和专业等10项社会用人单位最看重的能力中，学生反映自己的外语能力提高最不理想，排在10项能力的倒数第一。抽样的学生认为自己的外语能力"有很大提高"的仅为11.3%，"有一定提高"的为45%，"没有提高"的为23.6%，"反而下降"的达到20%。[①] 赵庆红等在2008年对武汉、北京、西安、济南和长沙的12所高校的2283名大一和大二学生的调查中发现，认为"大学英语学习收获很大，英语水平得到了提高"的仅为6.7%，"收获不大"的为36.2%，"英语学习劳而无功"的为32.5%，"英语水平没有进步反而退步"的为24.6%。[②] 2010年，蔡基刚对8个省市16所本科院校的1246名大二和大三学生进行了调查，结果发现，在回答"整体说来，我觉得自己现在的英语水平较之刚入学"时，表示"有较大提高"的为3.9%，"有些提高"的为35.23%，"基本没有提高"的为25.4%，"有些下降"的为35.1%；回答"总体而言，我对我校的大学英语教学""基本满意"的为20.54%，"比较满意"的为31.38%，"勉强满意"的为35.39%，"不满意"的为12.6%。[③] 这些调查的样本人数基本上在1000～2000之间，牵涉的院校覆盖我国不同地区的多个省份和城市，学校层级也较为多样化（既有部属，也有省属），因此调查结果的可信度很高。所有调查报告都反映出一个同样的信息：尽管大学英语在2003年改革之后，学习环境日益改善，学习资源日益丰富，外语教学投资日益增加，教师学历越来越高，技术手段越来越先进，但是这一切并没有改变我国大学英语教学多年来一直存在着

[①] 于海，钟晓华：《2006—2007年上海大学生发展报告综述》，载《复旦教育论坛》，2008年第1期。

[②] 赵庆红，雷蕾，张梅：《学生英语学习需求视角下的大学英语教学》，载《外语界》，2009年第4期。

[③] 蔡基刚：《全球化背景下我国大学英语教学目标定位再研究》，载《外语与外语教学》，2012年第3期。

的费时低效的局面。①②③ 大学英语课程俨然已经成为最不受欢迎的课程之一。从2003年开始大规模推进的"基于计算机和课堂的大学英语教学模式"改革和当前的多媒体外语教学并没有从根本上解决大学英语教学长期存在着的费时低效的问题,也没有能够在很大程度上提高学生对英语课堂的兴趣。因此,G-learning构想对我国当前多媒体英语教学和大学英语教学中长期存在的问题的解决提供了一个全新的思路,具体表现为以下两点。

1. G-learning的学习观完全适合未来大学英语教学"人文性和工具性并重"的课程性质

根据课程论的理论,课程是在满足社会种种需求的过程中生成的,制订与修订课程目标有3个依据:学生发展的需求、社会发展的需求和学科发展的需求。④就大学英语而言,学生需求和社会需求对课程设置的影响非常重要。大学英语作为一门课程,其学科知识体系相对稳定,内容与学生的起点语言水平和社会发展水平密切相关,因此它对学生和社会需求非常敏感。⑤

在学生需求方面,大学英语课程需要面对两个方面的新变化:一是各省市高考改革中英语科目的考核方式和比重出现了较大差异,结果导致了新生英语水平两极分化趋势加大,学生需求差异性增强。如何照顾到不同层次的学生个性化的学习需求,为高水平学生提供一流的外语学习环境,同时帮助一般水平学生取得进步,是大学英语课程设置必须重点考虑的问题。二是在《普通高级中学英语课程标准(实验稿)》⑥全面实施之后,高中生英语整体水平有了明显提高。目前全国高考英语词汇要求已达3500个左右,新课标九级的词汇量是4500个,完全接近大学英语四级考试对学生的词汇掌握要求。王守仁和

---

① 程晓堂,康艳:《关于高校英语教学若干问题的思考》,载《中国大学教学》,2010年第6期。
② 戴炜栋:《外语教学的"费时低效"现象——思考与对策》,载《外语与外语教学》,2001年第7期。
③ 井升华:《我国大学英语教学费时低效的原因》,载《外语教学与研究》,1999年第1期。
④ 钟启泉,汪霞,王文静:《课程与教学论》,华东师范大学出版社,2008年版。
⑤ 蔡基刚:《全球化背景下我国大学英语教学目标定位再研究》,载《外语与外语教学》,2012年第3期。
⑥ 中华人民共和国教育部:《全日制义务教育普通高级中学英语课程标准(实验稿)》,北京师范大学出版社,2001年版。

王海啸对大学英语教学改革情况的调查发现,越来越多的高校在逐步减少通用英语基础课的学分,层次越高的学校越明显。

在社会发展需求方面,随着我国整体国力的大幅度提升和国际经济文化交往的迅速扩大,我们正由"本土型国家"转变为"国际型国家",外语学习的目的正由"向己型"转变为"向他型"。"向己型"学习者只需学习国外的先进科学技术和管理经验等,范围一般限于社会高层和精英;"向他型"则是强调语言应用和服务于工作交流,因此所有相关领域的从业人员都需要掌握特定领域的外语技能。[①] 胡学文等的调查发现超过七成的社会用人单位认为英语比较重要,其中企事业单位最看重与本单位业务相关的英语知识,认为大学英语教学要加强针对性,结合专业特点开展教学。[②] 这就对大学英语教学提出了专门用途英语教学的需求,并在某种程度上和大学英语历年来一直重视的人文通识英语的课程定位相矛盾。

关于大学英语应该突出专门用途英语还是人文通识英语,长期以来一直有争论。蔡基刚[③]和孙有中、李莉文[④]等研究者强调大学英语的工具性,并有学者据此提出了基于 ESP(English for Specific Purpose,即专门用途英语)课程体系的大学英语教学连续体模型[⑤]。王哲、李军军[⑥]和殷和素、严启刚[⑦]等则强调大学英语的人文性,提出人文通识英语的课程设置思路。事实上,大学英语学习的主要目标是要掌握一门有助于进行专业学习和工作交流的工具,具有工具性的特征;同时,大学英语教学有责任帮助学生了解西方人的思维方式和习惯,以批判性的眼光看待西方文化及核心价值,培养跨文化交际能力,

---

[①] 李宇明:《中国外语规划的若干思考》,载《外国语》,2010 年第 1 期。

[②] 胡学文,吴凌云,庄红:《大学英语社会需求调查分析报告》,载《中国外语》,2011 年第 5 期。

[③] 蔡基刚:《误解与偏见——阻碍我国大学 ESP 教学发展的关键》,载《外语教学》,2013 年第 1 期。

[④] 孙有中,李莉文:《CBI 和 ESP 与中国高校英语专业和大学英语教学改革的方向》,载《外语研究》,2011 年第 5 期。

[⑤] 刘梅:《基于 ESP 课程体系的中国大学英语教学连续体模型探索》,载《外语电化教学》,2013 年第 1 期。

[⑥] 王哲,李军军:《大学外语通识教育改革探索》,载《外语电化教学》,2010 年第 5 期。

[⑦] 殷和素,严启刚:《浅谈大学英语通识教育和专门用途英语教学的关系——兼论新一轮大学英语教学改革发展方向》,载《外语电化教学》,2011 年第 1 期。

因此又具有人文性的特征。至于为什么会出现"工具性和人文性孰轻孰重"的辩论,正如胡杰辉所言,出现争议是正常的,热烈争论本身就说明二者对高等教育的目标而言不是"零和博弈"关系。① 因此,要想全面实现大学英语的课程目标,就应该将专门用途英语课程和通识英语课程这两个模块都纳入大学英语课程的教学中来。出于对这两个方面的考虑,教育部2014年12月推出的《大学英语教学指南》(征求意见稿)对大学英语的课程性质做了如下规定:"大学英语课程是高等学校人文教育的一部分,兼有工具性和人文性双重性质。就工具性而言,大学英语课程是基础教育阶段英语教学的提升和拓展,主要目的是在高中英语教学的基础上进一步提高学生英语听、说、读、写、译的能力。大学英语的工具性也体现在专门用途英语上,学生可以通过学习与专业或未来工作有关的学术英语或职业英语,获得在学术或职业领域进行交流的相关能力。就人文性而言,大学英语课程重要任务之一是进行跨文化教育。语言是文化的载体,同时也是文化的组成部分,学生学习和掌握英语这一交流工具,除了学习、交流先进的科学技术或专业信息之外,还要了解国外的社会与文化,增进对不同文化的理解、对中外文化异同的意识,培养跨文化交际能力。人文性的核心是以人为本,弘扬人的价值,注重人的综合素质培养和全面发展。"②

大学英语课程工具性和人文性的双重性质,和G-learning所强调的学习研究是科学方式与艺术方式的内在统一不谋而合。工具性内容适合用科学的方法来学习,人文性的内容适合用艺术的方法来赏析。两种性质、两种方法截然不同,却又同存共荣,并共同创造多样化、多维度、多层次的大学英语课堂:科学性的方法重在描述、提炼、总结、记忆,人文性的方法重在思考、争辩、赏析、反思;科学性的方法重在客观,人文性的方法重在主观;二者共同打造工具性和人文性并重的未来大学英语课堂。

2. G-learning的学习观是对我国大学英语教学的重新审视和回顾

如前所述,在大学英语教学中长期存在着的费时低效问题一直是阻止其发展进步的一大禁锢。多年来,外语教学研究者和一线教师广泛借鉴教育学、心理学的理论体系和方法,从行为主义、认知主义、建构主义到人本主义,从美国结构主义、转换生成语法到功能语言学派,从语法翻译法、听说教学法、直接

---

① 胡杰辉:《目标导向的大学英语课程体系研究》,载《中国外语》,2014年第6期。
② 教育部高教司:《大学英语教学指南》(征求意见稿),2014。

法、认知法、自然学习法到交际法,从全身反应法、沉默法、同伴学习法到暗示法,所有的研究和实践都是建立在西方教育学、心理学和二语习得理论的基础之上。人们借鉴一切舶来的优秀理论和实践成果,在西学东渐、洋为中用的过程中逐渐形成了我国外语教学,尤其是大学英语教学的特有体系和结构,也导致了这一领域的理论和实践与中国社会环境和文化语境的深刻矛盾。在中国,外语教学(尤其是英语教学)从幼儿园、小学一直延伸到大学的博士生培养阶段,在全世界很少能找到像大学英语这样牵涉人数如此之广、规模如此之大、延续时间如此之长、耗费社会大量人力、物力的语言学习科目。一边是从20世纪末到21世纪初开始的对"大学英语教学费时低效"越来越多的诟病,一边是大学英语四级考试在中国一统天下并成为用人单位的门槛标准。中国大学英语教学在全盘西化的理论指导下,随着我国经济和文化的飞速发展以及社会的诟病逐渐形成了今天的局面。①

从20世纪80年代开始的早期计算机辅助外语教学,到2003年开始试点推行的基于计算机和课堂的大学英语教学改革,再到2014年底开始呼吁的基于课堂和网上在线课程的翻转课堂等混合式教学模式改革,各种E-learning模式下的课堂模式、教学模式、教学设计、资源建设、评估管理纷纷进驻大学英语课堂,从而催生了大量的电子书、网络学习资源、网络学习平台和各种专门的英语学习网站、英语学习语料库和学习者档案袋。E-learning格局下的解决方案能解决所有问题吗?为什么技术装备越来越先进的大学英语课堂仍然被评为"最不受欢迎课堂"?为什么经过30年的高校外语教育、10年的大规模基于计算机和课堂的大学英语教学模式改革,反而会让蔡基刚等研究者高喊"大学英语消亡",并被称为"大学英语的掘墓人"②呢?既然在E-learning的系列框架下总是存在着无法解决的问题,何不大胆尝试植根于中国文化土壤的G-learning学习观呢?孔子在2000多年前吟唱的"学而时习之,不亦说乎?"和夸美纽斯在17世纪就心向往之的"闲暇、快乐和坚实的进步"③为什么不能够成为外语课堂的主基调、主旋律呢?如何在外语学习的课堂中,去体验专注、克服困难、积极向上和全方位的身心成熟,在计算机和网络构建的环境下去拥抱放松、快乐、愉悦、健康、积极的绿色学习,遵循外语学习的客观规律,摒弃一切异化、功利化的目标,停止在概念炒作和舶来品贩卖中去毒害外语课

---

① 戴炜栋:《中国高校外语教育30年》,载《外语界》,2009年第1期。
② 蔡基刚:《我国大学英语消亡的理据与趋势分析》,载《外语研究》,2012年第3期。
③ 夸美纽斯:《大教学论》,教育科学出版社,1999年版,第5页。

堂,向异化的、灰色的、暗淡的学习色彩和妖魔化的学习情绪挑战,使学习恢复其自然、健康、积极、快乐的本来面貌,是值得当前广大外语教师和研究者们积极探索并为之付出毕生努力的道路。

本章将"E-Learning"和"G-learning"作为一组相对的概念提出来,其实是对围绕"媒体"和"学习"两大范畴的相关理论和体系的再次回归。本章中出现的 E-Learning 和 G-learning 与前文提到的 F-learning、M-learning 等具体的学习方式不同,它们更多侧重对外语学习中技术和人文因素的不同偏向。侧重于 E-Learning 的学习者更加偏爱科学和技术的方法,侧重 G-learning 的学习者更加偏爱艺术和情感的方法。无论如何,科技的发展、时代的进步、新媒体的不断涌现将继续改变未来多媒体外语教学的媒体选择、媒体组合和媒体使用。我们可以大胆地展望一个美好的未来:媒体的选择和组合符合安全环保的绿色标准,媒体在外语教学中的应用如羚羊挂角不留痕迹,学习者在超级媒体创建的高度仿真的虚拟现实中进行完全真实的学习和测试,外语的教学从此快乐、健康、高效,完全抛弃了工业文明时期机械、异化、枯燥、刻板的陋习,人类自古向往的"学而时习之,不亦说乎?"和"闲暇、快乐和坚实的进步"外语课堂最终得以全面实现。

参 考 文 献

一、国外专著

1. Bransford, J. D., Brown, A. and Cocking, R. *How People Learn: Mind, Brain, Experience and School*. Washingtong DC: National Academy Press, 2000:131~132.

2. Cochran, Lee W. *OKOBOJI: A Twenty Year Review of Leadership 1955~1974*. Greenwich, CT: Information Age Publishing, Inc., 2004:255.

3. Finn, James D. *Extending Education Through Technology*. Washington DC: Association for Educational Communications and Technology, 1972:78.

4. Johnson, L., Adams, S. and Witchey, H. *The NMC Horizon Report: 2011 Museum Edition*. Austin, Texas: The New Media Consortium, 2011.

5. Krashen, S. *The Input Hypothesis: Issues and Applications*. London: Longman, 1985.

6. Mayer, R. *The Cambridge Handbook of Multimedia Learning*. Cambridge: Cambridge University Press, 2005:47.

7. Saettler, P. *A History of Instructional Technology*. New York: McGraw-Hill, 1968.

8. Saettler, P. *The Evolution of American Educational Technology*. Englewood, CO: Libraries Unlimited, 1990:17.

9. Seels, Barbara B. and Richey, Rita C. *Instructional Technology: The Definition and Domains of the Field*. Washington DC: Association for Educational Communications and Technology, 1994.

10. Twitchell, David. *Robert M. Gagne and M. David Merrill: In Conversation*. Englewood Cliffs, New Jersey: Educational Technology Publications, 1991:39.

11. Warschauer, M. and Kern, R. *Network-Based Language Teaching: Concepts and Practice*. Cambridge: Cambridge University Press, 2000:17~18.

二、国内专著

1. 柴少明.计算机支持的外语协作学习[M].北京:科学出版社,2013.
2. 陈仲庚,张雨新.人格心理学[M].沈阳:辽宁人民出版社,1986.
3. 大学文理科英语教学大纲修订组.大学英语教学大纲(高等学校理工科本科用)[M].上海:上海外语教育出版社,1986.
4. 大学英语教学大纲修订工作组.大学英语教学大纲(高等学校理工科本科用)[M].北京:高等教育出版社,1985.
5. 顾曰国,等.计算机与英语教学——从实践到理论[M].北京:外语教学与研究出版社,2006.
6. 何克抗,等.教学系统设计[M].北京:高等教育出版社,2006.
7. 何克抗,李文光.教育技术学[M].北京:北京师范大学出版社,2002.
8. 胡加圣.外语教育技术——从范式到学科[M].北京:外语教学与研究出版社,2015.
9. 加涅.教育技术学基础(中译本)[M].北京:教育科学出版社,1992.
10. 教育部高教司.大学英语课程教学要求(试行)[M].上海:上海外语教育出版社,2004.
11. 教育部高教司.大学英语课程教学要求(正式版)[M].北京:外语教学与研究出版社,2007.
12. 孔子,等.论语[M].北京:中华书局,2006.
13. 夸美纽斯.大教学论[M].北京:教育科学出版社,1999.
14. 桑新民,等.媒体与学习的双重变奏——教育技术学的生成发展与国际比较研究[M].南京:南京大学出版社,2014.

15. 斯金纳,等.程序教学与教学机器[M].刘范,等,译.北京:人民教育出版社,1979.

16. 王琦.信息技术环境下的外语教学研究[M].北京:中国社会科学出版社,2006.

17. 王守仁.高校大学外语教育发展报告(1978—2008)[Z].上海:上海外语教育出版社,2008.

18. 文秋芳,王立非,梁茂成.中国学生英语口笔语语料库.北京:外语教学与研究出版社,2005.

19. 吴遵民.现代国际终身教育论.上海:上海教育出版社,1999.

20. 许智坚.多媒体外语教学理论与方法[M].厦门:厦门大学出版社,2010.

21. 杨清.现代西方心理学主要派别[M].沈阳:辽宁人民出版社,1980.

22. 张春兴.教育心理学——三化取向的理论与实践[M].杭州:浙江教育出版社,1998.

23. 张红玲,朱晔,孙桂芳.网络外语教学理论与设计[M].上海:上海外语教育出版社,2010.

24. 张祖忻.美国教育技术的理论及其演变[M].上海:上海外语教育出版社,1994.

25. 中华人民共和国教育部.全日制义务教育普通高级中学英语课程标准(实验稿)[Z].北京:北京师范大学出版社,2001.

26. 钟启泉,汪霞,王文静.课程与教学论[M].上海:华东师范大学出版社,2008.

三、国外期刊

1. Chomsky, N. "A Review of B. F. Skinner's Verbal Behavior", *Language*,1953,35(1).

2. Clark, R. E. "Media and Method", *Educational Technology Research and Development*,1994,42(3):7~10.

3. Clark, R. E. "Media Will Never Influence Learning", *Educational Technology Research and Development*,1994,42(2):21~29.

4. Clark, R. E. "Reconsidering Research on Learning from Media", *Review of Educational Research*, 1983,53(4):445~449.

5. Dale, E. "What Does It Mean to Communicate?" *Audio Visual Communication Review*, 1953,1(1): 3~5.

6. Ely, D. P. "The Evolution of Educational Technology in Australian Society of Educational Technology", *Yearbook*, 1978: 54~64.

7. Ely, D. P. "Toward a Philosophy of Instructional Technology", *Journal of Educational Technology*, 1970,1: 81~94.

8. Kozma, R. B. "The Influence of Media on Learning: The Debate Continues", *School Library Media Quarterly*, 1994,22(4): 233~239.

9. Kozma, R. B. "Will Media Influence Learning? Reframing the Debate", *Educational Technology Research and Development*, 1994,42(2): 7~19.

10. Merrill, M. D. "Component Display Theory". In Reigeluth, C. M. (Ed.). *Instructional-Design Theories and Models*. Hillsdale, NJ: Erlbaum,1983:279~333.

11. Merrill, M. D., Li, Zhongmin and Jones, M. K. "Second Generation Instructional Design", *Educational Technology*, 1990,30(2): 7~14.

12. Siemens, G. "Learning Analytics: Envisioning a Research Discipline and a Domain of Practice", *International Conference on Learning Analytics & Knowledge*, 2012:4~8.

13. Silber, Kenneth. "The Field of Educational Technology: A Statement of Definition", *Audiovisual Instruction*,1972,17:36~43.

14. Swain, M. "Communicative Competence: Some Roles of Comprehensible Input and Comprehensible Output in Its Development". In Gass, S. M. and Madden, C. *Input in Second Language Acquisition* [C]. Rowley, MA:Newbury House Publishers,1985.

15. Yu, Qinglan. "Learning Analytics: The Next Frontier for Computer Assisted Language Learning in Big Data Age", *Proceedings of 2015 International Conference on Modern Economic Technology and Management*. Hong Kong: Asian Academy Press,2015.

16. Yu, Qinglan. "The Value and Practice of Learning Analytics in Computer Assisted Language Learning", *Studies in Literature and Language*, 2015,10(2).

四、国内期刊

1. 蔡基刚.全球化背景下我国大学英语教学目标定位再研究[J].外语与外语教学,2012(3):5~8.

2. 蔡基刚.误解与偏见——阻碍我国大学 ESP 教学发展的关键[J].外语教学,2013(1):56~60.

3. 蔡基刚.我国大学英语消亡的理据与趋势分析[J].外语研究,2012(03).

4. 蔡基刚.学业用途英语、学术用途英语及优质外语教育[J].外语电化教学,2014(03).

5. 陈坚林.从辅导走向主导——计算机外语教学发展的新趋势[J].外语电化教学,2005(4):9~12.

6. 陈越.建构主义与建构主义学习理论综述[J].惟存教育,2002(1).

7. 陈振宜,戴正南.中国外语教育技术的回顾与展望[J].外语电化教学,1991(1).

8. 程晓堂,康艳.关于高校英语教学若干问题的思考[J].中国大学教学,2010(6):40~44.

9. 戴炜栋.外语教学的"费时低效"现象——思考与对策[J].外语与外语教学,2001(7).

10. 戴炜栋.中国高校外语教育 30 年[J].外语界,2009(01).

11. 戴忠信.论外语教学研究的"教育学范式"[J].中国外语,2005(6).

12. 丁建英,黄烟波,赵辉.翻转课堂研究及其教学设计[J].中国教育技术装备,2013(21).

13. 董金玲.新课程背景下高中地理教学目标的设计[J].教书育人,2011(29).

14. 高利明,朱本军.技术支持下的有效学习——从 AECT04 定义谈起[J].电化教育研究,2005(5).

15. 顾世民.虚拟学习环境下大学英语辅助教学模式研究——合作学习和自主学习的集成框架探索[J].外语电化教学,2011(06).

16. 顾小清,张进良,蔡慧英.学习分析:正在浮现中的数据技术[J].远程教育杂志,2012,30(01):18~25

17. 顾曰国.教育生态学模型与网络教育[J].外语电化教学,2005(4):3

~8.

18. 郭颖. 论教育信息化在现代外语教学中的作用与实现途径[J]. 现代远距离教育,2012(4):47~52.

19. 何克抗. E-learning 的本质－信息技术与学科课程的整合[J]. 电化教育研究,2002(1).

20. 何克抗. 信息技术与课程整合的目标与意义[J]. 教育研究,2002(4):40.

21. 胡杰辉,伍忠杰. 基于 MOOC 的大学英语翻转课堂教学模式研究[J]. 外语电化教学,2014(6):40~45.

22. 胡杰辉. 目标导向的大学英语课程体系研究[J]. 中国外语,2014(06).

23. 胡铁生. "微课":区域教育信息资源发展的新趋势[J]. 电化教育研究,2011(10).

24. 胡学文,吴凌云,庄红. 大学英语社会需求调查分析报告[J]. 中国外语,2011(5):12~17.

25. 黄建军,郭绍青. 论微课程的设计与开发[J]. 现代教育技术,2013(5):31~35.

26. 蒋晓. 略述班杜拉的观察学习理论[J]. 比较教育研究,1987(2).

27. 靳琰,胡加圣,曹进. 慕课时代外语教学中的微课资源建设与翻转课堂实践——以西北师范大学《英国文学史》为例[J]. 现代教育技术,2015(03).

28. 井升华. 我国大学英语教学费时低效的原因[J]. 外语教学与研究,1999(1).

29. 李卢一,郑燕林. 美国中小学"自带设备"(BYOD)行动及启示[J]. 现代远程教育研究,2012(06):71~76.

30. 李宇明. 中国外语规划的若干思考[J]. 外国语,2010(1):2~7.

31. 林莉. 多媒体教学发展历程初探(上)[J]. 开放教育研究,2000(5):15~18.

32. 刘辉. 信息技术与外语课程整合:基于学科研究的大学外语教学思考——2012 全国大学外语课程及教学改革学术研讨会启示[J]. 外语电化教学,2012(02):77.

33. 刘梅. 基于 ESP 课程体系的中国大学英语教学连续体模型探索[J]. 外语电化教学,2013(1):27~31.

34. 刘晓玲. 基于认知学习理论的多媒体外语教学设计[J]. 外语学刊,

2009(6):164～167.

35. 马武林,张晓鹏.大规模开放课程(MOOCs)对我国大学英语课程设置的启示研究——以英国爱丁堡大学 EDC MOOC 为例[J].电化教育研究,2014(01):57～59.

36. 马晓玲,邢万里,冯翔,吴永和.学习分析系统构建研究[J].华东师范大学学报(自然科学版),2014(02).

37. 欧阳建平,李气纠.基于 Moodle 平台的大学英语自主学习活动的设计研究[J].西安外国语大学学报,2009(3):101～104.

38. 齐红,符祝芹.Blackboard 平台支持下的大学英语混合教学模式的实证研究[J].西安外国语大学学报,2007(3).

39. 尚群,王竹威.大学校园的无线网络建设[J].中国教育网络,2007(12):39～41.

40. 沈彩芬,程东元.网络多媒体环境下的外语教学特征及其原则[J].外语电化教学,2008(3):23～27.

41. 施行.英国教育技术百科新辞书问世[J].外语电化教学,1979(2).

42. 苏小兵,管珏琪,钱冬明,祝智庭.微课概念辨析及其教学应用研究[J].中国电化教育,2014(7):94～98.

43. 孙洪涛.学习分析视角下的远程教学交互分析案例研究[J].中国电化教育,2012(11).

44. 孙有中,李莉文.CBI 和 ESP 与中国高校英语专业和大学英语教学改革的方向[J].外语研究,2011(5):1～4.

45. 田剪秋.移动语言学习的发展现状和趋势[J].外语电化教学,2009(2):22～23.

46. 汪丽,潘建斌,冯虎元.基于 BYOD 的高校课堂新型教学模式研究[J].现代教育技术,2015(1).

47. 王润兰,黄献卫.基于 Blackboard 平台的精品课程开发问题探究[J].中国远程教育,2011(10).

48. 王润兰,李孟建,马彦华.基于 Moodle 平台的中学物理课网络协作学习探究[J].中国电化教育,2006(8):57～60.

49. 王守仁,王海啸.我国高校大学英语教学现状调查及大学英语教学改革与发展方向[J].中国外语,2011(5):6.

50. 王玉玺.网络学习资源设计探析[J].江苏教育学院学报,2008(4):125.

51. 王哲,李军军.大学外语通识教育改革探索[J].外语电化教学,2010(5):3～8.

52. 文秋芳.输出驱动假设在大学英语教学中的应用:思考与建议[J].外语界,2013(06).

53. 文秋芳.输出驱动假设与英语专业技能课程改革[J].外语界,2008(2):2～9.

54. 吴定柏.现代教育技术漫谈[J].外语电化教学,1979(2).

55. 吴永和,等.学习分析技术的发展和挑战——第四届学习分析与知识国际会议评析[J].开放教育研究,2014(12).

56. 徐皓.试论教学设计之评价在网络课程中的维度与要义[J].中国电化教育,2001(11).

57. 严莉,郑旭东.学媒论争启示录——对"学习与媒体大辩论"的新思考[J].开放教育研究,2009(5):54～55.

58. 闫志明.学习与媒体关系大辩论:不同范式下的对话[J].电化教育研究,2009(3).

59. 杨庆安,赵伟男,张海.大数据在教育领域应用的学习分析框架构建[J].软件导刊·教育技术,2013(05).

60. 殷和素,严启刚.浅谈大学英语通识教育和专门用途英语教学的关系——兼论新一轮大学英语教学改革发展方向[J].外语电化教学,2011(1):9～14.

61. 于海,钟晓华.2006-2007年上海大学生发展报告综述[J].复旦教育论坛,2008(1):19～25.

62. 张红玲,刘云波.从网络外语教学研究现状看网络外语教学研究的学科框架[J].外语电化教学,2007(4):8～13.

63. 张金磊,王颖,张宝辉.翻转课堂教学模式研究[J].远程教育杂志,2012(4):46～51.

64. 张筱兰,欧阳汝梅.利用Moodle平台构建新型大学英语教学模式[J].现代教育技术,2008(6):75～78.

65. 张欣.计算机辅助语言学习最新进展研究[J].读与写(教育教学刊),2014(05).

66. 张亚斌.媒体学习情境结构:从行为主义到认知主义——远程教育的媒体教学思想比较研究[J].中国远程教育,2007年10月/上.

67. 张渝江,殷海军.BYOD开创学校的1:1世界[J].中国信息技术教育,2011(13):92~93.

68. 赵庆红,雷蕾,张梅.学生英语学习需求视角下的大学英语教学[J].外语界,2009(4):14~18.

69. 郑春萍,逯行,王海波.大学英语实验教学与评估平台的设计与应用[J].现代教育技术,2015(1):72~78.

70. 郑旭东,余青兰,严莉.赛博学习:学习科学创新发展的新战略支点[J].现代远程教育研究,2011(4).

71. 周红春.基于 Blackboard 学习平台的混合学习模式的探索与实践[J].电化教育研究,2011(2).

72. 朱珂,刘清堂.基于学习分析技术的学习平台开发与应用研究[J].中国电化教育,2013(9).

73. 祝智庭.中国教育信息化十年[J].中国电化教育,2011(1):20.

74. 祝智庭,沈德梅.学习分析学:智慧教育的科学力量[J].电化教育研究,2013(5).

五、网络文献

1. Cox, J. *Education in 2015: Cyberlearning for Digital Natives*[J/OL]. Network World, 2008. http://www.networkworld.com/news/2008/103008-cyberlearning-2015.html.

2. Lang, M. [EB/OL]. Harvard University homepage, 2014. http://www.gse.harvard.edu/course/fall-2014/t510s-data-science-education-big-data-learning-analytics-and-information-age-fall.

3. Manyika, J. *Big Data: The Next Frontier for Innovation, Competition, and Productivity* [EB/OL]. McKinsey Global Institute, 2011. http://www.mckinsey.com/insights/business_technology/big_data_the_next_frontier_for_innovation.

4. Miller, M. J. *Where Is BYOD Heading?* [OL]. http://forwardthinking.pcmag.com/apps-and-websites/304801-where-is-byod-heading.

5. Raths, D. *Are You Ready for BYOD?* [DB/OL]. [2012-08-14]. https://thejournal.com/articles/2012/05/10/are-you-ready-for-byod.aspx.

6. Siemens, G. *1st International Conference on Learning Analytics and Knowledge* [EB/OL]. Banff, Alberta: 2011. https://tekri.athabascau.ca/analytics.

7. Siemens, G and Long, P. *Penetrating the Fog: Analytics in Learning and Education* [EB/OL]. EDUCAUSE Review, 2011. http://www.educause.edu/ero/article/penetrating-fog-analytics-learning-and-education.

8. 何高大,罗忠民.网络环境下英语教学所面临的问题与对策[OL]. 2002. http://ksei.bnu.edu.cn/english/gccce2002/lunwen/gccceshort/607.doc.

9. 柳栋.网络教学的定义[OL].惟存教育,2002. http://www.being.org.cn/theory/eteaching.htm,2007-3-27.

10. 郑小军.我对微课的界定[EB/OL]. 2013. http://blog.sina.com.cn/s/blog_4711a0210102e6ge.html.

六、其他文献

1. Audin, G., Wyant, A. and Shumate, W. *Fifteen Steps to Conquering BYOD*. 2012.

2. Riley, R. W. *E-learning: Putting a World-class Education at the Fingertips of All Children* (*The National Educational Technology Plan*). Office of Educational Technology, U.S. Department of Education, 2000.

3. Warschauer, M. *Call for the 21st Century*. IATEFL and ESADE Conference, 2000.

4. 陈坚林.计算机网络与外语教学整合研究[D].上海外国语大学,2011.

5. 邓国民.基于Moodle的《现代教育技术》网络课程的开发和应用[D].四川师范大学,2008.

6. 教育部高等学校大学外语教学指导委员会.大学英语教学指南(征求意见稿)[Z]. 2014.

7. 孙立会.数字化学习情境下终身学习力的构建研究[D].东北师范大学,2010.

8. 张俐蓉,译.美国教育部教育技术白皮书[Z].选自《现代教育资源精选(一)》.上海市教科院现代教育实验室,2011. http://www.docin.com/p-

82683329.html

9. 张善军.信息技术环境下大学英语多元互动教学模式研究——以江西财大为例[D].上海外国语大学,2010.

附录1：对8所高等院校语音室以及大学英语改革情况的调查

制表人：王欣 华北电力大学外国语学院

表1：调研学校基本情况

基本情况 调研学校	是否211院校	是否使用语音室	是否有外语学习中心或网络自主学习中心	外语学习中心管理归属
北京交通大学	是	否	是	计算机中心
北京理工大学	是	否	是	外国语学院
北京邮电大学	是	否	是	外国语学院
华中师范大学	是	是	是	外国语学院
武汉大学（主校区）	是	否	是	独立
东南大学	是	否	是	外国语学院
南京林业大学	否	是	是	外国语学院
南京信息工程大学	否	是	是	外国语学院

表 2：调研学校人数和机位设置具体情况

调研学校 \ 具体情况	大学英语学习人数	语音室机位数	外语专用自主学习中心机位数	学习中心管理人员数	其他特色
北京交通大学	约 7000 人（两个年级，下同）	无	约 500 机位	3 名，其中 1 人为教育技术博士	1. 承担汉语水平考试和托福考试任务；2. 有录播室，可制作微课等音、视频资源；3. 听力—口语交互教学模式
北京理工大学	约 7400 人	无	3 间，约 240 机位	2 名，其中 1 人为教育技术博士	
北京邮电大学	约 6000 人	约 800 座位（18 间）	语音室兼具学习中心功能	11 名专职工作人员，其中 2 名博士，9 名硕士，均具备信息、通讯、计算机类专业背景	1. 开发基于大学英语实验与评估平台的手机应用 App；2. 蓝箱微电影制作系统
华中师范大学	约 8000 人	18 间教室	8 间，约 400 机位	语音室 2 人管理，自主学习中心 3 人管理，管理人员均具备计算机等相关专业背景	1. 开设云课堂，学生可进行网络课堂和面授课堂的混合学习；2. 未来教室，学生可通过 pad 和 pda 等终端来和教师进行线上和线下实时互通，现场提交讨论和作业。
武汉大学（主校区）	约 7000 人	无	4 个自主学习中心；约 320 个机位	4 人，其中 1 名管理人员，3 名值班人员	1. 承担四、六级阅卷任务；2. 承担雅思、托福机考任务

续表

具体情况 调研学校	大学英语学习人数	语音室机位数	外语专用自主学习中心机位数	学习中心管理人员数	其他特色
东南大学	约 7500 人	无	12 间,约 600 机位	4 人,其中 1 人为计算机专业硕士,1 人为英语专业硕士	1.学习中心承担雅思、托福考试任务;2.外语专用微格教学录播室;3.中央视频监控系统;4.写作和翻译中心
南京林业大学	约 7000 人	10 间,约 600 座	语音室兼具学习中心功能	3 人,其中 1 人为计算机专业硕士,1 人为外语学院教师	1.外语专用微格教学录播室;2.日语文化体验中心
南京信息工程大学	约 8000 人	13 间,约 800 座	2 间,约 200 机位	3 人,其中 1 人为计算机专业硕士	管理办公室可对自主学习中心进行远程监控与协助

表 3:外语学习及教学资源/平台

资源/平台 调研学校	清华大学新时代交互英语	外研社新视野大学英语	高教社大学体验英语	批改网	测试平台	其他
北京交通大学	√	√	√			
北京理工大学	√		√	√		
北京邮电大学			√			多平台＋自主开发大学英语实验教学与评估平台(国家级实验教学示范中心)
华中师范大学	√			√		
武汉大学（主校区）	√	√		√		

续表

资源/平台\调研学校	清华大学新时代交互英语	外研社新视野大学英语	高教社大学体验英语	批改网	测试平台	其他
东南大学			√	√		新标准综合英语平台
南京林业大学		√		√	科大讯飞口语测试平台	
南京信息工程大学				√	1.科大讯飞口语测试平台；2.新东方网络测试平台	科大讯飞互动英语平台

附录 2：关于大学生使用智能手机 App 进行英语学习的调查

1. 请问你的性别是：
☐男
☐女
2. 请问你所学的专业是：
☐人文
☐数理
☐工科
☐商科
☐外语
3. 请问你的年级是：
☐大一
☐大二
☐大三
☐大四
☐硕士生
☐博士生
4. 请问你使用过 App 进行英语学习吗？
☐是
☐否
5. 请问你是否愿意使用 App 进行英语学习？
☐是
☐否

6. 请问你使用这些 App 的契机是什么？（多选题）

☐ 随便下的

☐ 社交网络影响

☐ 朋友或老师推荐

☐ 杂志广告影响

☐ 其他（请注明）：_____

7. 请问你使用过何种 App 进行英语学习？（多选题）

☐ 金山背单词

☐ 拓词

☐ 扇贝系列

☐ 百词斩

☐ 沪江系列

☐ 英语流利说

☐ 有道

☐ 其他（请写出它的名字）：_____

8. 请问你每天使用 App 进行英语学习的时间有多长？

☐ 少于 10 分钟

☐ 10 到 30 分钟

☐ 30 分钟到一小时

☐ 一小时到两小时

☐ 超过两小时

9. 请问你一般在何种情形下使用 App 进行英语学习？（多选题）

☐ 晨读

☐ 排队

☐ 堵车

☐ 乘公共交通

☐ 上不喜欢的课

☐ 蹲坑

☐ 其他（请注明）：_____

10. 你认为使用 App 学习英语可行吗？

☐ 不可行

☐ 不太可行

☐ 中立

☐还好吧
☐可行

11. 你认为使用App进行英语学习的优势在哪里？（多选题）
☐方便快捷，随开随学
☐记性差，提醒功能
☐重度懒惰，懒得买词汇书
☐自带大量词汇，方便根据需求选择
☐作死，不打开学习软件手机开不了
☐其他（请注明）：＿＿＿＿＿＿＿＿＿＿＿＿＿＿＿＿＿＿

12. 你认为使用App进行英语学习的劣势在哪里？（多选题）
☐手机依赖者，会学没两分钟就去刷朋友圈
☐App使用的记忆法没效果
☐词库有错误
☐其他（请注明）：＿＿＿＿＿＿＿＿＿＿＿＿＿＿＿＿＿＿

13. 你认为使用App进行英语学习能带来哪些方面的提升？（多选题）
☐听力
☐阅读
☐写作
☐口语
☐词汇
☐语法

14. App对你英语水平的提升帮助大吗？
☐很有帮助
☐有帮助
☐一般
☐帮助很少
☐没有

15. 你认为智能手机App在语言学习中的使用会对当今的语言教育造成什么样的影响？

16. 请就智能手机App的发展谈谈你的看法。

附录3:EDUCAUSE主席戴安娜·亚伯林格博士2014年年会采访录音文字稿

采访人:郑旭东 华中师范大学信息技术学院
整理人:余青兰 华北电力大学外国语学院

Zheng: I am very appreciated that you would like to accept the interview request and spend so much time to talk about some trends and issues of information technology in higher education. Please make an introduction about EDUCAUSE to the Chinese professionals of IT in higher education.

Dr. Oblinger: Well, I hope that IT professionals in China will come to know EDUCAUSE and share materials with us. EDUCAUSE is a professional association for information technology. We support higher education institutions. And we do three main things to advance higher education.

The first one is to build the profession of the IT professionals. So we help people to develop skills, leadership abilities and new knowledge, and help them identify pathways to their career.

The second thing we do is conveying conversations. You could think of the EDUCAUSE conference as one big conversation. We bring a lot of people together to talk about the different aspects of information technology, about the other issues that are associated with the use of technology in education.

And then, the third thing we do is trying to provide tools to improve decision-making. It is not good enough anymore to make a decision about information technology without having data, frameworks and benchmarks. So we have an increasing number of tools which we have developed to help

IT professionals make better decisions. And we do each of those things with them in higher education. And I think there are a lot of common goals between what you do and what we do.

Zheng: There is a slogan from EDUCAUSE, "Uncommon thinking for the common good." What are "the uncommon thinking" and "the common good"?

Dr. Oblinger: "Uncommon thinking for the common good" is a phrase that we use to talk about how information technology can change education for the better. So, information technology many times causes us to think differently and change our assumptions. And when you change your assumption, you also change what you can do with technology. So we use that phrase "uncommon thinking" to help us understand that technology really can change what we do and technology itself can change. And then if we apply that innovative thinking to higher education, the creativity will lead to better education. So it is a phrase to remind us that technology can be a game-changer. Common good is for the benefit of all. So, education, we believe, helps everyone, helps you get a good job, and helps you understand the world around you. Uncommon thinking stresses innovation and common good is to benefit everyone. Innovation is the core value we have and the most valuable thing we provide for higher education. The common good is also a core value of EDUCAUSE.

Zheng: Besides the things you have explained about uncommon thinking, are there any other ways that could be used to make uncommon thinking about IT in higher education?

Dr. Oblinger: We use another phrase, which is "IT is a game-changer". Maybe that has more meanings because what we want to do is to use IT to change what we do. Sometimes it is to automate things to make it faster, sometimes it is to really change what we are doing to a different form. That is better. We want to provide a place where people with different knowledge qualifications and different jobs can get together to share innovative ideas and apply those ideas to higher education.

Zheng: Is there any difference between the professionals' mindsets or thinking styles in higher education with or without IT?

Dr. Oblinger: I think that higher education at least in United States is changing quite a bit. We have had a very traditional view of higher education with a campus and students on the campus and a professor in front of a classroom. That's changing. Most of our students now, the U. S. students, do not go to the campus. They are not younger students; they are adults who are going back to develop skills so to get a better job. And so who we serve in American higher education is getting more diverse. How we serve them is changing. And the quality of the education which we deliver using technology is in some cases better than what you get face to face. So, you'll have massive numbers of students that you reach with distant education. I think we are really changing all of higher education because people now expect to use technology that they didn't use before.

Zheng: Is there any disadvantage for online teaching or teaching with technology and how to avoid it?

Dr. Oblinger: I think there is. A disadvantage is we will try to do online teaching exactly as what we do face to face. And I don't think you translate one mode to another directly. I think it has to be different because of the time, the interface and what the interactions need to be. So I think we actually have to rethink of it. The other thing is that we have to be very patient. We have been teaching face to face for thousands of years. And we have been using technology to teach students for 25 years, maybe. So there are a lot of lessons we have to learn. And it is a long way and just lasts a few years. So, I am very hopeful, but we do have to be patient because we are discovering things we never understood before.

Well, I think one of the lessons that we are learning is that just putting the content online without changing the way we interact with people is not enough. More and more people start to make the learning content into smaller segments and combine them according to modules so as to meet learners' personalized needs. There is interaction. As soon as I present a concept, you have to respond, and I can, thanks to the technology, assess that immediately and give the assessment to you. Of course, this is much harder than just posting the content. To learners, knowing what questions to answer is very important. I can give you a harder question based on your answer or I can even give you a hint to help you answer that question. For online teaching, teachers need to collect the data of each stage and provide personalized teaching based on the analysis of the data. Online learning experience far surpasses the content and it is very interactive. It is important to teach online, to collect relative data of teaching and learning, and to analyze these data with big data method. That is where learning begins to be very different. This is not the way that most online courses are like now. It takes a lot of investment to develop the systems but they really work well.

Zheng: Learning analytics is a hot topic now. It is also in the lists of TOP 10 issues released by EDUCAUSE in recent years. Do you have any remarks on the analytics?

Dr. Oblinger: Analytics is continuing to be one of the hottest areas in IT. And part of it is around people getting the right technology, but a lot of it is the right type of data. Just because you can collect the data does not mean it is the right data. And of course you have to know what to do with it. And so we are creating a whole new profession around data scientists and people who are analytics professionals. Even though we can have a right vision of analytics until we have this new profession that understands how to collect the data, analyze it, and show it to people and look at the result. We won't move ahead fast enough, but there is tremendous promise in analytics for learning, for career pathways, for reducing costs of administrative systems and running institutions better and more competitively. It is one of the top issues, I believe. I will verify this for you. But I think in the new list of the emerging technologies, the top 10 emerging technologies, analytics and business intelligence is No. 1. So people can see the promise of analytics, but you can't get them every day.

Zheng: What is your philosophy of IT in higher education?

Dr. Oblinger: My philosophy of IT in higher education... I think IT needs to support higher education and lead higher education. I think we have to support the mission of institution whether in education or research. But I think that if we are looking into the future, we can help people to think about it differently. We should not continue to think under the binary frame as the physical and the virtual, or the face to face and the online. It is not a "either this or that" question, but a "both this and that" question. To understand this, we just need to think how to use mobile device or google glasses. You have to relate the use of technology with people, and the most important is to find the best joint point between people and the digital technology. We should not simply equate the use of IT in higher education to automation. We have to think how to use IT to promote people's profound participation.

Zheng: What is the most serious challenge for the development of IT in American higher education at present and in the future?

Dr. Oblinger: I think one of the biggest challenges is how to train the best IT workforce. It is a challenging field to be in. And if you don't have the right people, having the best technology still won't do you any good. So we need to have people who want to be IT professionals, who see that as the goal of their career, and help them to develop the management skills and leadership skills. IT workforce should be able to create vision for people to think about how to use technology differently and be able to communicate about it, so people can understand rather than get scared about technology. Many of our higher education leaders do not want to talk about technology because they do not understand it. If they won't talk about it, you can't go anywhere. So, you have to be a good communicator so people can understand and are willing to try different things.

We have a number of professional development programs that we offer to new IT managers as well as people who have been IT professionals for 20 or more years. And one of the other things we do is we share those programs with people in other countries. So they can modify and improve them rather than starting them from scratch. I think we have a lot to share and we would be happy to share with others. We have done that with countries like Australia, South Africa, and others. So, there are a lot of ways in which I think we can be helpful, and sharing the information in meeting is just one of them.

I think it was very hard to build a road map for the IT professionals in higher education in the early years. When I first started in this field, there was no real career path and it may be that way in many countries now. I do remember there was no such thing as a chief information officer. You were a network engineer, or you were an analyst, but there was no path from an entry level IT to the next higher and higher position. I think what happens in the United States and some other countries is that IT is so sufficiently complicated and important that it has been developed into its own profession. Today, IT is very critical to the operation of universities. And when people do see it as absolutely critical, then there will begin to be a clearer career path. You cannot run anything in the universities without technology now.

Zheng: Yes, so in your eyes, what are the most significant capacities for an IT professional to be a CIO? Do you think that CIO candidate has to be an expert in technology?

Dr. Oblinger: The most important... I think one of them is the CIO has to be a good communicator. If people do not know what you are trying to do, then nothing very good happens. Ironically, it is not necessarily technical skills, it is communication and getting people to work with you. I think collaboration and trust are also very important. IT has to work with every other unit in the university. And if your colleagues don't trust you or think you will collaborate with them, then it doesn't work so good. I think the other one I mention is problem-solving. IT people have to be really good at identifying problems and be able to find unique ways to address them.

I think technology was critical, but I don't think it is the case today. A technical expert is necessarily the most important, just like that if you are a professor of Genetics, you have to have that expertise. But that does not make you automatically a leader. So, it is the additional skills that go beyond the technology that take someone from being a professional to a leader perhaps. I think we need leaders in the IT professionals, not just people who are good at IT technology.

Zheng: Could you make a brief portrait about the revolving roles of a CIO in higher education institutions since 1990s and list some of the distinguished CIOs?

Dr. Oblinger: So, in 1990s we were technicians and we were in the backroom or in the basement. And the IT people were never seen. And then as IT became more important, presidents and others believed that IT could change the university. My office literally went from the back of the building to the president's office because IT was seen as critical toward what the university was doing. So the role went from just an IT director to a chief information officer and vice president for information technology. What is happening now is chief information officers are becoming chief digital officers. And they are responsible for all things about digitalization, including the construction of technology infrastructure, the digital content, the promotion of digital experience based on social media and internet, the planning of university's digital image and the development of online courses. CIO is responsible for the management of all the digital assets around the world, but not just limited to the campus.

I will mention a couple of people whom I think are very great leaders. One is James Hilton. He is now at the University of Michigan. He used to be at the University of Virginia. And he is far-sighted in technology and higher education. He was a chief information officer and he is now a chief digital officer. He is such a person whom I think is very important in this profession. There is another person that I think has done a lot of good thinking. His name is Ron Kraemer. He is at the University of Notre Dame. And there are another couple of people that I love too and they are both chief digital officers now rather than chief information officer.

Zheng: Could you make an introduction about your professional experience as a CIO and the president of EDUCAUSE?

Dr. Oblinger: It has been a wonderful experience to move into a world of technology like most people at my age. I did not start out with technology, I started out in a different field, and then moved into information technology. What motivated me was how you could use technology to change the way people learn and reach people we could not otherwise. I actually came into the field to try to think out how people could use computer to learn. And of course now you cannot imagine learning without a computer or Wikipedia or any of those kind of things. And for me it was really very exciting to not just work on the campus or with just one institution, but be able to move into EDUCAUSE and work with hundreds of institutions, and see the landscape of higher education and IT around the world, not just in the United States. I think I have been very fortunate to be able to see this big picture over a lot of years and see its evolvement.

Zheng: Do you think your early experience in industry is helpful for your practice in higher education?

Dr. Oblinger: I do. I think I've learned from every position that I have been in. Of course being in a university is very good. But while I was working in an industry, I learned a lot about marketing, about communication, about business models and about how to think about the enterprise in a more holistic way. What I do in EDUCAUSE is like running a small business. So, thanks to the working experience in industry, I have better skills for the business aspect in my job. And I think there is a lot of inspiration that professionals could take from what is happening in the industry. In many ways industries are ahead of higher education, such as the usage of analytic technology and social media.

Zheng: What is the biggest challenge for you to lead EDUCAUSE as a leading professional organization?

Dr. Oblinger: To move fast enough. The field is changing and there are so many needs, so many things to do that just keep pushing forward is a constant challenge, but it is good. I enjoy that.

Zheng: What is the most important factor that influences the development of IT in higher education?

Dr. Oblinger: Today I think it might be money and people. There is always an issue about having enough funding for technology. There is always an issue about having well-skilled people. I think in the future the question is going to be more about innovation in different business models. When you hear Clay Christensen speaks the opening keynote tomorrow morning, you will find he has a lot to say about different models. And he uses the phrase "jobs to be done" and that point is what you need to do and what your students need to do. And if you really understand what someone needs, you will do it very well. And many times when we fall short is because we don't really understand what people need, so we don't give them just the perfect thing. And I think that only when you understand the model, understand the job and then deliver the service, can you really make a difference. So today it might be money and people, tomorrow it is around business model. You will see after hearing what he speaks tomorrow.

Zheng: What are the most serious challenges for the development of IT professionals at present and in the future?

Dr. Oblinger: One of the serious challenges is for people to take the time to do professional development. I always hear people say "I don't have time to do that, and I have to get this work done". We have to invest time to grow, so we can do more things. Time is one of the issues that I think is a barrier for professional development in higher education. I think the other is to challenge ourselves, to develop in the area that is not directly related to the job we have today, but might be the job we have tomorrow. Of course you don't know whether it is the job we will have for tomorrow, so it is hard to do that. But some of the areas around IT, like being a data scientist, might be the really growing area. You have to take the time and maybe have to trust your instinct on where you might go next.

Zheng: As a leader of EDUCAUSE, would you like to share your ideas about IT leadership?

Dr. Oblinger: I think a lot of my ideas about IT leadership are to understand who am I serving and focus on what they need, not focus on necessarily what I want to do. I think a lot of leadership to me is about service, and giving that service to people. And always, the other thing which I think important about leadership is listening a lot, and looking at the world around you. That is to say, to know where you will go, you have to keep your eyes on the horizon and look far into the distance.

Zheng: Do you think providing a mission for a higher learning institution is the job of a CIO?

Dr. Oblinger: It is everybody's job. Everyone in the institution has a stake in the success of the institution. So, I think we all have to worry about that. How do we do it? Sometimes we do it by supporting people; sometimes we do it by being in front of people. I think IT people are most effective when they become trusted partners of others and they can help others and others can help them. So I don't think it is the thing of being a loner or the person out in front. I think it's going with people. That's effective.

Zheng: Is there any new trend in this field?

Dr. Oblinger: I think analytics and business intelligence are important new trends in IT and another one which is very strong in United States is dashboard. Of course, that is closely related to analytics. The final one that I think is going to be very interesting is what IBM called cognitive computing. You don't program it; it learns experience and information. It is a totally different way to develop machine learning and knowledge than just program it. It is really interesting.

Zheng: Could you provide some examples about analytics and dashboard use in higher education institutions?

Dr. Oblinger: Yes. Like Gordon Wishon, the CIO at Arizona State University. He is this year's leadership award winner. He has done a lot of work with analytics. His university (Arizona State University) has done a great deal of work with analytics and dashboards, using them in teaching and learning as well as administration.

In one of his articles, he argues that an enterprise data warehouse serves as a foundation of reporting and analytic capability, while dashboards make it easy to consume information and give non-technical users the ability to access information easily. In practice, one use of the analytics is learning analytics, which could provide information and feedback to students. Another use is analytics to improve the proficiency of the use of institutions and resources. And another one is predictive analytics, which tries to optimize the resource nest for the university.

In Arizona State University, Gordon Wishon uses dashboard as well. The business intelligence team at Arizona State University created a dashboard to track usage of the various existing dashboards and tools. These are some good examples. Through these examples we can find that we can use the dashboard to show the president the true situation of the institution.

Zheng: As the president of EDUCAUSE, do you have any suggestion for IT practice in China and other developing countries?

Dr. Oblinger: I would encourage you or Chinese institutions to invest in the professional development of IT staff and I think the university would be much better with well-trained and well-supported IT staff that understand the mission of the institution and could move it forward.

I don't know all the situations of IT efficiency. But in order to improve the efficiency of IT technology, I think that moving to the cloud is an important strategy for China because you don't want to invest in infrastructure so that you will outgrow very quickly. Clouding strategy could make you be able to stay on the leading age. In the United States a lot of our institutions are getting out of this business of running around their own data centers because it is not cost-effective. They are leasing their base for someone else. I think one of the interesting strategies that is hard for people to think is not about ownership, it is about access. If you own it, you have to keep it and maintain it. If you access what you need, it is much more flexible, much more cost-effective.

Zheng: There is a movement about BYOD or BYOE, do you have some remarks on that?

Dr. Oblinger: It is continuing, Bringing Your Own Device (BYOD), Bringing Your Own Everything (BYOE), really is continuing. In U. S. universities, people are bringing their own devices and of course it makes higher education digitalization more complicated. For example, we can not ensure the security of the information, because the device is not yours and you can not control it.

Zheng: Finally, could you make an introduction about the victory of EDUCAUSE conference this year to IT professionals in China?

Dr. Oblinger: I hope Chinese IT professionals will access the information from EDUCAUSE annual conference. That will be available online and I think there are many lessons to be shared, about cloud, about analytics, about sourcing strategies, about workforce development, that would be beneficial. And I would welcome now and in the future as many visitors from Chinese universities as possible to come or connect to the online conference. We'd like to hear you all as well, not just for you to listen to us, but also to learn from you. Because you might have better ideas and I hope you will join us with every opportunity that you have.

后　记

　　本书终稿完成之时，正值 2015 年暑假。从笔者 2007 年在《中国电力教育》上发表第一篇关于外语电化教学的文章到书稿完成之时，已经过去了整整八年的时间。2007 年也恰好是教育部高教司颁布《大学英语课程教学要求》（正式版）的第一年。从这一年开始，我国大学英语教学改革正式步入了基于计算机和课堂的教学模式改革阶段。作为一名工作在北京高校一线英语教学行业的教师，笔者自然感受到了"山雨欲来"的改革大势，也能够体会到许多对现代教育技术敏感度较低的外语教师"树欲静而风不止"的无奈心态。北京地处全国教育和文化中心，也一直处在改革大潮的风口浪尖。笔者多次参加过外语教学与研究出版社举办的数字化外语课堂研修班、MOOC 课程建设探索、微课大赛观摩活动。自 2003 年开始，笔者曾和同事一起数次赴北京理工大学、北京邮电大学等兄弟院校调研学习国家级大学英语精品课程的建设情况，也曾参加过清华大学、北京工业大学等院校举办的教育技术学领域的专业研讨会议，从而对外语课程与教学技术学的融合趋势有了更加全面的认识。从那时起，笔者就萌发了从外语教师的角度来深入审视外语电化教学领域并对其进行深入研究的想法。在这期间，笔者先后完成了关于赛博学习研究等数篇文章的撰写，并先后刊登于《开放教育研究》等期刊上。2014 年，笔者所在的华北电力大学外国语学院全面铺开了基于翻转课堂的混合式教学模式改革，为这本书的撰写提供了许多有用的素材和宝贵的启迪。同年 9 月，笔者参与了华中师范大学郑旭东博士采访美国 EDUCAUSE 主席戴安娜·亚伯林格的录音整理和翻译工作，对高等教育信息化的最新趋势有了深刻的理解。2014 年寒假，笔者和同事一起赴武汉大学、华中师范大学、北京理工大学、北京邮电大学等国内 8 所高校调研，重点了解语言实验室建设、维护、使用和基于计算机和课堂的大学教学模式改革情况,得到了许多宝贵的第一手资料,也对自 2002 年开始试点的教学改革所取得的成果和仍然存在的问题有了更加清晰的认识。笔者在书中多次提到 2014 年 12 月教育部高教司推出的《大学英语教学指南》(征求意见稿),因该文件尚未正式出版而未能列入附录,但笔者坚信这部文件在不久的将来将成为现代教育技术支持下的大学英语教学改革的纲领性文件。

  在这里,笔者要特别感谢华中师范大学数字教育资源中心的王继新教授、华中师范大学信息技术系的郑旭东老师、河南大学教育科学学院的郝兆杰老师。他们多年来的指导和帮助让笔者从一名教育技术学的门外汉蜕变到逐渐能够主动参与、主动完成自己感兴趣的课题的研究。在他们的帮助下,笔者对国外最新研究动态的把握更加及时、准确,对外语教学与现代教育技术融合的把握更加客观、敏锐。本书的完成还得到了北京邮电大学连晶晶老师、华北电力大学王欣老师等的大力协助;在出版过程中,得到了华北电力大学人才工作办公室以及河南大学出版社的相关领导、老师和编辑的大力支持,在此一并致以衷心的感谢!

余青兰
2015 年 8 月 2 日